高等院校新形态一体化系列教材

蒙台梭利
教育思想与方法

主　编　孔翠薇　刘剑钊　郝维仁
副主编　李永霞　于璐露　焦　晨

安徽师范大学出版社
ANHUI NORMAL UNIVERSITY PRESS
·芜湖·

图书在版编目（CIP）数据

蒙台梭利教育思想与方法/孔翠薇，刘剑钊，郝维仁主编．－芜湖：安徽师范大学出版社，2021.7

ISBN 978－7－5676－5206－4

Ⅰ．①蒙… Ⅱ．①孔… ②刘… ③郝… Ⅲ．①儿童教育－教育理论 Ⅳ．①G610

中国版本图书馆CIP数据核字（2021）第142161号

蒙台梭利教育思想与方法　　孔翠薇　刘剑钊　郝维仁　主编
MENGTAISUOLI JIAOYU SIXIANG YU FANGFA

责任编辑：辛新新
责任校对：吴　琼
装帧设计：嘉鸿永徽科技
出版发行：安徽师范大学出版社
　　　　　芜湖市北京东路1号安徽师范大学赭山校区　邮政编码：241000
网　　　址：http://www.ahnupress.com/
发 行 部：0553－3883578　5910327　5910310（传真）
印　　　刷：三河市海新印务有限公司
版　　　次：2021年7月第1版
印　　　次：2021年7月第1次印刷
规　　　格：787 mm × 1092 mm　1/16
印　　　张：14
字　　　数：340千字
书　　　号：ISBN 978－7－5676－5206－4
定　　　价：58.00元

如发现印装质量问题，影响阅读，请与发行部联系调换。

前言 PREFACE

蒙台梭利教育之于中国的世纪华章一如中国的近现代史峰峦叠嶂，从物质性证据1913年4月《教育杂志》第5卷第1号刊登的《蒙台梭利女史之最新教育法》至现今的世纪沧桑中，历经了四个时期，即1913—1949年、1950—1977年，1978—1989年、1990年至今。1913—1929年的骤起骤降是中国20世纪初新教育运动的一部分，1949年之前中国的蒙台梭利教育其实是与蒙台梭利教育的世界发展共脉动的；1978年至今，蒙台梭利教育在中国再一次重振雄风，实则是重复蒙台梭利教育在世界的发展图景，也是中国教育走向现代化的表现之一。

本书适逢"蒙台梭利教育在中国"到"中国蒙台梭利教育"的转折之际付梓，蒙台梭利教育理论的意义绝非止于"他山之石可以攻玉"，而是借此从根本上认识到自近代以来的社会巨变，尤其是改革开放以来所催生的思想巨变之下的科学儿童观的确立，以及由此建立起的理论指导下的教育实践探索，并借此建立起新的教育理论——"中国蒙台梭利教育"，但这还只是未竟之功。

本书的完成，还要感谢所有为本书出版而辛勤工作的人们，感谢书中涉及或参考的诸多资料的作者。

由于编者水平有限，书中难免有疏漏，敬请专家与读者批评指正。

编　者

目录 CONTENTS

第一篇

蒙台梭利的教育活动与教育理论

第一章　蒙台梭利的教育活动及教育地位

"课程思政"指引
关键词：社会责任　道德规范

 内容提要

本章主要介绍了蒙台梭利的生平及教育活动，按照时间顺序概述了蒙台梭利的教育演讲及著作的基本内容，并结合其教育活动阐述了蒙台梭利的教育地位及影响。

学习目标

1. 了解蒙台梭利的生平及其教育活动的历程。
2. 认识蒙台梭利"儿童之家"建立的意义。
3. 了解蒙台梭利的主要著作及蕴含的教育思想。
4. 了解蒙台梭利在儿童教育方面的重要贡献。

玛丽亚·蒙台梭利（Maria Montessori，1870—1952），是继福禄贝尔时代之后的一位意大利著名的儿童教育家，她毕生致力于探索"科学的教育学"，是欧洲"新教育"运动中一位重要的代表人物。她最初研究智力缺陷儿童的心理和教育问题，后来创办了"儿童之家"，致力于正常儿童的教育实验。她撰写关于儿童教育的著作，开办国际训练课程，对世界各国的幼儿教育产生了深刻的影响，促进了现代儿童教育的改革和发展，为"儿童的世纪"涂上了浓墨重彩的一笔。

第一节　蒙台梭利的生平及教育活动

第一次世界大战前后，欧美主要的资本主义国家对教育提出了新要求，集中表现为用新的教育取代旧的教育，培养合乎现代精神和适应现代社会需要的人才。在儿童教育方面，蒙台梭利是这一时期的重要代表人物。

一、蒙台梭利的求学历程

1870 年 8 月 31 日，玛丽亚·蒙台梭利出生于意大利安科纳省希亚拉瓦莱镇。她的父亲亚历山德罗·蒙台梭利出身于博洛尼亚贵族家庭，年轻时从过军，1875 年赴罗马在财政部担任要职，是位较为成功的中产阶级公务员，同时也是一位具有保守倾向和军人作风的老派绅士；她的母亲瑞妮尔德·斯多潘妮是位受过良好教育的富家闺秀，酷爱读书又笃信宗教，她对蒙台梭利的个人志向一直给予支持和鼓励，与女儿的感情犹如朋友一般，在蒙台梭利生命中扮演着鼓舞者及支柱的角色；她的舅父安东尼奥是一位具有科学和自由精神的神甫，其将科学与宗教融合的思想倾向，以及行云流水的写作风格，对蒙台梭利均具有影响。

作为独生女的蒙台梭利自幼并没有受到父母的溺爱，而是受到了良好的家庭教育。在她 5 岁那年，因父亲职位的变动，全家搬迁到历史悠久的国际化大都市罗马，在这里她开始了多姿多彩的学习生涯。虽然蒙台梭利被认为是一个温柔却并不特别聪明的小女孩，但是在早期的学校生活中，她就已萌发了关心和照顾未来儿童的意识，并表现出强烈的个人尊严感。

蒙台梭利在 12 岁时进入一所男子中学学习数学，13 岁时转入米开朗琪罗博瓦罗蒂工业学校就读，当时极少有女子选择工科，这也是以后她认为发展"数学心智"是"培养抽象思考能力最好途径"的思想来源。1886 年，16 岁的蒙台梭利在米开朗琪罗博瓦罗蒂工业学校毕业后，进入皇家列奥纳多·达·芬奇技术学院，整个学院只有两个女孩，她便是其中一个。在这里，她学习了语言学、数学与自然科学等，为她后来发展语言学及自然科学的教学方法打下了良好的学识基础。她学习成绩优异，当时所有学科考试总分 150 分，她取得了 137 分的好成绩。

蒙台梭利 20 岁从技术学院毕业后，拒绝了父母要她当教师的建议，决心研读自己热爱的生物学，并执意进入医学院就读。在当时非常保守的社会里，女子读医学院在意大利是前所未闻的，因此，亲戚和朋友甚至她的父亲都感到惊讶，并不支持她的想法。但蒙台梭利不顾父亲的反对、社会的舆论以及教育制度的限制，决心学医。她曾约见罗马大学临床医学教授吉多·巴克西里，进行了一次愉快的谈话，临别时蒙台梭利坚定地说："我知道我将成为一名医生。"1890 年秋，蒙台梭利进入罗马大学医学院，成为意大利教育史上第一位学医的女性。因为蒙台梭利违背了父亲的意愿，所以父亲中断了对她经济上的资助，她只能靠奖学金及做家教维持生计。这段时间的学习让她拥有了生物学的深厚基础，同时也帮助她了解了人类成长的自然法则。作为班级里唯一的女生，她时常单独留在解剖室做实验。家人反对带来的沉重压力使她无处倾诉，然而这些挫折不但没有让蒙台梭利消沉，反而使她越挫越勇，磨炼出了异于常人的毅力，为日后献身儿童教育奠定了基础。1894 年，蒙台梭利获得罗利基金会奖学金，该奖每年只授予一位优秀的医科大学生。

1896 年 7 月 10 日，26 岁的蒙台梭利以优异的成绩毕业于罗马大学医学院，成为意大利的第一位医学女博士。良好的医学训练培养了蒙台梭利良好的临床分析和科学观察能力。

二、蒙台梭利的方法探索

1896 年，毕业后的蒙台梭利被罗马大学附属的圣乔万尼医院聘用，在 11 月，她还担任了罗马圣托·斯比利拓医院的助理外科医生，在这里她继承并发展了一种"照料"患者的方式，

使患者在得到诊断和治疗的同时能感受到温暖。同时，她也开始了对患有心理障碍和精神病的儿童的治疗工作。她阅读了法国心理学家辛德尔·塞根关于特殊教育的著作《白痴及其生理学治疗方法》与伊塔训练"阿维隆野儿童"的研究报告，认识到他们训练智障儿童所采用的方法及所用教具的合理性。她深信患有心理缺陷和精神病的儿童，通过运动和感觉训练，可以使他们的身体动作协调，并促进其智力发展。这种认识奠定了她教育理论中"发展智力需要透过双手操作"的基本理论。通过这两年的体验，她提出了对低能儿童教育的看法：智能不足是教育上的问题，而非医学上的问题，一改传统以药物治疗低能儿的偏执做法。可以说，塞根的人体构造学是蒙氏科学教育的根据[1]，塞根与伊塔发明的许多教具，成为蒙台梭利教具的雏形。这份工作提升了蒙台梭利对教育的热忱，成为她教育生涯的起点。

1897—1898 年，在完成罗马大学精神分析诊所的研究项目期间，蒙台梭利去听了教育学课程，其间还阅读了 200 年间的教育理论论著，尤其对卢梭、裴斯泰洛齐、福禄贝尔的著作关注甚多，并从中汲取了许多思想，然后在教育实践中汇集成为她自己的理论。此外，在社会思想方面，她还对意大利犯罪学家赛洛·隆布洛索的思想产生兴趣，认为通过适宜的儿童教育可以减少社会上的犯罪现象。同时，她也与意大利人类学家塞尔吉保持着密切的联系，观察研究儿童的习惯。

1898 年，在意大利都灵召开的国家医学大会上，蒙台梭利作了以"社会的不幸与科学上的新发现"为题的发言，提出一个颇有争议的理论，认为智障和捣乱儿童的过失性行为形成的原因是缺乏足够的预防性措施。在第二年的国家教育大会上，她进一步延伸了这一观点，提出一个社会进步和政治经济发展的愿景。蒙台梭利这种通过教育来改造社会的观点逐渐发展和成熟，成为她一生的基本主张，具体到学校教育就是她所说的"有准备的环境"及相应的课程设置。[2]

1898 年，政府委任蒙台梭利在罗马建立一所国立特殊儿童学校，这所学校收容了精神病院的白痴儿童和公立小学的弱智儿童共 22 名。就任以后，蒙台梭利把自己根据塞根的书和伊塔的实验所研究出的方法，实际应用到这些儿童身上，用自己研制的各式各样的教具，帮助他们手脑并用以增进其智力；同时她也为学校的教师们预备了一套针对低能儿童的"特殊观察法"以及教育法。这一时期是蒙台梭利的人生转折点，她的职业身份由医生就此转变为教育者。弱智儿童学校给她提供了将理论付诸实践的机会，她后来谈道，"这两年的实践是我在教育学上的第一个真正的学位"。

1901 年，蒙台梭利开始致力于正常儿童的教育，寻求把智力缺陷儿童的教育方法应用于正常儿童的可能性。这时，她尽管已经有了坚实的自然科学知识和丰富的教育实践经验，但为了扩大和加深理论知识，她又回到罗马大学听课，进一步学习哲学、教育学、实验心理学和人类学，并把人类学应用于正常儿童的教育方法。

1902 年，蒙台梭利在那不勒斯召开的意大利第二次全国教育大会上作了题为"运用特殊方法教育弱智儿童的原则"的演讲，认为对弱智儿童的教育应注重生活化方式，即通过规范合理

---

① 北京教育科学研究所.陈鹤琴全集：第三卷［M］.南京：江苏教育出版社，1989：88.

② 刘华.蒙台梭利［M］.北京：科学出版社，2009：19.

的感官刺激来唤醒弱智儿童在精神上确认自我存在的价值。

1904—1916年，蒙台梭利由塞尔吉推荐，任罗马大学特聘教授，在医学与自然科学系讲授人类学。1904—1908年，蒙台梭利还受聘为罗马大学教育学院的自然科学与医学课程教授。在这几年中，蒙台梭利试图把人类学的一般原理运用于教育研究，并在讲义的基础上整理和修改成《教育人类学》一书，并于1908年出版，是意大利第一本教育人类学著作。

经过多年的潜心研究，蒙台梭利逐渐地找到了人类生命发展的规律，发现了一个新世界——儿童的成长和心灵的奥秘，也逐步形成了初步的教育思想和理论。这些都为她最伟大的创举——成立"儿童之家"奠定了坚实的基础。正如她所言："或许这个时期正是我为实现自己的未来使命的充实阶段吧！"

三、蒙台梭利的教育实践

蒙台梭利曾说："在我刚开始从事缺陷儿童方面的工作时就认为，我所使用的方法并非仅仅适用于教育弱智儿童。我相信，这些方法中所包含的教育原理比人们现在正在使用的方法更加合理，通过这些方法，儿童低劣的智力确实能够获得发展和进步。这种感觉已深入我的内心，在我为了寻找教育弱智儿童的更好方法而离开学校之后，它几乎控制了我的全部思想。我逐渐确信，如果把这些方法应用到正常儿童身上，那么它们将以一种神奇而不可思议的方式开发和解放儿童们的个性。"这时，一个伟大的机遇来到了面前。1907年1月6日，蒙台梭利在罗马的慈善机构里提出一项贫民公寓改建计划，她怀着对社会和教育改革的理想，在罗马"贫穷、黑暗、愚昧、悲惨"的圣罗伦佐贫民区的玛希大街58号这幢旧公寓中，招收了60名3～7岁的儿童，创办了第一所新型的儿童学校——"儿童之家"，因"儿童之家"设在贫民公寓大楼底层的一间大屋子里，人们也称之为"楼内学校"。同年4月7日，第二所"儿童之家"在罗马建立。1908年11月在罗马的法马古斯塔大街建立了第三所"儿童之家"。1908年10月在米兰的索拉里街建立了一所"儿童之家"，由蒙台梭利的学生安娜·麦克切洛尼管理；1909年在米兰由蒙台梭利的助手安娜·费德利又设立了一所"儿童之家"。

第一所"儿童之家"
的规章制度

蒙台梭利教育方法与以往的教育方法不同，它以儿童的需要为主要依据，先观察再试探，然后通过实验测试儿童的反应，并予以启发或诱导，最后让儿童自己去发现、自己去学习、自己去成长，所以又被称为"实验教学法"。在英国和我国台湾也有人称之为"发现教学法"。

正如美国著名教育史家詹姆斯·博文在他的巨著《西方教育史》第三卷中的描述：……她以一个医生和社会工作者的身份来到这个班级里，蒙台梭利没有采取任何传统教学的典型做法。……在"儿童之家"里只有学习。这并不是一种装模作样或故意标新立异，她决定踏踏实实地对传统的学校进行一番真正的改造。她用一些小型的家居和碗碟橱柜来设计儿童之家；儿童们也不被强迫着去顺应成人的要求；儿童们真实生活的需要被确定下来并按照相关年龄进行分组。例如，缝纽扣和给衣服装饰花边，准备饭菜和安放桌子这样简单的任务都被视为最有本质性的学习活动。先教授儿童阅读、写作和计算，而阅读训练则始于从纸板上剪下来或用木头

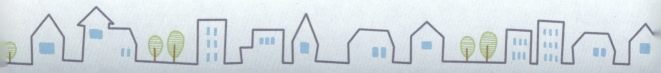

做成的大字母图案，当要记忆的时候，它们就可以在桌子上被排列成简单的词。蒙台梭利开始
做实验时并没有一种明确的先验理论做指导，但是作为一名训练有素的医学
心理学家，她以初步而有计划的任务要求儿童通过群体活动来发挥作用。逐
渐地，儿童们的操作练习活动有了发展，更多的活动和器材设备增加进来以
训练他们的感官。从儿童们具体的经验活动到抽象的心理操作过程中，她提
炼出了她的著名方法，首先从圣罗伦佐的"儿童之家"系统地发展出来，并
在接下来的几年里，逐渐应用于其他地区的"儿童之家"。①

早期的蒙台梭利
幼儿园

　　"儿童之家"的建立具有双重的重要意义，一是通过"楼内学校"的特点表现出来的社会意
义："儿童之家"的设立有助于密切学校与家长的联系，有助于妇女外出工作，使家庭教育向社
会化方向迈出第一步。在"儿童之家"中所建立的健康的成人与儿童的关系，对于改造社会具
有重要意义。蒙台梭利提道，"教师在工作中经常与母亲们协作。教师作为有文化的、受过教
育的人，她的生活永远是贫民住宅中的全体居民的楷模"，"她把自己的时间和生命都用来帮助
周围的人们。她是一个真正的'传教士'，是这些人群中的道德女神"。二是通过幼儿教育方法
所进行的实验表现出来的纯教育意义："儿童之家"根据儿童的年龄特点进行教育，尊重儿童的
独立性，为儿童的自然发展提供了适宜的环境，促进其身心的协调发展。

　　1909 年，蒙台梭利出版了《应用于"儿童之家"的幼儿教育的科学教育方法》（英译本将书
名简化为《蒙台梭利方法》），全面介绍自己的教育方法。这本著作出版后，立即在意大利引起
轰动，很快被译为多种文字在世界各地广为流传，有 100 多个国家引进了蒙台梭利的方法，建
立了许多新的"儿童之家"，在美国和欧洲的一些国家还形成了蒙台梭利运动。1909 年在意大
利的卡斯特洛市蒙提斯卡山庄开设了首期玛丽亚·蒙台梭利课程培训班，人数达到了 100 人。
1910 年罗马成立了蒙台梭利协会。同年，两个平行的教师讲习班在罗马的朱思迪街圣方济会
的女修道院的模范"儿童之家"同时举办。

　　由于应用此种方法，在蒙台梭利的"儿童之家"出现了不可思议的良好教学成果，因此，
蒙台梭利及其教学方法开始被广为人知。欧洲的报刊广为报道这种具有巨大教育魅力的教学方
法，来自各国的参观者络绎不绝，许多教育家、心理学家、社会学家、教师、热心于社会和妇
女运动的知名人士以及政府官员都纷纷来到罗马参观、学习和研究"儿童之家"的教学和教育
设施，蒙台梭利的名字很快闻名于世，她的教学方法也快速地传播到世界各地。蒙台梭利成为
20 世纪儿童教育最重要的改革家。

四、蒙台梭利的教育推广

　　1911 年，蒙台梭利离开"儿童之家"后，仍继续研究儿童教育问题。她陆续到很多国家考
察和讲学，开办教师培训班，出席当地的蒙台梭利学会和指导蒙台梭利学校的工作，并做教学
展示，以进一步宣传、推广、验证、充实和发展其教育思想和教学方法。

　　1912 年，据位于纽约的蒙台梭利著作出版商记载，《蒙台梭利方法》一书在美国出版的第

---

① James Bowen. A History of Western Education: Vol. 3 The Modern West: Europe and the New World. [M].
London: EC 4 P 4 EE Methuen & Co. Ltd., 1981: 395–396.

一个英译本，至年末共售出 17 410 册。至 1917 年，法语、德语、波兰语、俄语、日语、罗马尼亚语、爱尔兰语、西班牙语、荷兰语、丹麦语等译本陆续面世。

1913 年 1 月 15 日，蒙台梭利在罗马开办了首期蒙台梭利国际教师培训班，学员来自阿根廷、巴西、加拿大、智利、中国、法国、德国、印度、日本、墨西哥、挪威、葡萄牙、西班牙、瑞典、瑞士、英国和美国等国家，90 多位学员都是外国人。1913 年在意大利举办了两期国际教师培训班。数年后，几位来自美国、英国和法国跟随蒙台梭利的学员已经开设了实验学校。

蒙台梭利相继于 1913 年和 1915 年两次访问美国，受到各界人士的热烈欢迎，哲学家、教育家杜威和发明家爱迪生都对她给予了高度评价，当时美国总统威尔逊亲自接见她，并在白宫设宴款待。1913 年美国蒙台梭利教育协会宣布成立，以蒙台梭利名字命名或采用蒙台梭利教学方法的学校达 100 多所。1915 年在美国旧金山开办了第三期国际教师培训班，还在国际博览会大厅连续 40 天展示了蒙台梭利教学方法的玻璃墙"示范教室"，巴拿马和平国际博览会仅有的两枚教育金牌奖都授予了蒙台梭利的玻璃墙"示范教室"。

美国著名教育家杜威及其女儿在 1915 年合著的《明日之学校》一书中专辟一章，介绍蒙台梭利的教学方法。到 20 世纪 40 年代，美国已有 2 000 多所蒙台梭利学校。

亚历山大·格拉姆·贝尔
致蒙台梭利的信

随着第一次世界大战的爆发，1914 年后，蒙台梭利在艰难的年代里并没有放松对儿童研究和服务的热忱，她不断地在世界各地讲学，推动与协助"儿童之家"的设立。1913—1915 年，蒙台梭利学校和虽未以此命名但采用其教学方法的学校已遍布世界各大洲，蒙台梭利协会、学会在各地纷纷建立。1916—1918 年，她把时间分成两半，穿梭于美国和西班牙之间。

1919 年以后，为了满足世界各国的需要，蒙台梭利在很多国家开设了每期半年招收各国学员的国际训练课程班，亲自传播她的教育方法，受训人数有时高达四五千人。学员大力宣传蒙台梭利的方法，由此使蒙台梭利运动在世界范围内进一步扩大。如在 1922 年，蒙台梭利伦敦班上的学员丽莉·卢比策克与 5 位年轻女性合作，按照蒙台梭利的教育原则成立了奥地利的第一个"儿童之家"，招收了 25 名儿童，运用蒙台梭利的教具以促进儿童在敏感期内的主动发展，后来她又把研究成果运用到维也纳的公立学校。

1926 年，南美地区掀起了蒙台梭利运动，蒙台梭利访问了阿根廷。

1929 年，首届国际蒙台梭利大会在丹麦赫尔辛格尔召开，会议期间在弗洛伊德、马可尼、皮亚杰、泰戈尔等人的支持下，在德国柏林成立了国际蒙台梭利协会（AMI），1935 年协会总部迁往荷兰阿姆斯特丹，由蒙台梭利担任国际蒙台梭利协会的主席。此后，十多个国家相继成立了蒙台梭利协会。从 1929 年到 1952 年，国际蒙台梭利协会召开了 9 次大会，蒙台梭利连任 9 届大会主席。到 1952 年蒙台梭利逝世时，欧美和印度等地都已建立了蒙台梭利协会，"儿童之家"遍及世界各地。

在法西斯掌权初期，墨索里尼曾想利用蒙台梭利的国际声望为其服务，但由于蒙台梭利的教育思想与其"信仰、服从、战斗"的奴化教育方针水火不容，蒙台梭利的和平主义立场与其军国主义、侵略扩张政策针锋相对，1933 年，墨索里尼下令关闭了意大利所有的蒙台梭利学校，

焚毁蒙台梭利的肖像，查禁她的著作，因此蒙台梭利被迫离开祖国逃往西班牙，1936 年又因西班牙内战爆发前往英国，后又从英国流亡到荷兰。

1936 年，蒙台梭利在邻近阿姆斯特丹的拉伦设立了一所附属于教师培训中心的模范学校，并首次在该校应用为小学生设计的玩具，从而反映了蒙台梭利方法的进一步发展。此时荷兰大约有 200 所蒙台梭利学校。1938 年蒙台梭利在此设立了蒙台梭利教师培训中心。

1939 年，蒙台梭利到达印度，由于第二次世界大战的爆发，她便一直留居印度直至战争结束，并在印度开设训练课程来培育幼儿教育师资，进行演讲，设立了多所蒙台梭利幼儿园。她的活动受到政治领袖甘地和尼赫鲁以及著名诗人、思想家泰戈尔的热情赞扬。1940 年，蒙台梭利在阿迪亚创办了一所学校，实践其"全域教育"的新理念，把儿童教育从幼儿扩展到了小学阶段。图 1–1 是蒙台梭利在阿迪亚的幼儿园里指导儿童。

图 1–1　蒙台梭利在阿迪亚的幼儿园里指导儿童

1944 年，蒙台梭利到斯里兰卡继续开办教师培训班并发表系列演讲，如"一个新的世界与教育"等。

1946 年，第二次世界大战结束后，蒙台梭利回到荷兰，后去英国伦敦进行国际师资训练课程的讲授。

1947 年，蒙台梭利接受意大利政府的邀请，回国重建意大利蒙台梭利协会和蒙台梭利学校，在罗马启动"婴幼儿助手项目"。同年，意大利国会举行了一个例外的议程，接受她为国会议员。

1948 年，蒙台梭利在 78 岁时重返印度，在阿麦达巴、阿迪亚和浦那培养教学师资力量，还在印度的瓜廖尔指导一所示范学校；访问设于锡兰科伦坡的蒙台梭利培训中心及附设的模范学校。

1949 年，蒙台梭利在巴基斯坦成立师资培训中心；同年出席第 8 届国际蒙台梭利大会并发表演说，呼吁"教育者的最终任务是实现人性的进步和世界的和平"。

1950 年，蒙台梭利前往挪威、瑞典讲学，回到意大利后，在培卢查开设教师培训课程。1951 年，蒙台梭利出席在伦敦举办的第 9 届国际蒙台梭利大会。同年，最后一届由蒙台梭利亲自授课的培训课程班在奥地利的因斯布鲁克举办。

1952 年 5 月 6 日，蒙台梭利逝世于荷兰的海边小镇诺德维克安塞，被葬于天主教会的墓地，享年 82 岁。后来，在罗马她父母的墓碑碑文上有一句话这样写着："玛丽亚·蒙台梭利安息在远离她自己所热爱的祖国以及她安葬在此的父母的地方，这是她的愿望，也表明了她的工作的普遍性使她成为一个世界公民。"

第二节　蒙台梭利的教育演讲及著作

　　蒙台梭利在推广、传播蒙台梭利的方法和教育理念的过程中，在世界各地发表了大量的讲话和演说，其中美国最多，其次是英国和荷兰。在这些讲话和演说中充分体现了蒙台梭利对儿童、对教育的深刻认识。蒙台梭利一生的著作颇丰，她的这些著作阐明了其一生的生活轨迹及教育思想和教育特色的演变过程。著作被译成了 37 种语言文字，在 110 多个国家发行，为后世留下了宝贵的精神财富。

一、教育演讲

　　1898 年，蒙台梭利在意大利都灵召开的初级学校教师大会上发表了"从教育意义而不是从医学意义上对待弱智儿童"问题的观点，并且展示了从弱智儿童身上已经获得的成果。

　　1902 年，蒙台梭利在那不勒斯召开的意大利第二次全国教育大会上作了题为"运用特殊方法教育弱智儿童的原则"的演讲，认为对弱智儿童的教育应注重生活化方式，即通过规范合理的感官刺激来唤醒弱智儿童在精神上确认自我存在的价值。

　　1907 年，蒙台梭利在第一个"儿童之家"开幕式上讲话，她指出："……在今天的社会改革者面前，存在一个比提升穷人的理智更为深层次的问题，那无疑就是真实生命的问题。当儿童们只做完了一点点有趣的工作就停下来并深感满意的时候，这就可以说在他们灵魂中已经开辟出了一条道路，可以顺此引导出他们自己身上那具有启发性的最好的部分——那种潜在的力量来了……"

　　1913 年，蒙台梭利在美国的卡耐基大厅作了题为"给予儿童自由"的演讲。

　　1915 年，蒙台梭利在美国加利福尼亚的国际幼儿园联盟与国家教育协会发表演讲，演讲内容以"我的教育体系""学校智育的组织""教育对儿童想象力的影响""母亲与儿童"为题并在纽约出版。

　　1923 年，蒙台梭利在伦敦的一次培训班上发表演讲，她指出："一个学习小组应当包括 3 ~ 6 岁、6 ~ 9 岁、9 ~ 12 岁的不同年龄段的儿童，我认为在一个普通的学校里的班上不应该只有一个年龄段的儿童。"

　　1926 年，蒙台梭利在日内瓦国际联盟发表题为"教育与和平"的演讲。

　　1932 年，蒙台梭利在第 2 届国际蒙台梭利大会发表题为"教育与和平"的演讲。

　　1935 年，蒙台梭利在伦敦的一次培训班上发表演讲，她指出："……我让他工作。快乐来自其内在的生命，只要有了自由，智能也就得以发展。……在人生的每一步，每一个年龄阶段，自由都是一个人的精力、独立性和完满性的较大可能性的实现。"

　　1936 年，蒙台梭利在第 5 届蒙台梭利国际大会的演讲中进一步提出了"将蒙台梭利教育向小学和初中拓展"的思想。

　　1937 年，蒙台梭利在第 6 届蒙台梭利国际大会的演讲中指出，"有必要在把道德作为教育目标之一来追求的人们中间就道德方面达成共识"。

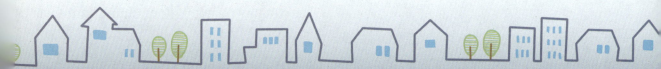

1944 年，蒙台梭利在斯里兰卡发表系列演讲，在一次题为"一个新的世界与教育"的演讲中，她指出："生活的幸福，希望的乐观，自由与独立，人们之间的爱，都是自发产生的，都是基于生命教育的结果。"

1949 年，蒙台梭利在第 8 届蒙台梭利国际大会的演讲中指出："对早期婴儿的研究是不容置疑的；头两年永远是重要的，因为通过这个时期，儿童从无过渡到了有。……教育的开端必须是在一个人还未被确定以前，在思想认识上还是零起点时。……教育者必须培养儿童的潜能，使他们不断发展充实。……教育者的最终任务是实现人性的进步和世界的和平。"

1950 年，在联合国教科文组织的第 4 次会员大会的演讲中，蒙台梭利再次阐述关于对儿童所要进行的和平教育主张："如果有一天联合国教科文组织决心把儿童视为一种改造世界和建设和平的力量，如果选择了去召唤他们，去讨论他们，并且认可他们所给予我们的全部启示的价值，那么就会发现由于他们所给予的巨大帮助才使得这个社会显示出勃勃生机，这个社会必须建立在所有人联合的基础之上。"

二、教育著作

1908 年，《教育人类学》（*Pedagogical Anthropology*）出版。1913 年由美国纽约大学 F.T. 库珀教授译成英文，同时在伦敦和纽约发行。该书是根据蒙台梭利在罗马大学的讲义整理和修改而成，是有史以来第一本以"教育人类学"为正式书名的著作。

1909 年，意大利文版《应用于"儿童之家"的幼儿教育的科学教育方法》（*Scientific Pedagogy as Applied to Child Education in the Children's House*）出版。1912 年蒙台梭利的美国学生安妮·埃弗雷特·乔治将其译为英文，出版英文版，取名《蒙台梭利方法》（*The Montessori Method*）。同年该书被译为法文，名为《蒙台梭利博士的科学教育方法——幼儿教育》。1913 年被译为德文，名为《幼儿期的自我教育》。1914 年被河野清丸译为日文，名为《蒙台梭利教育法及其应用》。其中英文版流传最广。该书出版后被译成了 20 多种语言文字。1950 年《蒙台梭利方法》（*The Montessori Method*）再版，更名为《发现儿童》（*The Discovery of the Child*）。《蒙台梭利方法》是蒙台梭利论述 3～7 岁幼儿教育理论和方法的著作，是蒙台梭利 1907—1909 年在"儿童之家"的实验、观察和研究的总结概括。1913 年第 2 版增加了两章，1926 年第 3 版增加了四章，删去了两章，1935 年第 4 版仅在文字上稍微做些修改，1950 年发行第 5 版，更名为《发现儿童》，在结构布局、内容增删、文字润色上下了很大工夫，可以说是对原著的再创作，全书共 26 章。

1913 年，意大利文版《高级蒙台梭利方法》（*The Advanced Montessori Method*）第一卷出版，1916 年《高级蒙台梭利方法》全本出版，这是蒙台梭利的第四本专著，1919 年被译为英文。该书是《蒙台梭利方法》的续集，是为扩充其理论与方法使之运用于 7～11 岁的学龄儿童而作。该书分两卷：第一卷《教育中的自发活动》（*Spontaneous in Education*），着重论述在教育中必须珍视和鼓励儿童的自发活动，引导儿童在适当的教育环境中独立工作和思考，促进儿童思维、想象、情感、意志、道德的发展，培养儿童的独立自主和主动精神。第二卷《蒙台梭利初等教具》（*The Montessori Elementary Material*），阐述如何应用教具帮助儿童学习阅读、语法、算术、音

乐、诗歌、美术等，促进初等学校儿童的多方面和谐发展。

1914 年，《蒙台梭利手册》（*Dr Montessori's Own Handbook*）出版。该书是蒙台梭利在美国传授蒙台梭利方法期间，应美国教师、家长和教育家的请求而写作的一本操作性手册。全书共包括 16 部分内容，不仅向人们传授"儿童之家"所运用的教具和技术以及如何为儿童提供一个进行"自我教育"的环境，传授如何教学前儿童使用这些教具，以刺激其观察力、认知力和判断力的发育，而且还是指导教师设计和制作教具的参考书。

1916 年，《小学内自我教育》（*Self-Education in Primary Schools*）出版，其副标题是"科学教育学方法续篇"。该书主要论述了 6 ～ 12 岁儿童的教育理论及方法，着重阐述了其整体教育观，强调对儿童的注意力、意志力、想象力、智力及道德感进行全面的训练和培养。此外，对学校环境和教师素质提出新要求。中文版删去第二部分"教材"，因为近一半内容涉及意大利语言和文学。

1922 年，《教堂中的儿童》（*The Child in the Church*）出版。1929 年英文版出版。这是蒙台梭利第一本从儿童角度考察天主教圣餐仪式的著作，是有关天主教会儿童宗教教育的文集。

1923 年，《家庭中的儿童》（*The Child in the Family*）出版，1928 年德文版出版，1936 年英文版出版。该书通过 11 章的内容，指出了成人对儿童做出的许多无效假设和无益偏见，阐明了儿童心智建构的特点，从而使家长和教育工作者明白如何行动才是儿童发展所必需的。这是一本"父母必读"的书，是教育者的思想和行动的指南。

1932 年，《在基督的光辉中成长》《蒙台梭利方法概论》《对儿童的集中解释》出版。

1934 年，西班牙语版的《心理算术》（*Psico-Aritmética*）、《心理几何》（*Psico-Geometría*）出版。意大利文版于 1971 年出版。该书阐述了所图解的那些"玩具材料"，将要教授的不仅是算术的方法，给予儿童一种形式使之达到通过普通的数学原理所达不到的逻辑理性程度，而且想提供给儿童一个真正的"心理体操的竞技场"。

1935 年，《童年的秘密》（*The Secret of Childhood*）出版。1938 年意大利文版出版。该书主要是蒙台梭利对"幼儿之谜"的探索和解答，记录了她在幼儿研究方面所做的工作。主要研究幼儿（尤其是 3 岁以内的幼儿）的生理、心理的发展及其特征；以实例分析幼儿心理畸变的各种表现、成人与幼儿的冲突；阐述幼儿教育理念及方法、儿童的权利和父母的使命，并集中地阐述了她的儿童观。

1936 年，法文版的《教育的阶梯》（*Les Etapes de L'Education*）出版。

1939 年，《青春期及青春期后的教育改革》（*The Reform of Education During and After Adolescence*）出版。该书阐述了个体在青春期表现出来的身心特点及其对教育的特殊要求，明确了教育实践的改革目标。

1939 年，《"大地之子"与大学的功能》（*"Erdkinder" and the Functions of the University*）出版单行本。这是 1938 年发表于国际蒙台梭利协会主编的《半年通讯》上的文章。书中提出了一个关于青少年（12 ～ 18 岁，甚至到 24 岁）发展的课程规划——"大地之子"，是对"全域教育"的具体化设计，并有进一步的拓展。

1946 年，《为了一个新世界而教育》（*Education for a New World*）出版。该书对儿童的个性进行了科学分析，阐述了儿童心理及智力发展的可能性及巨大潜力。这是蒙台梭利于 1943 年

在印度戈代加讷尔举办的学术研讨会上所作报告的汇编，是蒙台梭利教育理论在第二次世界大战期间的深化和发展。

1948 年，《开发人的潜能》(*To Education the Human Pottential*) 出版。该书首先揭示了蒙台梭利教育体系成功的秘密，其次通过介绍地球史和古代文明发展史阐述了宇宙整体观教育方案，最后论述蒙台梭利式教师的培训。这本书也是蒙台梭利于 1943 年在印度举办的学术研讨会上所作报告的汇编。

1948 年，《从童年到青春期》(*Form Childhood to Adolescence*) 出版。该书阐述了蒙台梭利关于小学和青春期教育的思想。

1948 年，《儿童训练》(*Child Training*)、《关于你的儿童你所应该知道的》(*What You Should Know about Your Child*) 出版。

1949 年，《有吸收力的心灵》(*The Absorbent Mind*) 出版。该书是根据蒙台梭利在印度避难期间举办的第一期教育训练班的讲稿整理而成。书中通过 28 章的内容对幼儿独特的心理能力进行了详细的阐述，在没有教师、没有任何通常的教育帮助，几乎是不受限制和阻碍的情况下，这些心理能力能够使儿童在短短几年的时间里建构并牢固地形成人的个性的所有特点，因此，关心儿童幼儿期的发展比其他任何时期的发展更为必要。

1949 年，《童年的教育》(*Childhood Education*)，原名《人的形成》(*The Formation of Man*) 出版。这是蒙台梭利的最后一部重要著作。该书分为三个部分，共五章，论述了幼儿从出生到 6 岁的发展与教育，特别强调 3 岁前幼儿的教育。蒙台梭利指出，了解儿童的需求以及给予儿童生活所必需的帮助是现代教育最根本的问题。

1949 年，《教育与和平》(*Education and Peace*) 出版。该书是 20 世纪 30 年代蒙台梭利多次在国际蒙台梭利大会及世界和平大会上的演讲集。蒙台梭利在书中敏锐地指出教育与和平的关系问题，强调教育的首要目的是人格的完善和人类的进步，只有培养教育出热爱和平的个体才能实现世界和平。

第三节　蒙台梭利的教育地位及影响

蒙台梭利为促进儿童智力发展与世界和平奋斗了一生，她访问过的国家有英国、法国、荷兰、德国、西班牙、澳大利亚、美国、阿根廷、印度、斯里兰卡、巴基斯坦等。蒙台梭利曾获得英国达拉莫大学授予的"荣誉博士"称号（1923 年），苏格兰教育研究院的"荣誉院士"职位（1946 年），故乡安科纳和米兰等地授予的"荣誉公民"称号（1947 年），意大利国会为表示敬意接受她为国会议员（1947 年），法国授予的"荣誉军团骑士勋章"（1949 年），荷兰阿姆斯特丹大学授予的"荣誉哲学博士"学位（1950 年），意大利佩鲁贾大学特聘教授（1950 年）、佩鲁贾市授予的"荣誉市民"称号（1950 年），还在 1949 年、1950 年、1951 年连续 3 次被提名"诺贝尔和平奖"。蒙台梭利晚年一再倡导"人类在地球上的世界性的使命，儿童的内在潜能对于人类的更新和社会改造的作用"以及教育是和平的武器。她认为，实现世界和平，挽救人类，

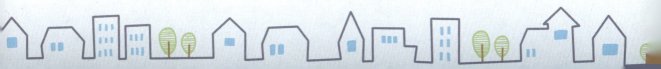

只有从儿童开始做起,她反对暴力革命,认为教育革命如果成功,暴力将永远不会到来。

蒙台梭利以毕生的精力致力于儿童的生命成长与人类的和平发展,发现了科学的教育方法和有效的教具,完整地提出了儿童智能提升的成套的想法和方案,造福于人类,使得后人展开了解放儿童的合理教育。人们对此评价为:"蒙台梭利是研究和倡导用科学的方法来提升正常儿童智力最有成效的科学家和教育家。"

1923年,蒙台梭利接受英国达拉莫大学授予的"荣誉博士"学位。该大学文学博士J.W.杜夫教授的讲话给予了她高度的赞誉,盛赞她的关于少年儿童教育的理论堪与卢梭、裴斯泰洛齐和福禄贝尔等思想家的思想体系相提并论。

1946年,蒙台梭利在接受苏格兰教育研究院的"荣誉院士"职位时,苏格兰教育研究院院长在发言中说:"教学是一种需要谨慎的职业,一旦在一代人中产生了一个杰出的人物就必将带来一种新的生活气息,激发人们去做出新的努力和新的行为。这些人就是教育史上的伟人。在这些伟人中间,没有人在我们的时代站得比蒙台梭利夫人更高。她的名字已经成为'家庭之主'的代名词,不仅仅是苏格兰,也不仅仅是欧洲,而是在世界的每一个地方。"

1949年,在联合国教科文组织理事会召开的欢迎仪式上,为蒙台梭利的成就敬献的颂词中,称颂她是"为教育打开一扇新门的医生"。

1950年,联合国教科文组织第四次会员大会上,执行局主席在全体会员代表大会上说:"在我们中间,有一个人已成为我们对于教育和世界和平的伟大期望的象征,她就是玛丽亚·蒙台梭利!"

蒙台梭利的思想和方法深刻地影响着世界各国,至今仍对儿童教育有着巨大的指导意义。蒙台梭利协会、蒙台梭利训练中心、"儿童之家"遍布110多个国家。她的传记被列入12位"帮助世界的人们"传记丛书。我国著名教育家陈鹤琴在其介绍蒙台梭利教育的文章中写道:"蒙氏一个巾帼而能有如许之贡献于教育界,这是很可钦佩的,并且为教育而牺牲一切,尤其足以为近代女子研究学问之师表。"[1]人们称她为"儿童世纪的代表","在幼童教育方面,自福禄贝尔时代以来,她的影响是最大的"[2]。史坦丁给蒙台梭利以这样评价:"可以毫不夸张地说,蒙台梭利像哥伦布一样发现了新大陆,但哥伦布发现的是外在的新大陆,而蒙台梭利发现的则是内在的——儿童心里的新大陆。这的确是一项伟大的发现,正像美洲大陆对于哥伦布,万有引力对于牛顿一样,这是真真实实的发现。她之所以闻名于世就正是在于这个发现,而不是她的方法本身。"[3]美国的珍妮特·沃斯和新西兰的戈登·德莱顿在《学习的革命》一书中就称蒙台梭利教育法是"世界上最好的教育思想",把儿童在蒙台梭利学校接受的教育说成是"世界一流的教育"[4];有的美国教育家赞誉说:"当代讨论学前教育问题,如果没有论及蒙台梭利体系,便不能算完全"。还有人赞誉她是"20世纪赢得欧洲和世界承认的最伟大的、科学的和进步的教育家

① 北京教育科学研究所.陈鹤琴全集:第二卷[M].南京:江苏教育出版社,1989:93.
② W.F.康内尔.二十世纪世界教育史[M].张法琨,方能达,李乐天,译.北京:人民教育出版社,1990:294.
③ 刘华.蒙台梭利[M].北京:科学出版社,2009:178.
④ 珍妮特·沃斯,戈登·德莱顿.学习的革命:通向21世纪的个人护照[M].修订版.顾瑞荣,陈标,许静,译.上海:上海三联书店,1998:243,245.

之一"。德国波昂大学拉桑教授这样评论："在教育史上能像蒙台梭利教育法这般举世瞩目的教育并不多见，且在短期内超越国家、世界观、宗教上的差异，而在世界上普及的教育理论，除了蒙台梭利教育之外，别无他选。"美国的研究者大卫·埃尔坎特认为："蒙台梭利的某些贡献似乎有永久的意义，它们适合于任何时间、任何场合的儿童。"他还认为蒙台梭利的教育思想主要体现在对儿童的尊重、儿童是自我学习的以及教师也是自我学习的三个方面。教育学者史坦丁推崇地说："未来的历史学家将视蒙台梭利以儿童为中心来从事伟大社会运动的代表与解释者。"这些都是对蒙台梭利为儿童教育奉献一生的中肯嘉许。

 学习评价

1. 绘制蒙台梭利教育生涯时间线。

2. 试分析蒙台梭利"儿童之家"建立的意义。

3. 阅读《童年的秘密》《发现儿童》《蒙台梭利手册》《有吸收力的心灵》中的一部，分析其中的蒙台梭利教育思想。

4. 试述蒙台梭利的教育地位及影响。

阅读导航

考点聚焦

第二章　蒙台梭利的教育理论

"课程思政"指引
关键词：科学精神　人文精神

 内容提要

　　本章主要介绍了蒙台梭利教育中的环境、儿童、教师、教具及教学等基本教育理论。呈现了良好的环境在儿童发展中具有的重要意义和价值、适宜儿童发展的环境创设的要求及原则、环境创设的具体内容等；指出了蒙台梭利教育以儿童为中心，儿童心理发展存在敏感期、阶段性以及通过"工作"实现的观点；要求在蒙台梭利教育中教师要扮演好观察者、指导者、守护者、沟通者的角色，并为之做好精神的准备、活动的准备、方法的准备，且在教育活动中要遵守蒙台梭利教师守则；明确蒙台梭利教具所具有的鲜明特色以及五大领域教具的丰富种类，在蒙台梭利教具设置、使用中需要遵循一定的原则，在使用过程中注意还原本真目的、正确的使用方法；同时，为保证儿童在"儿童之家"能最大限度地发展，必须把握好蒙台梭利的教学内容与任务、教学的实施步骤、教学方法、教学的组织形式等。

学习目标

1. 理解蒙台梭利"有准备的环境"的含义并掌握蒙台梭利教育环境创设的具体内容。
2. 理解并掌握儿童心理发展具有敏感期、阶段性及儿童"工作"的观点。
3. 了解并掌握蒙台梭利的教师角色及教师准备。
4. 学会蒙台梭利教具的设置、使用的基本原则和方法。
5. 掌握蒙台梭利"工作"流程，学会写蒙台梭利教学展示页。
6. 理解蒙台梭利混龄教学的组织形式。

　　蒙台梭利的教育理论体系是以夸美纽斯、卢梭、裴斯泰洛奇、福禄贝尔等人的自然教育和自由教育的观点为依据，以充分的实验研究为根基，运用生命哲学、生物学、生理学等理论，力图科学地阐明其对环境、儿童、教师、教具和教学的看法，从而使教育能达到激发和促进儿童的"内在潜力"，并按其自身规律获得自然和自由发展的目的。

第一节　蒙台梭利教育中的环境

蒙台梭利曾将"有准备的环境"、教具与教师分别以头、胸和腹来比喻，由此可见，环境在蒙台梭利教育中所占的角色与地位有多重要。蒙台梭利认为，只有给儿童准备一个适宜的环境，才能开创一个教育的新纪元。因此，蒙台梭利提出，"在设计任何教育体系之前，我们必须为儿童创造一个适宜的环境，以促使儿童天赋的发展。我们需要做的，就是排除环境中影响儿童发展的障碍，这应该是所有未来教育的基础和出发点"。

一、环境的提出背景及内涵

蒙台梭利认为，儿童的内在潜能是在环境的刺激和帮助下发展起来的，是个体与环境之间相互作用的结果，要帮助一个儿童，我们就必须给他提供一个能使他自由发展的环境。因此，儿童教育所要求的第一件事就是为儿童提供一个能够发挥大自然赐予的力量的环境，使其自身规律得到自然和自由的发展，这需要在成人和儿童的世界之间建立一座桥梁——"有准备的环境"。

蒙台梭利提出，"不仅教师的职能必须改变，学校的环境也必须改变……学校应成为儿童可以自由生活的地方，这种自由不仅仅是内部发育中潜在的、精神上的自由；儿童的整个生物体，从他的生理、生长部分到机体活动，都将在学校找到'成长发育的最好条件'"。同时，蒙台梭利也十分重视家庭环境和社会环境的影响，要求父母、成人改变对待儿童的错误观念和行为，呼吁社会关心儿童，保护儿童的权利。成人不应该是儿童独立活动的障碍物，他们也不应该代儿童去进行那些使儿童达到成熟的活动。要废除一切压制儿童个性和情感、摧残和折磨儿童身心的种种方法和手段，让儿童的"内在潜力"得以充分地展现和发展。这样，在一个不受约束的环境中，即在一个适宜于他的年龄的环境中，儿童的精神生命会自然地得到发展并揭示它的内在秘密。否则，所有未来的教育尝试只会导致一个人更深地陷入无止境的混乱之中。因此，她认为，教育体系的最根本的特征就是对环境的强调。同时也认为，环境无疑是生命现象中的次要因素，它可以改变，因为它既能促进生命的发展，又能阻碍生命的发展，但它绝不能创造生命。

因此，蒙台梭利所谓"有准备的环境"就是一个符合儿童需要的真实环境，这个环境中所有的东西都适合儿童的年龄特点和身体发育，并且整洁有序；是一个供儿童身心发展所需之活动、练习的环境，儿童在这里毫不疲倦地学习，精神饱满地自由活动；是一个充满自由、爱、营养、快乐和便利的环境。

二、环境的意义和价值

蒙台梭利强调儿童早期的环境经验对以后阶段发展的重要性，尤其是对儿童智力发展的重要价值。她指出："正在实体化的儿童是一个精神的胚胎，他需要自己特殊的环境。正如一个肉体胚胎需要母亲的子宫并在那里得以发育一样，精神的胚胎也需要外界环境的保护；这种环

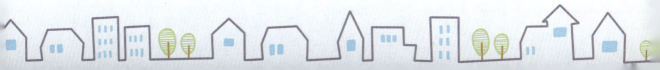

境充满着爱的温暖，有着丰富的营养，在这种环境中所有的东西都倾向于欢迎它，而不会对它有害。""在个人（精神的胚胎）和他的环境之间存在着相互交换。通过环境，塑造个人并使其达到完美。儿童被迫跟他的环境达成某种妥协，结果必然导致他的个性的整合。"在蒙台梭利看来，儿童的各种生命潜力只要在适宜的、有准备的环境中通过适当的活动，就可以被激发出来，从而达到发展的目的。

在"儿童之家"，蒙台梭利准备了一个排除发展障碍的环境，在这种环境中儿童可以自由地表现自身的需要和爱好。"儿童之家"有一个带花园的宽阔广场，它和教室直通，儿童可以随便进出。"儿童之家"的小桌子、小椅子都很轻巧且易于搬动，而且也允许儿童选择自己最舒适的坐姿坐在座位上；教室内装教具的柜橱、橱门易开，儿童自己保管教具；教室里还有许多黑板挂得较低，最小的儿童也能在上面画画和写字。蒙台梭利认为，这些不仅是一种外部自由的象征，而且还是一种教育的手段。儿童在这里学会支配并纠正自己的行为，他们所获得的行动能力将受用终身。关于"儿童之家"的环境设置，反映了教育环境对儿童行为的价值。

总之，一个适宜的环境有利于儿童的生长和发展，为儿童开拓一条自然的生活道路。蒙台梭利的"儿童之家"可以说是她为后人树立的"有准备的环境"的典范。她认为，当儿童被置于上述"有准备的环境"中时，他们就能按自己内部的需要、发展速度和节奏来行动，最终成长为表现出一系列优良品质和惊人智慧的人类中的一员。如果儿童没有这种环境，他的精神生命就不能发展，而可能一直处于虚弱、乖戾和与世隔绝的状态。

三、环境创设的要求及原则

在蒙台梭利的教学法中，环境的向度主要分为有准备的环境与教具两大部分。有准备的环境不仅包括硬件设施，还包括学习气氛；教具方面则是教学中绝无仅有的特色，蒙台梭利以教具来进行教学，不仅使自发性的教育成为可能，也为她的新的教育方法带来很多启发。蒙台梭利主张为儿童提供一个能激发其活动动机的、有准备的环境，这是成人为剔除儿童周围不适宜他们发展的因素而创造的，这种环境必须由理解儿童和了解儿童内在需要的教师来准备。

（一）环境创设的要求

1. 自由发展的环境

在这样的环境里，儿童的精神生命能自然地得到发展，并揭示它的内在秘密。为此，应该尽可能地减少障碍物，使环境更适应儿童内在发展的需要，有助于创造自我和实现自我。应该使儿童能在环境中找到发展他自己真正功能所必不可少的工具，使他意识到自己的力量，从而变得独立。

2. 有秩序的环境

在这样的环境里，儿童既能安静而有秩序地生活，不断地完善与发展自己的生理和心理，也能有规律地生活，减少生命力的浪费，有利于其正常地发展。

3. 愉快的环境

在这样的环境里，几乎所有的东西都是儿童自己的，并且符合儿童的年龄特点和身体发育。

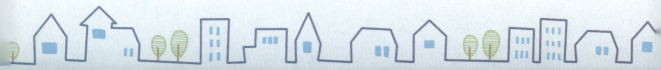

整洁白色的教室，特地为他们制作的小桌子、小凳子和小扶手椅，还有院子里的草坪等，对儿童都具有很大的吸引力。

4. 生机勃勃的环境

在这样的环境里，儿童充满着快乐、真诚和可爱，毫不疲倦地"工作"，精神饱满地自由活动。这种环境并不仅仅是让儿童去征服或享受环境，还是能使其完善自己的各种活动的一种媒介。

（二）环境创设的原则

1. 区域齐全、通道畅通的原则

教室中活动区域的设置要齐全，每个区域的大小可根据儿童的需要来确定，区域设置时要预留通道且保证畅通，保证儿童行动自如，不影响他人"工作"。

2. 结构有序、自由"工作"的原则

教室中区域的设置及教具的摆放要有条不紊，考虑到儿童的使用及归位是否便利；要保证儿童有选择"工作"伙伴、"工作"时间、"工作"地点、提问与交谈及不"工作"的自由。

3. 真实自然、和谐之美的原则

教室中的教具是真实、可操作的材料，适合把儿童带进一个与真实世界紧密相连的环境，每样物品都要精心设计且摆放有序，但不要奢侈华丽；教室的整体环境要和谐统一，氛围平静而温馨，物品不论颜色、形状都必须具有美感且对儿童具有吸引力。

4. 教具实用、必要限制的原则

教室中投放的教具材料在形状、规格上都要根据儿童的标准而设计，符合儿童内在的需求，避免儿童因能力所限而产生挫败感；在数量上要有限制，蒙台梭利教室里的每样教具都只有一件。

5. 满足集体和个别学习的原则

教室的环境既要满足集体活动的需要又能兼顾个别学习的需要，每个区域要半开放半封闭，做到因地制宜。在蒙台梭利教室里采用混龄式编班，给儿童提供一个真实的社会生活的环境。

6. 热爱生命、展现文化的原则

教室里要创设鲜活而富有生命力的自然环境，提供生机勃勃的动植物让儿童照顾，培养其珍惜生命、热爱生活的意识；教室里也要投放展现国家民族文化、地域文化的材料，培养儿童爱国、爱家乡的情操。

四、环境创设的具体内容

（一）基本设施

创设蒙台梭利教学的环境应提供基本的设施，如具有丰富性、层次性、

桌椅、教具陈列架、
工作毯的尺寸

系列性的日常生活领域、感觉领域、数学领域、语言领域、科学文化领域的教具，符合每个区域场地要求的一定数量的桌椅、素面无花纹的托盘和"工作"毯、"工作"毯架，符合教具的长度、宽度、高度及形状的适宜的区域教具陈列架，走线活动的区域。

（二）室内教学区的布置

1. 日常生活区

日常生活区可选择接近门口处，以吸引儿童进入教室"工作"；因常常需要用水，宜选择接近水源处；因较潮湿，应选择通风、有阳光之处；需设置点心桌和清扫用具；因在桌子上操作的"工作"较多，所以桌子的设置数量较其他区域多。

2. 感官区

感官区一般在日常生活区之后，尽量与数学区相邻；感官教具大多在"工作"毯上操作，所以此区域桌子数量较少。

3. 数学区

数学区紧临感官区，教具大多在"工作"毯上操作，此区域桌子数量也较少。数学区可放置身高器、体重器、温度计、时钟、生日卡等与数字有关的物品。

4. 语言区

语言区宜安排在较安静、光线充足且柔和的地方，最好接近窗台。应提供软靠垫、儿童沙发、书架、作品展示架、盆栽植物等来营造舒适的阅读氛围。

5. 科学文化区

科学文化区可选择接近教室的另外一个门口处，衔接户外的动物饲养区和园艺区，构成一个完整的文化区。此区域要临近水源、电源、光源等，以利于各种实验的操作，需要桌子的数量较多。

（三）室外环境的创设

室外环境包括攀爬架、平衡木、秋千、跷跷板等协调动作与控制肢体的运动设备，沙坑和水池等游戏设备和园艺设备等。

第二节　蒙台梭利教育中的儿童

蒙台梭利在其多部著作乃至教育实践活动中，都不同程度地强化儿童的重要地位和作用。她认为，"对于人性进行科学化的研究，可以引导全人类得救，那就是将儿童视为一种精神实体，是一个庞大的社会群体。如果人类能获救，必然是来自儿童，因为儿童正是人类社会的建造者"。她时刻尊重儿童，探索儿童，儿童是蒙台梭利教育的中心。她认为儿童心理发展存在敏感期、儿童心理发展具有阶段性、儿童心理发展是通过"工作"实现的。

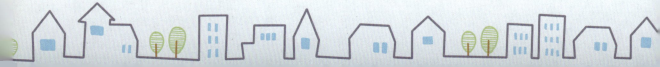

一、儿童心理发展存在敏感期

（一）敏感期的提出背景及内涵

蒙台梭利认为儿童的成长发展受到内部潜在生命力的影响，有一种下意识的、不自觉的感受能力，在儿童生命成长的前几年通过与周围的成人及环境相互接触，积极获取环境中的各种印象，成为儿童心理成长中的一部分，"儿童利用他周围的一切塑造了自己"，由此提出了"吸收性心智"理论。此后，蒙台梭利受到荷兰植物学家、遗传学家德佛里斯对蝴蝶实验的启发，认为各种生物对特殊的环境刺激有一定的敏感性和特定的敏感时期，并提出了生物发展过程存在敏感期，这种敏感期是生物在其早期仍处于个体发育过程中获得的。它是一种暂时的倾向，限于获得一种特殊的品质。一旦这种品质或特性获得之后，这种特殊的敏感期就消失了。蒙台梭利从生物学观点出发，将其引申到儿童心理发展过程，认为儿童心理发展有各种敏感期，即在某一特定时期或阶段，儿童有某种心理倾向性，使儿童在发展的某一特定时间段内对一定事物或活动表现出兴趣，并能有效地认识事物或开展活动，儿童学习比较容易而迅速，是教育的最好阶段，一旦过了这一时期，上述情况就会消失。例如，儿童在某一时期，对一定的声音等有敏感性，另一时期又对语言、秩序及读写等产生敏感性，过了一定时期，敏感性又会消失。儿童敏感期现象与儿童生长发展息息相关，与儿童发展阶段性相契合，在儿童每个阶段都有某种心理的倾向性外显并呈现，儿童行为就表现出对某些事物或者操作的特别兴趣，这种内驱力能够激发儿童长时间地关注该事物或操作，并坚持重复性练习。对此，蒙台梭利解释说："正是这种敏感性，使儿童用一种特有的强烈程度去接触外部世界。在这一时期，他们对每样事情都易于学会，对一切都充满了活力和激情。"基于敏感期理论，儿童只有具备学习及智力发展的内在动力，才能激发儿童在某一特定时期的惊人举动。

（二）敏感期的意义和价值

关于敏感期对儿童发展的意义和价值特别值得关注。蒙台梭利认为敏感期是儿童成长发展过程中的关键阶段，各种敏感期与儿童的智力等发展关系密切。正是儿童在每个特定时期的特殊感受能力，使得其对环境中某些事物特别敏感，进而驱使儿童将自己的注意力集中到该事物上，并表现出极大耐心，而忽视其他事物。经历敏感期的儿童，其无助的身体正受到一种神圣命令的指挥，小小心灵也会受到鼓舞。这种源自本能的无意识的内在热情，满足了其自身成长的需要，进而得到快乐，形成一系列儿童创造性活动。儿童在敏感期内学会自我调节和掌握某些事物。如果儿童在某一敏感期内遇到障碍不能"工作"，那么会导致其心理失去平衡，产生发脾气、抵制等外部表现。成人应主动关注儿童成长，充分认识和把握儿童不同阶段的敏感期，在儿童发展的敏感期阶段内为儿童提供或者创设适宜的环境，极大程度上促进儿童智力、人格等方面的发展。当然，由于儿童个体差异性，同一敏感期对不同儿童成长发展而言，也存在时间阶段的差异性，或早或晚，成人应耐心观察儿童的敏感期，勿操之过急，揠苗助长。

（三）敏感期的具体表现及其教育

蒙台梭利根据对儿童的成长发展及兴趣的观察和实验，将敏感期区分为以下九大敏感期。

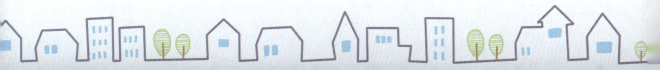

1. 语言敏感期（0～6岁）

儿童的语言敏感期产生于出生后开始注视大人说话的嘴形，并发出牙牙学语声之际。在儿童语言学习的过程中，先对人的声音产生浓厚兴趣，无意识地接收声音、语言等信息，进而在感受声音变化的基础上，有意识地对字、词等进行识别和吸收。蒙台梭利认为，语言能力的获取是儿童智力发展的重要表现。因此，成人面对处于语言敏感期的儿童，应为其创设较为充裕的声音刺激环境，积极主动与其进行语言互动和交流。通过亲子对话、讲故事、说儿歌等形式，加强儿童对语言环境的适应，逐步提高儿童的语言表达能力等。

2. 秩序敏感期（2～4岁）

秩序是儿童发展过程中的内部感觉。蒙台梭利认为："秩序是生命的一种需要，当它得到满足时，就产生了真实的快乐。"儿童的成长和发展需要一个有秩序的环境来引导和帮助他认识事物、熟悉环境。通过对其周围环境物体之间相对固定关系的识别，儿童能获得安全感，有助于其了解周围环境，形成自身个性。一旦熟悉的环境消失，就会令他无所适从。因此，成人应为处于秩序敏感期的儿童创设较为有秩序的环境。

3. 感官敏感期（0～6岁）

儿童从出生起就会借着听觉、视觉、味觉、触觉等感官来熟悉环境，了解事物。蒙台梭利指出，儿童有一种用舌和手探索周围环境的要求和欲望，他们通过味觉、触觉感知周围物体的特征，并对周围事物有所反应。在3岁前，儿童通过潜意识的"吸收性心智"吸收周围事物；3～6岁则更能具体地透过感官分析、判断环境里的事物。因此，蒙台梭利设计了许多感官教具，如听觉筒、触觉板等，以刺激儿童的感官，引导儿童产生智慧。

4. 对细微事物感兴趣的敏感期（1.5～4岁）

儿童的注意力在本阶段敏感期内，往往集中于最小细节方面。忙碌的大人常会忽略周围环境中的微小事物，但是儿童却常能捕捉到其中的奥秘。因此，如果儿童对泥土里的小昆虫或衣服上的细小图案产生兴趣，正是成人培养儿童细心、认真观察品质的好时机。成人可为处于敏感期内的儿童创设细小事物的环境，以激发其探索兴趣。

5. 动作敏感期（0～6岁）

动作敏感期是成人在儿童发展过程中易于观察的敏感期。学会走路对儿童来说是第二次降生，2岁的儿童已经会走路，正是活泼好动的时期，他从一个不能自助的人变成一个主动的人，这是儿童正常发展的主要标志。成人应让儿童充分地运动，使其肢体动作正确、熟练，并帮助左、右脑均衡开发。除了大肌肉的训练外，蒙台梭利更强调小肌肉的练习，即手眼协调的细微动作教育，不仅能使儿童养成良好的生活习惯，也能促进其智力的发展。成人应为处于本敏感期的儿童创设能活动的器材和环境。

6. 社会规范敏感期（2～6岁）

2.5岁的儿童逐渐脱离以自我为中心，该时期的儿童努力想去了解别人，并尝试建立和谐的关系，从而对交朋友、群体活动有明显倾向。这时成人应与儿童建立明确的生活规范、日常礼仪，使其日后能遵守社会规范，拥有自律的生活。

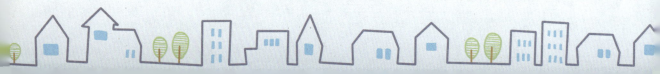

7. 书写敏感期（3.5～4.5岁）

手是儿童认识事物的工具。蒙台梭利认为，正是由于手的活动，儿童能够发展自我，促进自身心灵的发展。随着年龄增长，在3.5～4.5岁，儿童会进入书写敏感期，主要表现为喜欢涂鸦、画画。成人应密切关注儿童的书写敏感期，为儿童在写字之前，通过创设日常生活和感官教具练习环境，增加儿童大小肌肉的控制能力等，为日后的书写和阅读能力打下基础。

8. 阅读敏感期（4.5～5.5岁）

儿童的书写能力与阅读能力虽然发育较迟，但如果儿童在语言、感官、肢体动作等敏感期内得到了充分的学习和锻炼，其书写、阅读能力就会自然产生。此时，家长可多选择一些读物，营造一个书香充盈的居家环境，使儿童养成爱读书的好习惯，成为一个学识渊博的人。

9. 文化敏感期（6～9岁）

蒙台梭利指出，儿童对文化学习的兴趣萌芽于3岁；而到了6～9岁则出现想探究事物的强烈需求。因此，本时期儿童的心智就犹如肥沃的土壤，随时准备接受外界的文化播种。成人可在此时提供丰富的文化资讯，以本土文化为基础，延展至关怀世界的大胸怀。

蒙台梭利对于儿童的心理发展存在敏感期的论述及其提出的不同敏感期的心理现象，对当时乃至现今都具有非常重要的影响。一方面，她肯定和强调了儿童在成长的初级阶段的重要价值，为早期教育的实施和开展提供理论依据；另一方面，敏感期的提出，激发了成人开展适宜儿童的教育，提醒教育者要在不同的敏感期内为儿童提供适宜活动的环境，以促进其获得最佳发展。

二、儿童心理发展具有阶段性

（一）提出背景及内涵

蒙台梭利运用发展的观点看待儿童的成长，指出儿童的成长处于不断发展变化的过程中，并且主要在于内部的自然发展。在发展中的每个阶段，儿童的各方面特点和前一阶段不同，每个阶段的发展又为下一阶段奠定了基础。在人成长的不同阶段存在着不同的心理类型，这些阶段的直接界线非常明显，当一个心理个性阶段结束时，另一个阶段随之而来。儿童处于不断变化、螺旋上升的持续发展过程中。由此，蒙台梭利以当时的心理学研究为依据，提出儿童发展的阶段性理论和特征，并强调不同阶段教育的核心和重点。

（二）人的发展阶段特征及教育要点

蒙台梭利将人的发展过程通过四个前后相承的阶梯图形来表示。将青年之前每隔6岁作为一个年龄段进行划分，具体为0～6岁的婴幼儿阶段、6～12岁的儿童阶段、12～18岁的青春期阶段、18～24岁的青年阶段。

1. 婴幼儿阶段（0～6岁）

蒙台梭利认为，婴幼儿阶段是儿童个性形成的阶段，也是个性形成最重要的时期。她根据观察发现儿童3岁之前形成各种功能，3岁之后发展各种功能，于是以3岁为界线，按照儿童

适应环境是否主动以及是否有意识等将本阶段又细分为心理胚胎期（0～3岁）和个性形成期（3～6岁）。

（1）心理胚胎期（0～3岁）：心理胚胎期对儿童的成长发展而言，是其人格形成的基础阶段和重要时期，是为其身心各方面发展创设基础的关键时期。该时期的儿童没有任何意识和意志，仅仅通过感觉、动作和知觉等探索周围环境和事物，通过潜在生命力和内在敏感性无意识地吸收外界环境的信息，从而促进自身各种能力的发展。

（2）个性形成期（3～6岁）：个性形成期是儿童从无意识到有意识的发展阶段。主要由内在的敏感性激发儿童开始发展记忆、理解、思维等能力，其他能力继续发展。该时期儿童发展的情况直接影响儿童个性的形成。儿童在该时期进入个性建设时期，能更加积极主动地了解环境、适应环境。儿童的心理发展包括通过作用于环境的活动发展意识和充实并完善已形成的能力。

由于该时期儿童开始有意识地主动利用环境，进入真正的心理发展和个性建设阶段，将无意识获得的信息通过有意识地加工予以外显并呈现。因此，儿童在环境中获得的有意识的经验并非无目的的活动，而是转化成了成长进行的"工作"。比如妈妈扫地、墩地时，这个阶段的儿童积极参加，虽然是模仿妈妈扫和墩的动作，但不是被动地在成人的命令下进行模仿，而是主动选择性地学习和模仿。通过类似的活动，儿童为成长为独立的人积极做准备。

当然，个性的形成和成长是儿童自身通过漫长而缓慢的活动进行的，但也离不开成人的帮助及环境的影响。如果能得到成人的认同和帮助，儿童将进一步增强活动的信心和兴趣，更为主动自然地接触和了解世界。

2. 儿童阶段（6～12岁）

儿童阶段是儿童增长学识和艺术才能的时期，他们已能有意识地学习。这个时期和前一时期不同，儿童的发展已有了很大的稳定性，是健康、强化和非常稳定的时期。主要表现为：要求离开过去狭小的生活圈子，开始具有抽象思维的能力，产生道德意识和社会责任感。

他们不再满足于重复的练习，而是对宇宙间的各种自然现象及其相互关系怀有浓厚的兴趣。在这个丰富的世界里，他们对人的行动更加感兴趣，也更为敏感。"怎样""什么""为什么"等问题的不断提出，使得儿童开始注意周围事物的因果关系，挖掘事物本质的原因。在前一阶段操作、练习的基础上，儿童已掌握了协调的动作，有一定的理解力，知道该怎样进行活动；他们能区分好与坏；对待别人的礼貌行为也达到了一个新的水平。根据上述特征，对儿童的教育也要有相应的改变，要从对物质分类的感觉练习转向抽象的智力活动；引导他们了解事物之间的关系，学会举一反三。对儿童不宜再以日常生活中的房屋等来限制他们，而应以道德标准来约束他们，用理喻和规劝的方法启发他们。

3. 青春期阶段（12～18岁）

青春期是人成长发展的又一关键时期。进入青春期就意味着其身心发展逐步走向成熟，是其参与社会交往的敏感时期。

人处于青春期阶段身心发展会有重大的改变。他们已有自己的理想，能根据自己的兴趣探索事物；有爱国心，能意识到自己是属于一定的国家和组织并产生荣誉感，所以对他们可以像

对成人一样进行各种宣传教育。这个时期是社交关系的敏感时期，要创造条件使他们和同伴相处，有广泛的社会生活。蒙台梭利强调该时期不仅应注重青少年的社会技能培养，强化其团体意识，以帮助其适应社会，成为社会合格的一分子，更重要的是引导他们寻找自尊和自信。只有在该阶段获得生活的成功，对自己能力有真正的认识，并在此基础上形成自信，才能使其获得人格的稳定。

4. 青年阶段（18～24岁）

青年是人成长发展中对专业领域进行深入探索的阶段，开始逐步尝试改造世界，与世界进行对话，争取话语权。儿童成长至18岁以后即步入青年，被法律和伦理道德认定为成人，获得社会成员中成人的权利和义务。作为社会的一分子，该时期教育引导的关键在于对青年的社会性进行训练，以帮助其顺利过渡成为一名合格的社会成员。

蒙台梭利以发展的观点看待儿童，提出成长发展的阶段性理论，并将其细化，突出儿童自身的活动特点和教育要点，为后期蒙台梭利教育的实施和开展创设条件，时至今日，对当前我国早期教育、儿童教育等仍有重要影响。

三、儿童心理发展是通过"工作"实现的

"工作"是蒙台梭利对儿童的心理发展提出的又一重要概念和理论。蒙台梭利认为，儿童"工作"是人所独具的本能。人是通过工作塑造自己的。当一个人处于工作的激情中时，他就会拥有非凡的力量，并能再次体验到使他表现自己个性的天赋本能，人就是要通过工作才会逐渐成长。通过一系列的教育观察和实验，蒙台梭利较为系统地提出儿童"工作"的内涵及价值、儿童"工作"与成人工作的异同、儿童"工作"的准则及成人对儿童"工作"应有的保障等。

（一）儿童"工作"的内涵及价值

为了更好地顺应儿童的本能发展，蒙台梭利提出儿童都有工作的需要。儿童的"工作"是儿童在"有准备的环境"中和环境相互作用的活动。"工作"不仅是儿童的本能，对儿童的成长发展也至关重要。儿童通过不断地"工作"，使身心处于正常化状态，以满足自身内在生命力发展的需要，逐步形成和完善自身的个性和人格。由于受到内在生命力的影响，儿童会对"工作"产生自发性活动，通过与环境的相互作用，促使儿童获得相应的经验，进而促进儿童心理发展。

1. 工作有利于儿童动作的协调

工作有助于儿童肌肉的协调和控制。作为一种手脑结合、身心协调活动的"工作"，能发展儿童正确支配行动的能力。蒙台梭利认为，在儿童动作不协调的背后，潜藏着要求协调运动的潜能。对于儿童动作协调的发展，成人的命令和斥责是无力的，远不如对儿童的行为要求进行松绑，为其创设自由的身心环境，让其在充分的自由活动和"工作"中，自我规范动作的协调性，强化儿童自身大小肌肉的协调和自控性。

2. 工作有助于人格的形成

蒙台梭利提出，"儿童通过双手的工作来构建自我，用双手作为人格的工具"。在自由的工作中，儿童能逐步摆脱对成人的依赖，在自己选择工作、自己独立工作的过程中达到内心平静

的状态，逐步形成良好的秩序感和责任心，进而实现人格的发展，成为身体、知识、情感、社会性等全面发展的"正常化的儿童"。

3. 工作促进儿童智力和意志的发展

蒙台梭利认为，儿童工作的过程有助于集中注意力。在专心地完成工作的过程中，儿童潜移默化地感知着工作环境，不断吸收着工作过程中的语言、数理、艺术、社会性等方面的内容，促进自身智力的发展，意志力得到不断强化和锻炼。而自由工作的环境，则有助于儿童内在形成秩序与纪律的规范。通过自我约束进一步强化自身意志力的提升。

（二）儿童"工作"与成人工作的异同

蒙台梭利认为儿童的"工作"与成人的工作不同，儿童是为了工作而生活，而成人是为了生活而工作。差异主要体现在以下几个方面：

第一，驱动力不同。具体而言，儿童的工作是受内在本能驱使，按照儿童成长的自然法则进行；而成人的工作必须遵守社会规范和经济效益原则。

第二，目标不同。儿童的工作以自我实现与自我完美为内在目标，没有外在目标；而成人的工作追求的则是外在的目标，以团队共同目标或外在诱因为目标。

第三，创造性不同。儿童的工作是创造性、活动性和建构性的，而成人的工作是机械化、社会性和集体性的。

第四，参与主体的唯一性不同。儿童的工作以儿童为主体参与，并且由其独立完成，不能被他人替代；而成人的工作经常需要分工，可以替代别人完成。

第五，意义和作用不同。儿童的工作是适应环境、以环境为媒介充实自我、形成自我并塑造自我的过程，而成人的工作是运用自身的智力并通过努力改造环境的过程。

第六，形式和速率不同。儿童的工作按照自己的方式、速度进行；而成人的工作不能拖延，讲求效率并充满竞争。

虽然儿童工作在以上方面与成人工作有很大的差异，但两者均是人开展和实施的活动，所以其类属是一致的。

（三）儿童"工作"的准则

蒙台梭利通过长期对儿童的观察和研究，认为"工作"是儿童的天职，并发现了儿童在"工作"中遵循的系列自然准则。

1. 秩序准则

蒙台梭利提出，秩序是各种事物与环境的关系，即每种事物在环境中应处于什么位置。儿童在工作中有对秩序的爱好和追求，他们对工作材料在环境中的位置有较为清晰的认识，相关秩序性的工作也是儿童自主自发或较为感兴趣的工作。

2. 独立准则

蒙台梭利提出，独立就是不需要别人的帮助而独自做一件事情。独立是儿童从依赖走向成熟的过程。儿童自从母体出生就追求独立，婴儿的第一本能是不需要别人的帮助，自己去做事

情。争取第一个独立的事情是适应子宫外的环境,通过吸收、模仿和练习使其身心逐渐发展起来,并获得越来越多的独立,同时为后期的自由创设条件。儿童逐步通过自己的工作获得独立,在连续不断寻求独立的过程中,仍遵循着独立准则,要求独自工作,并期望通过自己的双手达成独立,而排斥成人给予过多的帮助。由此,蒙台梭利对成人提出了要求,要求成人应帮助儿童走向独立,不能给予儿童多于绝对必要的帮助。比如,儿童想自己吃饭,虽然他们可能会把饭撒在桌上或衣服上,但是成人要做的不是拒绝和阻止儿童自己吃饭,而是顺应儿童自然发展的本性,允许儿童自己吃饭。只有给儿童自由,才能让其独立或正常性得到充分发挥。

3. 自由准则

蒙台梭利通过"儿童之家"中儿童早于教师自主开始进行"工作"的案例,感悟到儿童具有并且需要自由选择工作的权利。由此,蒙台梭利把自由当成人类与生俱来的权利,自然在赋予生命的同时也赋予了儿童自由。她提出,儿童在工作中会根据自己的需要自由地选择材料,自由地选择自己喜爱的工作。通过观察发现,儿童越是通过自主选择,工作时更专心,他们的自信心更强,儿童的自我控制和自我纪律的规范性和约束性越好。因此,蒙台梭利强调应给予儿童充分的自由,充分尊重儿童,允许他们自由地选择教具和工作,允许他们自己决定时间和工作的速度,以保持兴趣。当然,自由绝非成人置之不理或者放纵儿童任何行为不管教,而是"有规则的自由",即在儿童不影响自身、他人和环境的情况下,可以进行充分自由的选择。

4. 重复练习准则

蒙台梭利通过对儿童的长期观察和实验研究发现,儿童在各种敏感期内,对于能够满足其内心需要的"工作",都能专心致志地反复进行,直至完成其内在需求的工作周期。蒙台梭利发现,一个3岁的女孩在操作圆柱体插座时,尽管周围有许多干扰,但仍然一遍又一遍重复放进和取出动作,一直操作了42遍才停下。

5. 专心准则

蒙台梭利通过观察发现,儿童在"工作"中非常投入,专心致志。当3岁女孩在操作时,蒙台梭利让其他小朋友在附近唱歌、走动,但丝毫没有干扰小女孩工作。后来蒙台梭利将她连同坐着的椅子一起搬到桌子上,当她被抬起时,她的手仍抓着材料,并尝试把它放到膝盖上,等到被放到桌子上时,她又继续专心工作了。蒙台梭利认为,只有专心才会有儿童的不断工作及对材料的重复练习。

(四)成人对儿童"工作"应有的保障

在儿童开展"工作"的过程中,成人不是旁观者。为了充分发挥"工作"对儿童个性等方面的促进作用,成人应积极主动地为儿童顺利开展"工作"做出一定的准备和保障。

自由工作

1. 成人应避免干扰儿童的自由工作

蒙台梭利提出,儿童的工作必须由他自己独立完成,成人不能因为自己的主观想法或意愿断然让儿童停止工作,或打断儿童工作。成人应为儿童的自由"工作"创设较为轻松的心理氛

围，给予充分的自由。成人的突然参与会让儿童丧失与周围环境的一些联系，妨碍儿童的正常工作。成人总是以保护者自居，干扰儿童对周围环境的探索。蒙台梭利提出，成人必须审视自己，找出那些压抑儿童的错误方法，吸取教训，并对儿童的工作采用全新的态度。

2. 成人应为儿童提供真实的工作情境

蒙台梭利提倡为儿童提供适合他们的"真实"的工作环境，让儿童的工作建立在真实的生活基础上。比如穿衣服，要为儿童提供适合儿童大小的衣服，而不是给玩具娃娃穿的衣服。

3. 成人在适宜的时候为儿童提供必要的帮助

在儿童进行"工作"的时候，成人不能是冷漠的旁观者，而是需要对儿童的工作进行细致的观察，认真追寻儿童成长的轨迹。当儿童在工作中不了解教具的基本操作，不懂得如何开展相应工作，或者需要更多操作材料时，为了更好地发挥蒙台梭利教具和环境的教育功能，需要教师等成人引导儿童选择一种与自身心理发展水平相适应的工作，并将该工作示范给儿童或为其补充操作材料等。当儿童掌握了工作的基本方法并进入继续工作的状态时，教师等成人应由示范转为引导，进而成为观察者，让儿童自己独立操作教具。

第三节　蒙台梭利教育中的教师

蒙台梭利认为，"教育旨在满足心灵需求，所以它是一门充满艺术性的工作，也只能在为儿童服务的过程中才能得以体现"。[1]追本溯源，教育的首要问题在教师，教师必须厘清自己的思想观念，谦虚谨慎，甘当儿童的"小学生"；抛弃一切偏见，改变自己的态度，成为儿童和蔼可亲、睿智、开放的向导；做耐心的观察家，兼具科学家的精准和贤哲的洞见；教师深思熟虑的话语应最大限度地简单并表达准确；准备一个有利于儿童生活的环境，使儿童的心灵能够得到解放，显露出他们非凡的品性。不要使最接近儿童的成人——母亲或是教师，成了最可能危害儿童的人。

一、教师的角色

蒙台梭利认为，教育不是教师自上而下地教授，而是教师协助儿童自下而上地自我发展。正是从这种教师观出发，在蒙台梭利教育体系中，将儿童视为教育活动的中心和主体，而没有把教师放在突出的地位。蒙台梭利把"儿童之家"的教师称为"导师"，而不是"教师"，教师所扮演的角色是观察者、指导者、守护者和沟通者。

（一）观察者

蒙台梭利指出，人是社会的产物，教师不仅要观察研究儿童本身及其表现，而且要了解家

---

① 玛丽亚·蒙台梭利.蒙台梭利的教育［M］.宿文渊，编译.北京：中国华侨出版社，2013：226.

庭和周围环境对他的影响。观察是一条双行道，蒙台梭利认为教师在观察精神上的准备应多于观察技巧上的准备。精神上的准备应包括对于人际关系的兴趣；教师视儿童为独立的个体；经由观察儿童的表现，教师可以自我成长。

蒙台梭利强调："儿童的生命不是抽象的，也就是说儿童的生命都是个别而独特的，其实，只有一个真实的生命现象，那就是具有生命的个体，而教育的对象就是单独的人，所以要分别观察。"教师作为观察者，要认识到"观察是与儿童打交道的方法"，要做到"以科学家的精神，运用科学的方法去观察儿童"① 的行为，"以不带成人偏见的眼光来看儿童"。蒙台梭利着重指出，如果要使观察研究儿童的结果准确、可靠，结论合乎科学，最重要的是必须与儿童保持亲切友好的合作。

作为观察者，蒙台梭利教育要求教师从两个方面进行观察：一是观察儿童的工作，教师要注意儿童什么时候开始花一段时间专心于一项工作？那些工作是什么？他花多少时间继续工作？他对什么感兴趣？他是怎样认识这个问题的？他体验到了什么？在同一天中他又专心于哪种工作而表现出多少耐心？他是怎样表现进步的愿望的？他是怎样选择工作的先后顺序而有规律地工作的？如果他的工作受到故意干扰，他是如何重新开始他曾被分散注意力的工作的等。通过观察了解到儿童真正的兴趣和需要，以便及时调整活动的目标以及步骤。二是观察儿童的行为。观察儿童是否因喜欢而欢呼、是否因失败而难过、情感的显露、沉着的表现，并且观察他在同伴中扮演什么角色。

蒙台梭利强调，如果不观察，一切都不具有意义。蒙台梭利教室中常见的观察记录是线性记录（图2-1），它可以使教师记录儿童自由工作中全时间的状况及语言，累积起来可作为连续性的追踪儿童学习状况、仔细分析儿童全面性成长的资料，也可以作为和家长沟通的资料以及教师进行个案研究的资料。作为教师，要善于使用这种方法。

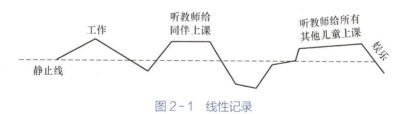

图2-1　线性记录

横线上方表示有秩序（工作）的情况，横线下方则表示无秩序的现象。

观察与记录时的
注意事项

（二）指导者

蒙台梭利认为教师必须是一位明察秋毫、反应敏捷、冷静沉着、精明能干、有教育艺术才能的儿童活动的自觉指导者。教师对儿童的学习指导包括：

第一，成为儿童的典范。教师必须迷人、整洁、冷静而且高贵，以得到儿童的认可及尊重。教师如何照顾自己其实是儿童受教育的一部分，而且是重要的一部分。

第二，使儿童发展自己。教师要对儿童个人自由的积极表现加以引导，使他们经由这些行动而形成独立性。教师必须帮助儿童发展意志，激励儿童完成目标以及自己所选择的事情；帮

---

① 玛丽亚·蒙台梭利.蒙台梭利幼儿教育科学方法［M］任代文，译.北京：人民教育出版社，2001：23.

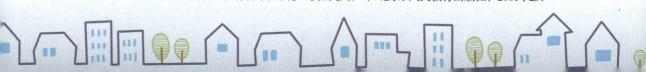

助儿童发展纪律，给他们提供"工作"的机会；帮助儿童树立善恶的观念。

第三，教具操作的示范。在儿童自我选择、使用教具材料之前，教师首先为儿童示范教具的正确操作方法，并对教具材料作简单的介绍。示范时，语言要简短、明确、客观。当儿童模仿出现错误时，教师不要直接告诉儿童，而是再一次示范或引导选择另一个新的教具，以免抑制和代替儿童独立思考。

（三）守护者

蒙台梭利认为教师应成为守护者。教师的第一个责任便是保护环境，这一点要比任何其他的责任都优先。教师要守护教室中的气氛和秩序，所有的教具必须摆放整齐，保持干净，依儿童发展的需要，补充或修补损坏的教具；"教师要'守护'专心致志工作的儿童，以不被其他同伴打扰，而这种努力进取、聚精会神的'守护天使'的职能是教师最庄严的任务之一"①。

（四）沟通者

蒙台梭利认为教师要注重与儿童的沟通，但在与儿童沟通时要注意，太过热心或示范得太详细，反而会压抑儿童判断及根据自己性格活动的能力。

在蒙台梭利教育中，教师必须扮演好以下几个方面的沟通角色：与家长保持密切的联系，以了解儿童家庭生活状况；随时与家长沟通蒙台梭利教学方法，以满足家长的需求；保持和园长、同事之间的教学沟通，听取别人的意见，并发表自己的建议，以利于教学的进行。

二、教师的准备

蒙台梭利认为儿童是在"有准备的环境"中经由自身的活动来学习，从环境而非从教师身上获得知识，所以，对于教师的要求与旧教育有着明显的区别。这种新型教师的形象越来越清晰：她不再滔滔不绝，而应学会沉默；她不是授课，而是观察；她没有师道尊严、确信永远正确，而是谦虚谨慎，甘当小学生。因此，要成为蒙台梭利式的教师，就必须首先准备自己，具体包括以下三个方面。

（一）精神的准备

1.品质

蒙台梭利认为，教师应具有科学家所需要的那些"素质"，应在"品质"上出类拔萃。教师最基本的品质是观察，想要观察必须具有"主动性"，对观察对象怀有强烈的兴趣，并具有积极的、科学的、神圣的态度。为了将自己提升到此高度，必须从谦虚、忘我、耐心开始，这样教师在感到自己是受兴趣的强烈驱使而"看到"儿童的精神现象，并体验到一种宁静的快乐和不可遏制的观察欲望时，那么他就会明白他正"步入正堂"。这样的准备，会在教师的意识中产生一种人生观，它能促使他"天天向上"，激励他开展一种特殊"活动"，并拥有让他巧妙履行使命的"素质"。当他兴致勃勃地"洞察"儿童的精神现象时，感受到一种恬静的快乐，观察

---

① 玛丽亚·蒙台梭利.蒙台梭利文集：第一卷　发现儿童[M]田时纲，译.北京：人民出版社，2014：136.

那些现象的愿望永不满足，他就应当感到"业已出道"——那时，他开始成为教师。

2. 师爱

蒙台梭利认为，教师对学生的爱具有两种水平：一种是通常对于儿童的关怀、爱抚和对教师所了解的、激起亲切情感的儿童的钟爱之情；另一种是教师所应具有的献身于工作的精神，懂得真正的职业的幸福所在。为此，教师要具有"能深入童年的秘密……去认识儿童、热爱儿童，为儿童服务"的精神。

（二）活动的准备

1. 教师对环境的保护和管理

蒙台梭利指出，"必须绝对、急迫地关照儿童，为他们创造一个世界、一个适宜的环境，我们将会完成一项造福人类的伟大事业"。所以，注意儿童的环境是教师的第一职责，也是最重要的职责。如果教师不做好这项工作，那么儿童的身体、智力或精神各方面都无法产生有效而永恒的结果。

2. 教师对待儿童的温暖行动

教师必须像火焰一样用他的温暖去振奋、活跃和鼓舞所有儿童，尽量让他们娱乐，使教师的每一行动对儿童来说都能成为一种召唤和诱因。

3. 教师要为儿童的精神服务

教师这种为精神服务的艺术，是指尊重儿童所有合情合理的活动形式，必须尽可能支持儿童活动的愿望，不是为儿童服务，而是教育儿童独立，这是一种只有同儿童一起工作才能在实践中达到完美的艺术。只有这样儿童才能必须通过自立获得身体上的独立；必须通过自由地使用选择能力获得意志上的独立；必须通过没有干扰的独立工作获得思想上的独立。

（三）方法的准备

1. 授课的方式

授课以个别方式进行，简洁（考虑和衡量每句话的价值）、明白（一定要删除一切不正确的内容，一定不要讲含糊不清的话）、客观（授课必须以不表现出教师个性的方式进行，仅仅突出教师想要儿童注意的客观对象）是其突出的三个特点。

2. 授课的指导方法

这种授课的基本指导方法必须是观察法，其中包括懂得儿童的自由。因此，教师应该观察儿童是否对对象感兴趣、怎样感兴趣、兴趣持续的时间长短等，甚至应该注意儿童的面部表情。教师必须特别谨慎地避免违反自由的原则。在教学中，活动的本质部分留给儿童发挥积极性，是为了唤醒和发展他们的精神力量。当然，教师也可以严肃、有力地唤醒儿童，使他们摆脱混乱无序的状态。

综上所述，蒙台梭利教师要扮演好环境与儿童之间的桥梁的角色，需要做好各方面的准备，在"有准备的环境"中促进儿童内在生命力的自由发展。

三、蒙台梭利教师守则

（1）没有获得儿童同意之前，决不要任意触摸他。

（2）决不在儿童的面前或背后刻意批评他。

（3）认真负责地辅导儿童发挥他的长处，使其缺点自然而然地减至最低。

（4）积极创造和维护一个良好的环境，帮助儿童与环境建立相辅相成的关系。指明每一件物品的正确位置并示范正确的使用方法。

（5）随时协助解决儿童的需求并倾听、回答儿童的问题。

（6）尊重儿童，让他能在当时或在其后发现错误并自行改正；如果儿童有损坏环境、伤害自己及他人的行为时，则必须立刻予以制止。

（7）儿童在休息、观看他人工作、回想自己的工作或考虑作何选择时，都要尊重他，不要打扰或勉强他做其他活动。

（8）协助儿童选择合适的工作项目。

（9）不厌其烦地为儿童示范他先前不愿做的工作，帮助他克服困难、学习尚未熟练掌握的技能。为了达到此目的，必须创造一个生动活泼、充满关爱、有明确规则的环境，配以温馨和蔼的语气和态度，使儿童时时感到支持与鼓励。

蒙台梭利教师
的资格

（10）以最和善的态度对待儿童，并将最好的一面自然地呈现出来。

第四节　蒙台梭利教育中的教具

蒙台梭利教具是蒙台梭利教育思想的重要组成部分，是蒙台梭利教育的三大要素（环境、教师、教具）之一，也是蒙台梭利教育法广泛实施的重要载体和途径，凝聚着蒙台梭利及众多杰出的蒙台梭利教师研究、探索、创新与实践的结晶。在整合特殊教育的"塞根三原则"基础上，蒙台梭利提出了"三阶段教学法"，并从特殊儿童到正常儿童的教育实验中，创制了多种教具。同时，结合福禄贝尔的"恩物"及当时实验心理学的器具，较为系统地研制日常生活、感官、数学、语言和科学文化等富有特色的教具，成为蒙台梭利教育中必不可少的组成部分。

一、教具的特色

蒙台梭利教具即蒙台梭利教育中的操作材料，是蒙台梭利教育环境中的重要组成部分，为儿童的身心发展提供精神和物质结合的最佳方式。蒙台梭利教具以其特色与其他教具相区别，绝非仅供儿童娱乐的器物，而是通过教具让儿童"工作"，通过"工作"让儿童实现自我认知的完善，引导儿童培养人格，提高儿童感官的敏感性，促进儿童智能等方面的发展，激发儿童各种良好习惯的养成。具体而言，蒙台梭利教具主要具有以下特色。

（一）孤立性

孤立性是蒙台梭利教具的重要特色，根据教育目的，每种教具只包含事物的某一属性，而孤立其他属性，即蒙台梭利教具包含事物的多种属性，如形状、重量、大小、颜色、粗细等，但在设计上，并非将所有属性同时呈现在一套教具上，而是根据每套教具的目的，仅呈现单一属性，突出一个感觉点来显示教具的功能。感官教具体现最明显，比如，色板是将外界环境中颜色、形状、材质不同的事物属性进行逐一分解，提炼出同一材质、同样大小、仅颜色不同的长方体，引导儿童充分感知色板颜色的不同。通过鲜艳的教具颜色的吸引，激发儿童的兴趣并对其进行充分操作，自然而然形成良好的秩序、专注力和判断力等。

（二）错误控制

每一样蒙台梭利教具的设计都具有"错误控制"的功能。其能引导儿童主动发现教具操作或工作中的错误和问题，并积极进行纠正。此外，教具的"错误控制"有助于儿童工作行为及日常行为的评价和反馈，实现儿童"工作"效果的提示作用。比如，面对不同大小的圆形嵌板，儿童只有将取出后的圆形放入大小适宜的凹槽内，工作才正确。教具的"错误控制"特色，有助于儿童独立操作、自我校正，自主把握自我与环境的关系，使儿童的注意力、观察力、判断力、肌肉协调能力获得综合性的发展。

（三）适合儿童

蒙台梭利教具第三个特色在于追随儿童成长的步伐，采用适合儿童发展的需要的设计。由于教具必须符合儿童的内在需要，所以每套教具在形状、规格上都是根据儿童的标准尺寸而设计的，并且在操作难度系数方面，坚持由简到繁、由易到难、由具体到抽象的逻辑原则，以便于不同能力的儿童选用和操作，避免儿童因能力所限而产生挫败感。

（四）美观大方

蒙台梭利教具每一样都设计精美，颜色丰富，外观大方，从小到大或从粗到细按照一定规则有序排列，富有美感。它不但能保护和滋养儿童的心灵，而且能陶冶儿童的审美情趣，提升儿童的艺术素养。

（五）秩序性和逻辑性

蒙台梭利每套教具自身是按照一定规则有序排列的，而且其操作方法、步骤和程序等也含有明确的秩序性和逻辑性。教具的这一特色有助于儿童感官能力和逻辑智能的提升，有助于儿童在工作过程中实现循序渐进的发展和提升。

（六）间接预备性

儿童在操作教具的过程中，不仅可锻炼手眼、肌肉的协调性和感官的敏感度，其注意力、专注力、大小肌肉操作力等逐步在工作中也可得以训练，为儿童以后从事其他运动或"工作"打下基础。在智力发展方面，教具操作的步骤和程序及教具本身的秩序感，可帮助儿童完善其

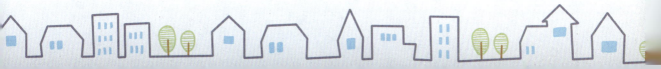

逻辑思维和推理能力。

（七）适用范围广

每套教具都有相应的直接目的和间接目的，还有相应的扩展与延伸的方法和步骤，以适应不同年龄、不同能力的儿童的操作。

（八）独立操作

为了发展儿童的独立创新能力，蒙台梭利教具在设计上充分地考虑到独立操作的理念，儿童可单独地操作大部分教具。蒙台梭利认为，她所设计出来的是"工作材料"。它们不是提供给教师教学使用，而是为儿童开展或进行"成长工作"时所使用的"材料"；它们不是辅助教师上课的物品，而是让儿童进行自我教育、自我探索和自我发展的媒介。

二、教具的名称及其特点

蒙台梭利教具种类繁多，形式多样。据荷兰新屋公司提供的 20 世纪 80 年代的蒙台梭利教具目录显示，当时蒙台梭利教具有 349 种。虽然教具数量很多，但一般可将其按照发展领域及教育目的分为日常生活教具、感官教具、数学教具、语言教具、科学文化教具五类。现将蒙台梭利教具较为经典的类型名称及特点进行梳理。

（一）日常生活领域经典教具

日常生活教育是蒙台梭利教育的起始阶段，主要培养儿童的秩序、专心、协调等品质，为后期感官、数学、语言、科学文化等领域的学习奠定基础，其包括基本动作、自我服务、照顾环境、社交礼仪行为四部分内容。

基本动作划分为大肌肉动作和小肌肉精细动作。大肌肉动作主要的工作包括爬、走、跑、跳等，小肌肉精细动作主要的工作包括拿托盘、舀豆子、五指抓、三指抓、二指捏、一指摁、穿线、折叠、剪纸、切水果、旋转螺栓和螺母、缝扣子等。

自我服务按照培养目标可分为生活自理能力和照顾自己两部分。生活自理能力主要的工作教具包括衣饰框、大纽扣、小纽扣、鞋带、按扣、安全别针、拉链、皮带扣、鞋纽扣、蝴蝶结等；照顾自己主要的工作包括携带物品的整理、使用镜子、洗手、擦鼻涕，衣裤的穿、脱、挂、折叠，鞋子的清理等。

照顾环境包括整理、美化环境，如扫地、擦地、擦桌子等；以及照顾、管理动植物，如浇水、喂鱼等。

社交礼仪行为主要包括基本的社交礼仪，如打招呼、听人说话、感谢、道歉等；具体的动作礼仪，如开关门、递交物品、咳嗽、打哈欠等。

蒙台梭利日常生活教具以其特有的教育目的和内容，具有强烈吸引低幼儿童的特点。首先，教具均是儿童一日生活中常见的器具实物，儿童对于日常生活教具非常熟悉和了解；其次，其尺寸适合儿童使用，为了便于儿童操作练习和开展工作，日常生活教具汇集儿童生活中常见的实体物品，虽然形状、颜色、材质等没有变，但是其尺寸是严格按照儿童的身高等缩

小设计；最后，安全性较强，日常生活教具有"切东西"的刀，与成人的菜刀相区别，蒙台梭利日常生活教具的刀是供儿童能拿住拿稳的小切刀，虽然刀刃是不锈钢制成的，但不如成人使用的刀那么锋利，以保护儿童的安全。

（二）感觉领域经典教具

蒙台梭利通过观察和实验发现，儿童 3 ~ 6 岁进入感官敏感期后，非常重视感觉教育。提出感觉教育的目的在于发展儿童的感知能力，感知物体属性，提高手眼协调能力、专注力和秩序感等。感觉教育的内容主要包括视觉教育、触觉教育、听觉教育、味觉教育和嗅觉教育。由此，蒙台梭利等人精心设计了感觉教育的教具。

视觉教育的主要教具包括插座圆柱体组（四组）、粉红塔、棕色梯、长棒（红棒）、色板（三组）等。触觉教育的主要教具包括触觉板、温觉板、重量板、布盒等。听觉教育的主要教具包括听觉筒和音感钟。味觉教育的主要教具是味觉瓶。嗅觉教育的主要教具是嗅觉筒。

感觉教育教具因其教育目的和教育内容，具有与众不同的特点。第一，吸引儿童的视觉、触觉、听觉、味觉、嗅觉等多感官参与工作，激发儿童兴趣；第二，将某一特定的感官刺激如长短、大小、颜色、声音等进行孤立，浓缩至一个教具中，有助于儿童将兴趣集中在某一感官点上，极大地将特定感官刺激孤立化；第三，教具从大至小、从粗至细有序排列摆放，强烈的秩序性可以引导儿童走向内心秩序的平衡；第四，部分教具两两成对，有助于儿童从简单的感知觉辨别到错误订正，从而实现儿童的自我教育。

蒙台梭利著作中有关感官教具的记载

（三）数学领域经典教具

数学教育是蒙台梭利教育中较为典型和系统的教育领域。蒙台梭利数学教育的目的是引导儿童在生活中通过生活经验来熟悉数量，并感知逻辑性的数理概念，帮助儿童形成抽象思维能力、想象力、理解力和判断力等。蒙台梭利数学教育具有较为完整的体系，内容涉及算术、代数、几何等部分，其教具有上百种，常用教具 50 多种。

数学教育的教具主要包括数棒、砂纸数字板、纺锤棒与纺锤棒箱、数字与筹码、彩色串珠阶梯、一百串珠链、一千串珠链、一百板、塞根板、银行游戏、邮票游戏、加法蛇、减法蛇、加法板、减法板、乘法板、除法板、分数小人、二倍数、三倍数、二项式、三项式等。

蒙台梭利数学教具体系条理分明，层次清晰，由简单到复杂，由具体到抽象，从开始预备到综合操作，将数学引入儿童日常生活中，并逐步将数学学习进行分解。蒙台梭利数学教育教具有以下鲜明特点：

第一，从真实的数量认识着手。如数棒、纺锤棒等。

第二，重视数量、数字、数名三者之间的关系。如数棒、数字与筹码等。

第三，使用阿拉伯数字并统一字体。如砂纸数字板、数字与筹码、纺锤棒箱等完全使用相同的阿拉伯数字字体。

第四，重视"0"的概念及十进法的计算。如纺锤棒箱与十进位系统。

第五，将合成、分解的操作基准定为"10"。如数棒等。

第六，为了表示定位或进行数量的计算，在教具的数字和数量上，运用"颜色归类"的法则。如邮票游戏的个位、十位和百位数字分别采用的是绿色、蓝色和红色。

第七，数学教育中常采用验算或订正表的形式来提示儿童的工作正确与否。如一百板订正表、加法表订正表等。

第八，遵循科学的逻辑流程。必须先掌握基本的算术概念，再进行分解、组合方面的逻辑运算。

（四）语言领域经典教具

蒙台梭利认为，语言是人类高级精神活动的重要条件，能促进智力的发展，因此非常重视语言敏感期的教育。蒙台梭利语言教育包括听、说、写、读四部分内容。为便于语言教育的顺利开展，蒙台梭利等人创制了众多语言教具。由于蒙台梭利为意大利人，所以其原始语言教育的教具均以西文教学为主。蒙台梭利语言教育的教具为儿童不同阶段的语言敏感期提供激发其听、说、写、读潜力的操作环境。

在新时期蒙台梭利教育中国化的过程中，在梁志燊教授等一大批专家学者、一线蒙台梭利教师以及中国蒙台梭利协会的推动下，创制了适合汉语拼音和汉字教学的听、说、写、读等的教具，以其教具日常生活化与教具音、形、意相结合等特点吸引儿童。

蒙台梭利语言教育经典教具主要包括铁制几何图形嵌板、砂纸字母板、活动字母箱、拼音结构练习、笔画砂字板等。

（五）科学文化领域经典教具

蒙台梭利科学文化教育是蒙台梭利根据儿童进入文化敏感期而开展的针对性教育。蒙台梭利科学文化教育的目的在于通过科学文化教具及工作，启发儿童的科学探索精神，激发其对世界、动植物环境、人类以及知识的热爱，进而学会科学地思考问题、分析问题和解决问题。蒙台梭利科学文化教具为儿童接触自然创设了条件。由于科学文化涉及领域众多，辐射儿童生活的方方面面，所以蒙台梭利科学文化经典教具涵盖了植物学、动物学、地理学、地质学、历史学等，作为蒙台梭利教师和学习者可根据儿童生长发展需要，与儿童一起在生活中发现、寻找、收集、创制科学文化教具。

蒙台梭利科学文化教育经典教具主要包括动物嵌板橱、植物嵌板橱、叶形嵌板橱、四季卡片、日历表、水陆地球仪、陆地与水域地形、彩色地球仪、世界地图拼图、地图嵌板橱、世界各国国旗、八大行星、地球的层次、火山的介绍等。

以上是蒙台梭利经典教具中日常生活领域、感觉领域、数学领域、语言领域、科学文化领域常见教具的名称及特点。当然，随着蒙台梭利教育的传播和传承，一线蒙台梭利教师在从事蒙台梭利教学实践中，紧随儿童成长的步调，创制了适宜儿童成长发展需要的教具，使得蒙台梭利教育的教具不断更新，蒙台梭利教育精神不断发扬光大。

三、教具的设置、使用原则

正如著名教育史专家史坦丁提到的关于蒙台梭利教具的价值，对儿童来说虽然教具是直观

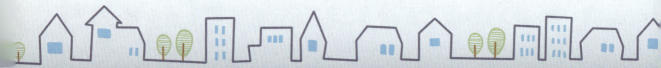

的，但是它以井然有序的方法帮助儿童认识到外界的秩序，并向儿童展示外部世界的本质。作为蒙台梭利教师，应具有摆放教具、正确使用教具的能力和方法。

（一）蒙台梭利教具设置的原则

1. 一套为准

蒙台梭利班级里对于教具的数量有一定的规定，以每个班级一套为准，目的是培养儿童的耐性。如果其他小朋友已经在使用某种教具，自己必须学会等待，这样可帮助儿童学会控制自己的欲望，尊重他人和自我尊重。相反地，丰富的教具不一定能够促进儿童的发展，可能会使儿童不时地陷入混乱的状态，并感到被压迫。教育者期待的是，儿童能充分发展自己的抑制力。

2. 科学性

蒙台梭利教育的教具在设计、摆放和操作上均需具备科学性。蒙台梭利教室内设有椭圆形蒙氏线，周长根据班级儿童数量而定，如果儿童较多，可以设置外大内小两条蒙氏线。为儿童提供工作时必备的适合儿童身高的桌椅、工作毯，以及方便儿童取放的高度适宜的半开放三层教具柜，便于儿童拿取零散教具的托盘等。

3. 针对性

如果是混龄教育，每一个班级里，蒙台梭利五大区域主要的教具都应当陈列出来，以满足不同年龄阶段儿童的需求。如果是同龄教育，每个班级的教具应该依照该班儿童的年龄，根据其敏感期设置。例如，小班（2~3岁）的教具设置就应以日常生活教具和感官教具为主。

4. 秩序性

蒙台梭利教具本身就具有很强的秩序性，它有助于儿童建立内在的秩序感。而教具的陈列与摆放是帮助儿童建立外在秩序感的关键。每类教具应当集中在某个区域，摆放要整齐美观。同时，还需要留出足够的空余场所供儿童自由操作练习，让儿童在和谐美妙的环境中愉快地工作。

（二）蒙台梭利教具使用的原则

蒙台梭利教育体系的最基本方针就是利用各种不同的感觉教具，唤醒儿童的安全感受。这些教具并没有绝对的价值，它们的效用体现，全看教师用什么方式将这些东西呈现给儿童。这就需要教师必须选用最有成效的方法让儿童对教具产生兴趣，并想要自己动手去使用它。

1. 还原其本真目的

蒙台梭利教具有其严肃的教育意义，儿童在使用时只有在完成基本操作之后，才可以进行联想性质的操作——延伸操作，而且这些操作还要符合规则，不能完全脱离教育意义的操作。蒙台梭利教具主要任务是精练儿童的感觉，提升其智能和人格，所以在本来目的之外限制教具作为他用。

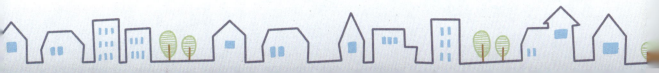

2．正确的使用方法

在敏感期内配合适应的教具进行工作。这样，在最轻松愉快的情况下，儿童不仅能够自然而然地在智力、道德方面获得令人惊异的发展，而且还将在身体、情感、社会等一切身心领域中获得进步。教具在使用完毕后，一定要引导儿童正确地收纳整理并放回原来的位置，这是培养儿童做事有始有终，强化他们做事的秩序感与责任感的一种有效方法。

3．关注教具的选用

蒙台梭利教具在使用过程中应充分了解儿童所处的敏感期，针对其敏感期选择适宜的教具。考虑与敏感期配合适应的教具进行工作，儿童即可在最轻松愉快的情况下，自然而然地在智力、道德方面获得惊异的发展。此后，不仅仅限于儿童智力、道德发展，还将在身体、情感、社会等一切身心领域获得进步和发展。

4．使用后的整理

教具的使用包括使用后的整理，即能正确地将教具放回原来的固定地方。通过教具及其他物品有秩序地放回原来场所唤起儿童潜在的秩序意识，并强化儿童对物品摆放位置的识别和记忆。当然，蒙台梭利教具在使用的过程中，还需要遵守所在蒙台梭利儿童之家或蒙台梭利幼儿园，以及蒙台梭利教室对教具操作的准则。

第五节　蒙台梭利教育中的教学

蒙台梭利认为只给予儿童适合他们身体大小及能力的环境是不够的，想帮助儿童的成人一定要学习如何运用方法来正确地给予其帮助。因此，蒙台梭利除了对环境重视外，还不断以观察儿童为基础，并经试验、修正而发展了一套完整的教学方法，不过她也反复强调不可将教学法视为不变的体系，必须根据儿童的不同需求而进行修正。这种教学体系也需要通过具体的教学内容与任务、教学实施、教学方法、教学的组织形式来实现。

一、蒙台梭利教学内容与任务

（一）日常生活教育

日常生活教育包括基本动作、自我服务、照顾环境、社交礼仪行为等教育内容。通过日常生活教育，训练儿童大小肌肉动作和手眼协调能力，使其适应环境，学会自我管理、自我控制与自我保护，自然地建构独立自主的内心需要、自信心和技能，培养爱心与责任心，为建构儿童完整而优良的人格奠定基础。

（二）感觉教育

感觉教育是提升智能建构的最基础的教育，在蒙台梭利教育中分为视觉、触觉、听觉、味

觉、嗅觉教育。通过感觉教育，培养儿童感官的精确敏锐，进而达到儿童对事物的观察、比较、判断的习性和能力的培养。

（三）数学教育

数学教育分为算术、代数、几何三部分内容。通过数学教育，为儿童奠定稳定的数理基础，培养儿童的数学心智，即追求秩序与精密的心智，进而内化为儿童和谐与完美的人格。

（四）语言教育

语言教育包括听觉练习、口语练习、书写练习、阅读练习等内容。通过语言教育，儿童自然习得倾听、表达、书写和阅读的能力，奠定个体成长、人类文化的传递与交流的基础，从而促进儿童智力发展、创造能力发展及完善人格的发展。

（五）科学文化教育

科学文化教育包括植物学、动物学、地理学、地质学、天文学、历史学、科学实验等内容。通过科学文化教育，培养儿童对身外事物的了解，建立正确的世界观、宇宙观、人生观，以适应社会环境，进而维护自然环境、改善社会环境，创造健康美满的人类生活。

二、蒙台梭利教学实施

（一）实施的步骤

1. 预备教育环境

在蒙台梭利教学中，为儿童准备一个适合生命发展的环境被列为首要的条件。"儿童之家"就是一个供儿童自由活动的空间，它没有固定的模式，特点就是专为儿童而设，有全套的小家具以及为启发儿童心智的教具。

2. 发现与协调意愿

儿童表现出的外在行为，往往是内在需求的反映，因此，抓住儿童"敏感期"的需要而展开教育，对儿童的启发效果将是事半功倍的。蒙台梭利教师所扮演的角色不是在"教"儿童，而是教具、儿童及学习意愿的协调者。必须依儿童的需要而整理环境，并且观察儿童的需要和意愿，用适当的教具来让儿童"工作"。如图2-2所示，即为环境、教师与儿童的关系。

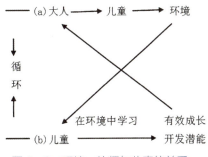

图2-2　环境、教师与儿童的关系

3. 延长工作周期

如果儿童已经专心进入"工作"情境，蒙台梭利认为教师就该鼓励其继续操作，延长工作周期，并让其酌情反复操作，以培养儿童的专心和耐力。因此，蒙台梭利特别重视并且告诉教师，需要"等待"儿童反复练习的行为发生且予以鼓励，使儿童有意愿再来一遍，甚至几十遍。

因为儿童知道如何使用教具，只不过是教具的功能开始显现的阶段而已。儿童只有尽情地对教具进行反复操作，才会"真正的成长"，这可称为"心智的任性发展"。只有当儿童感受到"工作"的乐趣且能够符合他的"内在需要"时，这种尽情地"反复"操作的情况才会发生。

4. 教育计划的实施

由于儿童的不断成长和他们之间的个别差异，以及敏感期各有不同，所以教师的教育规划需要不断改进。唯有透过实际的观察、实施、记录、研究，才能深入切实地发现儿童内在的需要，同时给予适当的教育和引导，使其更美好地成长。

（二）蒙台梭利"工作"的流程

1. 教师自我介绍

教师与儿童围坐在蒙氏线上，教师与儿童打招呼并介绍自己的称谓。

2. 配合轻盈、舒缓的音乐进行线上活动

在活动室中心画内外两条椭圆形的同轴线，外圈与墙壁距离 1.5 ~ 2 米，外圈与内圈间距为 30 ~ 40 厘米，线的宽度要适合儿童的脚宽。可让儿童做线上练习或作为儿童各种活动的区域控制之用。

（1）线上走线，分徒手走线、持物走线、动作走线等。让儿童脚跟挨脚尖地走在线上，以达到提高儿童平衡力及专注力的目的，使儿童精神更快地集中到工作的环境中。

（2）线上游戏，主要是指儿童在线上进行一些游戏。一方面可以控制儿童的秩序，另一方面可以使线起到一定的管理作用。

3. 肃静练习

教师关掉音乐，线上活动结束。每天肃静练习的内容不同，可以听室内外的声音、教师制造的声音、教师小声讲话的内容、听音乐节奏等。通常是在教师点过儿童的名字后结束此活动。通过此环节来练习儿童敏锐的听力，提高其专注力。

一位美国蒙台梭利幼儿园教师与大家分享的幼儿园日程

4. 进行教师团体工作示范或儿童自由工作

要根据选择的工作区域及内容来决定，具体过程包括以下几个环节：取、铺工作毯；取教具；工作过程；听到音乐后收纳整理教具，物归原处；收、送工作毯。

在儿童自由工作的过程中，主班教师要通过观察来发现儿童工作的兴趣点，引导其选择工作，示范方法，延长工作周期，提高工作效率。助班教师要做好观察记录即记录儿童的工作情况，同时也要协助主班教师指导儿童的工作。

蒙台梭利教室观察记录表

5. 工作结束

教师带领儿童做结束活动，并引领儿童进入后面的一日活动。

（三）蒙台梭利教学展示页

蒙台梭利教具在五大领域的教学活动中都有展示，并且每一项教具的操作都要有教案，即蒙台梭利教学展示页。蒙台梭利教学展示页一般包括以下几部分内容。

1. 工作名称

工作名称一般是指该项工作的具体名称。

2. 教具构成

教具构成是指做该项工作必要的用具，包括说明教具的尺寸、形状、特征等的文字叙述和图片介绍。

3. 适用年龄

适用年龄是指使用某种教具进行操作的对象的年龄范围或者在课程计划中的顺序。

4. 教育目的

教育目的分为直接目的和间接目的。直接目的是指该练习或者完成该教具操作所要达到的最直接的教育目标。间接目的是指该练习或者完成该教具操作所能达到的该领域之外的教育目标，有的领域涉及内容广泛，目的较多。

5. 提示形式

提示形式是指该练习选择的个人提示、小组提示、团体提示属于哪一种示范形式。

6. 提示过程

提示过程是指教师示范和引导儿童进行此项工作的方法或过程。其中，包括提示的语言、动作以及具体的教育步骤。在提示中要考虑儿童的能力和兴趣。可一次进行多项提示，也可一项提示反复多次进行，但必须确保儿童对每一次提示感兴趣。

7. 错误控制

错误控制是指儿童可以自己得知所做的工作是否正确的自我评鉴的方法、标准或工具，如订正卡、答案、教具本身等。

8. 兴趣点

兴趣点是指根据儿童的年龄、经验等变化，每项工作或练习可以吸引儿童的内容。

9. 注意事项

注意事项是指对教师在示范或教具操作过程中对需要特别注意的问题所作的说明。如教师的语言、动作、神情，教具的放置、整理、管理以及儿童在练习过程中可能出现或遇到的问题等。

10. 变化延伸

变化延伸是指在完成教具的基本操作后，根据儿童的兴趣及能力，应用教具进行的其他工作。可以朝不同的领域、方向延伸，也可以是教具（具有相同教育目标的物品）的延伸，以使教具的价值发挥到最大化。

蒙台梭利教学
展示页示例

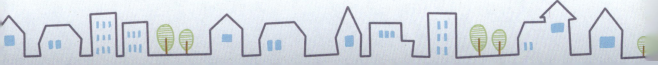

蒙台梭利教学展示页可以根据不同领域或不同工作的实际情况来确定具体的组成部分。

三、蒙台梭利教学方法

（一）蒙台梭利教学的提示形式

在蒙台梭利教育中，个人提示、小组提示和团体提示是教师与儿童互动的 3 种基本提示形式，这 3 种形式在不同的领域中各有所用：①个人提示是指给感兴趣和准备好的 1 名儿童做示范。②小组提示是指给 2 名以上的儿童做示范，一般为 3 ～ 7 人，既可以是教室中不同年龄的儿童，也可以是相同年龄的儿童。③团体提示则是指给全体儿童做示范，让他们均能从教学中受益。与三种提示形式相对的，儿童接受教师的提示有 3 种活动形态，即个人活动（1 名儿童）、小组活动（2 名儿童以上）、团体活动（全体参与）。教师提示与儿童活动形态间的关系如图 2-3 所示。

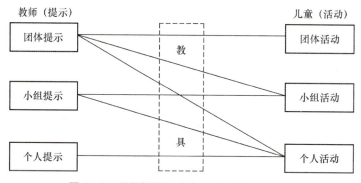

图 2-3　教师提示与儿童活动形态间的关系

以上 3 种提示形式应根据具体的"工作"内容而定，其重要程度各有不同。一般在幼儿入园之初的 2 个月内，应重点采用团体提示或小组提示，尽量避免个人提示，但可有不必教师提示的个人活动。之后，在日常生活教育中以团体提示和小组提示为主，也可进行个人提示；在感觉教育阶段，重点在个人提示，有少许小组提示，几乎不用团体提示；在数学教育、语言教育和科学文化教育中同样以个人提示为主，部分会采用小组提示，团体提示则基本不予采用。总之，在蒙台梭利教育中，提示的形式要根据实际情况来选定，绝不是完全的个人提示，但要特别注意不要偏向团体提示的形式。

在蒙台梭利教育中，由于每个领域的提示形式不同，所以方法也会有所不同，但一般包括准备、示范、整理 3 个阶段：①准备阶段，教师要事先了解儿童已经做过哪些活动；教师要事先充分了解教具示范的目的，并练习正确的示范步骤；预备环境时，教具必须完整并且陈列在儿童看得到、拿得到的地方；教师要用有吸引力的方式来引导儿童，当儿童有所反应时，教师在教具附近向儿童说明取用教具的方法后，师生共同将教具拿到工作毯上；示范教具前，必须清除环境中不必要的物品，只放置所要示范的教具；然后教师在儿童右侧准备做示范。②示范阶段，教师要注意分解动作、兴趣点、错误控制 3 个方面，同时要密切观察儿童的反应，及时调整自己的示范速度等；操作示范时，语言提示要简单扼要，以宁静的表情、积极的态度呈现

动作；示范教具时，必须要求儿童看到完整的操作，若儿童注意力分散则需要进行提醒；示范结束后，教师要询问儿童"想不想试试看"；当儿童愿意进行工作时，教师就由引导者变为观察者；教师应强调教具的正确使用方法，禁止儿童以错误的方式使用教具，但儿童自创有助于其智能发展的工作方式，教师应多观察、分析而不加以干涉。③整理阶段，当儿童确定工作结束的时候，教师要引导儿童把教具归位到教具架上，将工作毯也进行归位。

（二）"三阶段教学法"

在教学中要学习新概念时，通常会使用"三阶段教学法"，包括对形状、色彩、声音、物体的名称以及字母、数字等的练习。这三个阶段是命名、辨别和发音。

第一阶段：命名（结合概念和物体或物体和名称）。例如，这是○○。

第二阶段：辨别（名称和概念或物体的再认识）。例如，○○是哪一个？

第三阶段：发音（名称和概念或物体的记忆以及重现）。例如，这是什么？

通过"三阶段教学法"，儿童可以获得所认物体的名称，辨认或找出相应的物体，正确说出该物体的名称。

四、蒙台梭利教学组织形式

混龄班级标准
人数的配置

教学组织形式是指教学活动应怎样组织，教学的时间和空间应怎样有效地加以利用等教学活动的结构形式。在蒙台梭利教育中，教学的组织形式是以混龄班级的方式来进行的。蒙台梭利混龄教学的组织形式，是指教育者依托蒙台梭利教具将不同年龄、不同发展水平的儿童组织在一起，开展教学活动的形式。以每半年5人一班，35人为上限。编成一个完整的混龄班级至少要经过36个月，即3年的时间，不过这个标准人数的配置属于理想状态，实际的编班仍需要根据儿童年龄而定。

儿童同伴交往和
友谊的发展

在混龄教学活动中，教师采用不同的提示形式，充分考虑每个儿童的兴趣、能力、水平，来进行有针对性的指导，并允许儿童按照自己的意愿进行充分和自主的操作和体验活动，即从自己的水平出发，选择活动内容，自己决定活动的时间，从而使儿童丰富经验，建立自信和学习的兴趣。蒙台梭利教育的这种混龄教学形式具有重要的意义，具体体现为，通过儿童之间的相互帮助，使得教学真正地具有价值；通过精神能力的相互交换，促进儿童获得健康的正常发展；通过自由环境中儿童行为的相互关系，促进儿童形成解决问题的能力；通过儿童情感的表达，显现出以高尚的情感为基础的集体感。总之，在这种"环境中情感生活达到了一个高水平，儿童的个性获得了正常的发展，使人们感觉到一种吸引力。正如年长儿童带动了年幼儿童，一些人使另一些人适应了新的习惯"[1]。

---

[1] 玛丽亚·蒙台梭利.蒙台梭利幼儿教育科学方法［M］任代文，译.北京：人民教育出版社，2001：556.

⭐ **学习评价**

1. 解释蒙台梭利"有准备的环境"。

2. 试述蒙台梭利环境创设的要求及原则。

3. 结合实例说明蒙台梭利儿童心理发展的主要观点。

4. 列举蒙台梭利提出的儿童发展的敏感期，并以一名儿童为观察对象，对其某一敏感期发展进行观察记录。

5. 试述蒙台梭利教育中教师的角色。

6. 试述蒙台梭利教育中教师的准备。

7. 绘制一个蒙台梭利教室中不同区域教具摆放图。

8. 以小组为单位，观察混龄班级中儿童的工作，完成儿童工作观察记录评价表，课上分享。

阅读导航

考点聚焦

第二篇

蒙台梭利各领域教育

第三章　蒙台梭利日常生活教育

"课程思政"指引

关键词：道德规范　人文精神

 内容提要

　　本章介绍了蒙台梭利日常生活教育的含义、教育原则及指导方法、教育的内容，同时以蒙台梭利教学展示页的形式呈现了日常生活教育的部分教具操作范例。

 学习目标

1. 掌握蒙台梭利日常生活教育的含义、目的及意义。
2. 理解并掌握蒙台梭利日常生活教育的原则、指导方法及教育内容。
3. 学会并掌握经典的蒙台梭利日常生活教育教具的操作。
4. 能结合儿童身心发展需求进行蒙台梭利日常生活领域教具的自制或创制。

第一节　蒙台梭利日常生活教育概述

　　日常生活教育是蒙台梭利为儿童日常生活而设计的，为了缩短儿童与日常生活环境之间的距离，强化儿童日常生活实践教育，通过儿童进行"与日常生活息息相关"的工作练习和操作，引导儿童逐步学会和掌握日常实际生活中的技能，从而为儿童的身心发展和独立人格的成长奠定基础。

一、蒙台梭利日常生活教育的含义、意义和目的

　　蒙台梭利发现，儿童在 0～6 岁阶段对日常生活中的各种事物及环境非常感兴趣，喜欢模仿成人在日常生活中的行为，如拧开瓶盖、扫地、倒水、炒菜等。儿童的这些模仿的工作，强

化了儿童的专注、秩序等品质，不仅锻炼了手眼协调能力，而且也为后续儿童进行的感官、数学、语言和科学文化等工作积累经验。由此，蒙台梭利将成人往往忽视的对儿童的日常生活教育纳入蒙台梭利教育体系之中，并且将日常生活教育作为蒙台梭利教育的起始教育和重要内容予以关注，逐步形成和发展为较富有特色的日常生活教育体系。

日常生活教育也被称为日常生活练习，是根据人类成长发展的自然规律，在一定的地理环境和社会文化环境中，在国家、社会及地域文化的传统背景下，让儿童通过反复不断地做"与日常生活息息相关"的动作练习，帮助儿童习得大、小肌肉等动作，掌握基本的社会文明礼貌等生活技能和方式，使得儿童学会照顾他人的实践教育活动。

（一）蒙台梭利日常生活教育的意义和价值

蒙台梭利日常生活教育是儿童各方面健康发展的初始教育。儿童的健康发展关键不仅在于接受何种教育，更为重要的是儿童能否积极地适应日常的正常生活。儿童在穿袜子的过程中，感受到了正反物体的匹配特性，习得了袜子的概念；在喂鱼的过程中，了解了鱼的形态，逐步知晓鱼的习性，强化了对动物的关爱之情。蒙台梭利日常生活教育为儿童后期接受的其他教育奠定了基础，也为儿童自信、自理能力等发展创设了条件。

1. 蒙台梭利日常生活教育有助于人类文化的传承和发展

儿童是人类文化的重要传承者。虽然儿童相对成人弱小，但作为人成长发展的特定阶段，儿童能在一定时期积极主动地习得不同时代、不同国家及民族等环境中的文化。比如，中国儿童从小看到家人吃饭时使用筷子，虽然 1～2 岁时不会拿筷子夹东西，但他们还是希望能掌握这一本领。拿筷子吃饭虽然是小事情，但是其内涵却是中华文化的传承。蒙台梭利日常生活教育为人类文化的积淀和传承，为儿童创设了适宜的土壤和环境，以此促进不同时期、不同国家地域、不同种族文化在儿童时期得以延续和传承。

2. 蒙台梭利日常生活教育有助于合格公民的培养

在蒙台梭利的教育机构——"儿童之家"中，日常生活教育为儿童创设了像家一样的日常生活的真实情景和工作操作材料，儿童通过观摩蒙台梭利教师对真实的日常生活教具的操作以及自身的反复练习，不断对自身进行自我调整，寻求积极主动适应环境的生存能力，不断建构和充实自身生活秩序，寻求内心人格的完整和平衡；而且在进行日常生活工作操作过程中，还会潜移默化地习得古今中外的文化。同时，蒙台梭利日常生活教育创设了不同时代、不同文化环境，促进儿童与社会环境相互交融，适应不同的社会环境，并在社会环境中积极创造，激发进展型人格的形成，使其在儿童时期乃至长大成人之后发挥其创造新文化及高层次文化的潜能。在日常生活教具操作的过程中，儿童努力学会独立从事相应生活的工作，学会自由，成长为自立、自信、自尊、自爱的人，体验自我成长的快乐。在照顾环境和他人的过程中，儿童的责任感与日俱增，为成为合格公民培育基本的素质和能力。

3. 蒙台梭利日常生活教育有助于儿童个体身心成长与发展

蒙台梭利日常生活教育对于儿童个体而言，可以满足其内在的发展需求，锻炼运动协调能力，促进个体独立性、秩序感、专注力、意志力、自信心、责任感、荣誉感及对物体认知

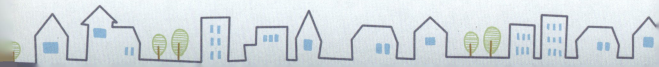

的发展。

第一，日常生活教育能促进儿童个体专注力的发展。注意力不稳定，持续时间较短，且易转移是 3 岁儿童的阶段性特点。儿童在操作日常生活教育教具进行日常生活练习的工作时，源自日常真实生活且可以自由操作的教具，以其外在鲜亮的颜色、适合儿童操作的尺寸、明确的任务和简易的操作，能激发儿童对教具产生持续的、较为固定的内在冲动。在操作平时常见的日常生活领域教具时，儿童会格外地关注教具的操作过程，而持续的关注又能使儿童较为顺利的操作，成功的喜悦和成就感进而激发儿童对日常生活教具产生深入地关注，由此循环往复，儿童在进行日常生活教育工作的过程中，专注力等方面得到逐步地提升和加强。

第二，日常生活教育增强儿童的自我感知和自我意识。在日常生活教育中，儿童通过操作日常生活教具，在教具错误控制的功能提示下，能逐步增强对自我的控制和感知。在日常生活领域的照顾自我和照顾环境中，儿童逐步认识和了解自我，并将自我与环境相融合，使其不仅能掌握正确的教具操作，还能强化独立应对周围环境和事物的能力。儿童在日常生活中逐步学会独立和生存，正是儿童不断明确的自我感知和自我意识能力，为儿童个体的独立发展创设条件。

第三，日常生活教育有利于儿童秩序感的培养和规则意识的形成。蒙台梭利日常生活教育从基本动作到照顾环境，遵循从简单到复杂、由浅入深的原则。儿童通过取放工作毯等操作，不仅学会拿取工作毯的正确方式，更为重要的是在操作练习的过程中，逐步形成物品摆放、操作有序等秩序感，培育良好的规则意识。

第四，日常生活教育有利于儿童精细动作发展、手眼协调能力的形成。在蒙台梭利日常生活教具操作过程中，儿童通过活动促进其手眼协调。蒙台梭利曾提出："儿童在完成日常生活的一系列活动时，必须依赖运动，运动或体力活动是智力发展的一个基本要素，在人格形成所必要的身、心、知各方面都是由运动促成。通过运动，儿童能够与客观环境相互作用，由此履行他自己在这个世界上的使命。"[1]在蒙台梭利日常生活环境中，儿童通过手进行日常生活练习，在高度精细、程度相对复杂的走、跑、跳、钻、爬、拿、倒、捏、夹等操作中，可以锻炼儿童大、小肌肉的灵活度和敏感性，强化儿童自身的手眼协调力。在儿童运动的过程中，手部锻炼和操作，为儿童实现自我发展和独立创设了条件。蒙台梭利日常生活教育除了引导儿童学会掌握日常生活基本工具之外，更重要的是通过日常生活练习，强化儿童独立应对周围事物的能力。

（二）蒙台梭利日常生活教育的目的

蒙台梭利日常生活教育的目的分别从文化人类学和生物学两个视角进行阐述，主要分为直接目的和间接目的。直接目的主要在于通过日常生活教育操作，引导儿童学会日常生活中的自我管理、自我控制和自我服务，为日后可持续发展及生存奠定一定的基础。间接目的主要在于通过日常生活教育的运动、调整等促进儿童爱心、意志力、责任心、理解力、专注力和秩序感等的发展，进而实现儿童完整人格的构建。

---

[1] 玛丽亚·蒙台梭利.有吸收力的心灵［M］.高潮，薛杰，译.北京：中国发展出版社，2007：117.

二、蒙台梭利日常生活教育的原则及指导方法

蒙台梭利日常生活教育根据实施和开展的不同情况，其原则及指导方法体现在实施前的准备阶段和实施过程的阶段。

（一）蒙台梭利日常生活教育的原则

蒙台梭利日常生活教育主要包括制定日常生活教育活动方案、教具准备、场地选择等准备原则。

1. 日常生活教育活动方案的制定原则

第一，遵循促进儿童发展的原则。蒙台梭利日常生活教育活动方案在设计与制定过程中目标要明确，以儿童最近发展区为日常生活教育目标提出的要求、以有助于儿童成长和发展为出发点和落脚点，这样才能实现蒙台梭利日常生活教育的真谛。

第二，遵循符合儿童生活需要的原则。日常生活教育活动方案在内容、主题及操作设计等方面源自儿童日常生活，使儿童具有亲切感，操作较为简单，教学目标相对单一，既能达到吸引儿童主动参与，又能实现蒙台梭利日常生活教育促进儿童日常生活基本技能发展的目标。

第三，遵循兼顾儿童性别特点的原则。在日常生活教育活动方案内容及操作设计等方面，要兼顾儿童的性别特点及发展情况进行设计。

第四，遵循具有可操作性的原则。在活动方案设计方面还需要综合考虑儿童、教师、教具、场地、时间等是否符合条件和要求，要具有可操作性。在操作难度方面遵循从简单到复杂，从具体到抽象，且易于儿童操作，防止其出现挫败感等。

总之，在日常生活教育活动方案设计时要考虑全面，合理安排，明确设置符合儿童身心发展的，适合儿童需求的活动方案。

2. 教具准备的原则

一般而言，蒙台梭利日常生活教育活动开始前，蒙台梭利教师在教具准备时，不仅可以选取经典的已有蒙台梭利日常生活教具或其他相关领域教具，还可以根据儿童发展需要，进行日常生活教具的自制设计、制作等。教具准备需要遵循以下原则：

第一，常见、可用的原则。教具必须是儿童日常生活中常见的、真实的、可用的物品。

第二，符合儿童需要的原则。教具的大小、重量、高度等都应符合儿童的身心发展需要。

第三，安全性原则。在日常生活教具的准备方面，需注意其对儿童操作是否安全，尽量采用不易破碎、形状简单的物品。

第四，具有强烈吸引力的原则。为了激发儿童拿取日常生活教育教具练习的欲望，在日常生活教具的颜色、形状、材料的选取上，教师需站在儿童的视角用心选取。

第五，卫生、易整理的原则。在日常生活领域教具的选取方面，要注意选择干净的、易清洗、易整理的物品，从而引导儿童养成及时整理的责任感。

第六，数量限制原则。日常生活领域教具并非将日常生活教具全部摆上，也并非越多越好，一次性投放过多会影响儿童对工作的选择。教师应尊重儿童的意愿，但为了抑制儿童无秩序的

任性行为，教师在日常生活领域教具投放时，要有目的的根据儿童发展需求，连续投放其已经会操作的、现在正感兴趣的以及未来可能感兴趣的教具，每项练习最多可备 3～4 组教具，尽量从材质、形状、颜色等方面有所区别。

第七，兼顾民族性、地方性和时代性的原则。因为日常生活领域体现的是地域性的日常生活基本操作，所以教师可在教具准备过程中，根据地域特色和文化特点融入本地民族或地域的日常生活器具。比如，经典的蒙台梭利日常生活教具中没有"筷子夹"的工作，而在蒙台梭利教育中国化的实践中，教师将儿童常见的筷子作为教具，纳入日常生活基本练习，就体现出了民族和地域特色。

3. 场地选择的原则

教师完成蒙台梭利日常生活教育活动方案设计和教具准备后，就需要进行日常生活教育活动组织和实施场地的选择，即在哪里进行，是选择在活动室、盥洗室、寝室、阳台还是室外、园外等。这需要教师在开始进行日常生活教育活动前进行仔细斟酌，综合考虑日常生活教育活动的目标、活动的内容、儿童的数量、性别以及场地大小等方面的情况。

当然，教师决定的活动场地是相对宽泛的活动范围，儿童仍可决定自己实际工作或活动的具体地点。

（二）蒙台梭利日常生活教育的指导方法

蒙台梭利日常生活教育活动实施过程中，教师需要提前清点教具，发现损坏或不完整的要进行更换，全程适时与儿童进行目光交流，示范要做到精准慢速，语言要温柔谦和，随时观察儿童的面部表情及反应。具体而言，操作日常生活领域教具需要遵循以下具体方法：

（1）目标明确。日常生活领域教具操作时，每次只演示一种教具操作，明确每次工作的目的。

（2）动作分解细化。根据儿童的理解程度和节奏，将连贯性的工作动作进行分解。在拆分动作的过程中，放慢速度，强化儿童对分解动作的理解和掌握。

（3）语言温柔、准确而简练。教师要在操作过程中用简单明了、清晰易懂，并且准确无误的语言进行说明。

（4）遵循逻辑顺序操作。教师在操作展示日常生活教育教具时，需要按照从易到难、从简到繁、从具体到抽象、从上到下、从左到右的逻辑顺序进行操作。

（5）呈现方位得当。为避免儿童观摩时出现镜面教学效果，教师在教具呈现时需要坐在儿童的右侧，方便儿童进行同方位教具操作的观摩和体验。

（6）及时观察儿童需求。教师在操作教具时，需要随时注意观察儿童的面部表情及反应，仔细观察儿童的兴趣点，了解儿童对所呈现的教具操作的兴趣，观察儿童操作教具的能力及需求，并注意随时在不打扰儿童工作的情况下进行观察记录。

（7）在恰当时机给予指导。教师在观察儿童的反应时，需要时刻明确自身应选择合适的时机引导儿童进行教具的操作，当儿童可以胜任该项工作后，教师需要离开，不干扰儿童正常工作。而当儿童在操作过程中遇到困难或问题时，就需要教师立刻给予适当的帮助。

（8）不干扰。当儿童进行操作时，教师需要为儿童创设相对安静无干扰的环境，以避免干扰儿童的操作。

（9）准备完整充分。在教具操作前和操作完成后，教师都需要对教具是否完整、是否缺损进行核查，以保证本次和下次工作的顺利进行。

（10）范围明确。教师用工作毯或桌子操作时，需要明确日常生活工作范围，并且在工作毯、桌子等的选择上尽量单一。

（11）适当激励。在儿童操作过程中，教师尽量通过语言或者目光等方式鼓励儿童进行反复操作，以巩固练习。比如，通过语言提示："你在某项工作中动作非常标准，再尝试一次吧！"蒙台梭利教具具有错误订正环节，所以即使儿童操作错误也不要责备他们，要鼓励他们自己修正错误。

三、蒙台梭利日常生活教育的内容

蒙台梭利主张儿童教育应从日常生活练习开始，所有"儿童之家"每天的活动都是这样开始的，依次为清洁、秩序、体姿、会话。为协助刚入园幼儿尽快掌握生活技能，蒙台梭利将日常生活教育内容划分为四部分：基本动作、自我服务、照顾环境、社交礼仪行为等。

（一）基本动作

蒙台梭利提出人类发展过程中，人类活动必不可少，而活动离不开全身运动与手部等基本动作，所以对儿童进行运动能力的教育要从动作教育和训练开始。蒙台梭利日常生活教育中的动作教育是儿童为后续社交礼仪与行为习惯、照顾自己和照顾环境奠定基础，主要包括大肌肉动作练习和小肌肉动作练习等。其中大肌肉动作练习涉及全身性走、站、钻、爬、跃、跑、投掷等，小肌肉动作主要包括拿、捏、抓、穿、折、拧、剪、贴、按、缝等各种手的精细动作。动作教育的主要目标在于通过对儿童日常生活中常见的连续性动作工作进行逐步分解，通过反复练习进而习得和掌握日常生活中大、小肌肉动作，并进行肌肉运动和平衡动作练习，通过动作活动或运用的快乐与成功获取自信、独立的感受。

（二）自我服务

蒙台梭利认为，自我服务是儿童学会做人和独立的基本生存能力，是为了顺应社会要求培养独立自主精神而学习的必要能力。其内容主要包括生活自理能力和照顾自己的工作，如洗手、洗脸、刷牙、梳头发、擦汗、穿脱衣服、叠衣服、叠被子等。通过儿童自己的动手操作，满足了其探索和发展的需要，获得强烈的自豪感和成就感，获得较强的自信心和独立自主的能力。

（三）照顾环境

蒙台梭利认为，儿童可以通过扫地、照顾动植物等活动，逐步了解自己与环境之间的关系，进而通过自己的努力使得环境更美化、有序，促进儿童更加独立、自信。蒙台梭利日常生活教育中照顾环境的教育内容主要包括整理、美化环境，照顾、管理动植物等。比如清理地毯、整

理书架、记录气温、饲养小动物等。这些工作能引导儿童主动关爱环境，让儿童在操作中感悟周围的世界及大自然，逐步强化爱心，培养他们对环境照顾的态度、兴趣、爱好和责任感，在照顾环境的同时了解、体验自然界的美妙，感受动植物生长发育的过程和规律，使儿童自觉养成关爱环境的良好习惯。

（四）社交礼仪行为

蒙台梭利提出，儿童的社会性行为是儿童为适应社会生活进行的必要性准备活动，在儿童的日常生活教育中具有重要地位。良好的社交礼仪行为可以促进儿童与他人形成良好、相互信赖的人际关系。

社交礼仪行为的教育内容主要包括基本的社交礼仪和具体的动作礼仪，如打招呼、有礼貌的问候、应答、开关门、递交物品、咳嗽、打喷嚏，在教室内取放工作毯等。

蒙台梭利日常生活教育以儿童常见的教具工作、独特的教育目的和内容、较为规范的操作原则和方法吸引着儿童主动操作，为培养儿童独立性创设较为丰富的机会和训练。

各个年龄段幼儿健康领域的关键经验

第二节　蒙台梭利日常生活教育教具操作展示

按照蒙台梭利日常生活教育内容划分，可将日常生活教育教具操作分为基本动作、自我服务、照顾环境和社交礼仪行为等。每一部分工作遵循由简到繁、由易到难的原则，分别呈现各工作的操作流程及工作展示页。

一、基本动作

胎儿自母体内就有活动的欲望，而当婴儿从母体娩出后，更是以手、脚等活动逐步探索其生活的环境，在活动中认识自我，适应环境。虽然成人对于爬、走、跑、跳、骑车等动作非常娴熟、连贯，但是对于儿童而言，这些动作并非单一操作就能完成的，需要一系列的活动、操作、反复练习才能完成，所以蒙台梭利日常生活教育中的基本动作为儿童的肌肉运动、平衡动作等的练习创设条件，为儿童独立成长奠定基础。对于儿童而言，基本动作主要包括爬、走、站、坐、跑、跳等大肌肉动作和拿、捏、缝等精细的小肌肉动作。

基本动作练习示例

（一）走线

【教具构成】活动室内有宽约 5 厘米的椭圆形线，线上及周围无障碍物；大小合适的运动鞋。

【适用年龄】2.5 岁以上。

【教育目的】

1. 直接目的：发展儿童手脚动作的协调力，培养步行技能的平衡感。

2. 间接目的：培养儿童的独立性和专注力，对自己身体的控制能力；培养距离感；作为线上游戏的准备环节。

【提示形式】小组提示。

【提示过程】

1. 介绍工作名称：走线。

2. 教师示范：

（1）"请仔细看老师走路。"在线上做步行示范。

（2）"现在请像老师一样在线上走，好吗？"左脚跟靠右脚尖，轻轻落地后再换脚，两脚交替前进。

（3）两手自然下垂，眼睛目视前方。

（4）脚尖和脚跟在线上接触。

（5）稳住重心一步一步走。

（6）若前进中与前者的距离缩小，应稍稍放慢速度等候再前进。

（7）跟随音乐节奏沿线前进，当音乐停止或教师说停止时，再停下。

3. 请儿童练习。

【错误控制】脚跟和脚尖分离；走线时，前后两人没有距离，无法前进；脚没有踩到线上等。

【兴趣点】随着音乐沿线步行。

【注意事项】观察儿童在走线过程中的兴趣，注意儿童走线的姿势及动作协调性。

【变化延伸】徒手走线、变换上肢动作走线（如平举手臂走线）、加头部负重走线（如头顶书走线）等，逐步加强儿童对走线平衡感的训练。

（二）站立

【教具构成】大小合适的运动鞋，较为平坦的地面。

【适用年龄】2.5岁以上。

【教育目的】

1. 直接目的：儿童学会站立的正确姿势。

2. 间接目的：培养儿童的专注力和稳定性。

【提示形式】小组提示或个人提示。

【提示过程】

1. 介绍工作名称：站立。

2. 教师示范：

（1）身体正直，两肩放平，两眼平视前方，收腹挺胸。

（2）双腿伸直，双手自然下垂放于裤缝两侧。

（3）脚跟并拢，脚尖自然分开（脚跟夹角成45°）。

（4）面部表情自然。

3. 请儿童练习。

【错误控制】站立时低头、弯腰，或两肩不平，或两脚紧贴太紧等。

【兴趣点】身体正直，两脚跟并拢成45°。

【注意事项】注意儿童站立时穿的鞋是否舒适，儿童站立的身体姿势及两脚位置。

【变化延伸】长短时间交替地站立，背手站立或平举双臂站立，闭目站立，头顶书本站立等。

（三）坐

【教具构成】适合儿童身高的小椅子。

【适用年龄】2.5岁以上。

【教育目的】

1. 直接目的：发展儿童手、眼、脚动作的协调力，学会坐下及起立的正确姿势。

2. 间接目的：培养儿童的独立性和专注力。

【提示形式】小组提示或个人提示。

【提示过程】

1. 介绍工作名称：坐。

2. 教师示范：

（1）慢步地走到椅子前方，站在椅子前面转身调整。

（2）身体略微向前倾，将宽大的可能被勾住的衣服用双手压住，轻轻地弯腰坐下。

（3）背部挺直，腰部微微贴住椅背。

（4）膝盖合拢，双手自然放于同侧大腿上。

（5）起立时，双手轻压小椅子面两侧，支撑起身体。

（6）保持身体平衡，慢慢地、轻轻地站立起来。

（7）整理好自己的衣服。

3. 请儿童练习。

【错误控制】未坐到椅子上，或坐椅子时交叉腿或跷起腿，起立时身体不稳，坐下和起立姿势不正确。

【兴趣点】准确地坐到椅子上，平稳地站起来。

【注意事项】注意儿童所坐的椅子是否平稳，儿童坐下、起立姿势及动作的协调性。

【变化延伸】坐不带把手的椅子，坐不同材质的椅子，坐桌子后的椅子，坐长条椅，坐折叠椅等。

（四）拿托盘

【教具构成】适合儿童拿取的塑料或木质托盘、工作毯。

【适用年龄】2.5岁以上。

【教育目的】

1. 直接目的：发展儿童手、眼、脚动作的协调性，学会拿取托盘及用托盘搬运教具的正确姿势。

2. 间接目的：培养儿童的独立性和专注力及照顾环境的能力。

【提示形式】小组提示或个人提示。

【提示过程】

1. 介绍工作名称：拿托盘。

2. 教师示范：

（1）双手手臂弯曲呈直角，拇指与其他四指分开，分别放在托盘（把手）两侧。

（2）双手拇指在托盘内，其他四指指头托住托盘底部，双手拇指和四指紧握托盘两侧的边沿。

（3）轻轻地、平稳地将托盘拿起，双臂夹紧，小臂弯曲呈直角，水平端住托盘，慢慢走向指定的目的地。

（4）到达指定地方后，慢慢地松开双手四指，轻轻地将托盘底部放在指定位置，然后双手松开托盘。

3. 请儿童练习。

4. 工作结束，收教具和工作毯。

【错误控制】拿取托盘时，托盘倾斜；托盘不稳或托盘及其物品从手上掉落；取放托盘时发出声音等。

【兴趣点】拿取托盘平稳地端着相应物品。

【注意事项】尽量选用重量轻一些、颜色相对单一的托盘，儿童取放托盘姿势及动作协调性。

【变化延伸】取放大小不同、形状不同的托盘，取放带有物品的托盘等。

（五）五指抓

【教具构成】一个托盘、两个相同的碗，一大碗豌豆等抓取物品放置在左边，如图3-1所示。

【适用年龄】2.5岁以上。

【教育目的】

1. 直接目的：发展儿童手、眼动作的协调力，学会五指抓取豆子的正确姿势。

2. 间接目的：培养儿童的独立性和专注力及手部肌肉的灵活性能力。

图3-1　五指抓教具

【提示形式】小组提示或个人提示。

【提示过程】

1. 介绍工作名称：五指抓。

2. 教师示范：

（1）教师坐在儿童右手边，先伸出右手，手臂伸直，右手腕立起，慢慢示范右手五指伸直、五指紧握拳的动作，面向儿童，做三下五指抓的动作，并随着动作介绍动作名称"五指抓"。

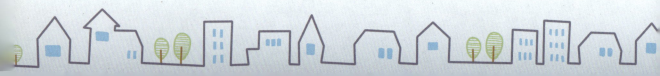

（2）左手缓慢接近有豆子等物品的左碗，拇指和四指分开，五指紧贴碗壁，再伸出右手，五指呈抓状并伸进碗中，把豆子抓起。

（3）移到空碗的正上方，松开右手，等豆子落入碗中后继续进行，直到抓完左碗里的豆子。

（4）双手五指紧贴碗壁拿起空的左碗，竖立起碗面，呈现给儿童们确定左碗豆子已经抓完。

（5）再用同样的方式把右碗里的豆子移回左碗。

3. 请儿童练习。

4. 工作结束，收教具和工作毯。

【错误控制】五指未呈现张开、收拢等抓的动作，豆子未抓住或豆子在抓取过程中有撒落等。

【兴趣点】五指张开、收拢的动作及豆子掉落的声音。

【注意事项】若豆子掉落，教师要示范用拇指和食指以二指捏的方式将豆子一粒一粒地捡起放进碗中。

【变化延伸】抓取不同大小的豆子或其他物品，换不同颜色及不同形状的容器进行抓的练习。

自制教具"五指抓毛线球"

（六）二指捏

【教具构成】二指捏教具，如图 3-2 所示。

【适用年龄】2.5 岁以上。

【教育目的】

1. 直接目的：发展儿童手、眼动作的协调力，学会二指捏取相应物品的正确姿势。

2. 间接目的：培养儿童的独立性和专注力、自信心及手部肌肉的灵活性能力。

【提示形式】小组提示或个人提示。

【提示过程】

1. 介绍工作名称：二指捏。

2. 教师示范：

图 3-2 二指捏教具

（1）教师坐在儿童右手边，先伸出右手，手臂伸直，右手腕立起，拇指紧贴食指，其他三指并拢，慢慢示范拇指和食指伸直、其余三指握住的动作，面向儿童，做三下二指捏的动作，并随着动作介绍动作名称"二指捏"。

（2）左手缓慢按住教具左端，再伸出右手，拇指和食指呈捏状，按照从上到下、从左到右的顺序，依次二指捏出木桩。

（3）移到教具右边，当木桩挨住工作毯面时，轻轻松开拇指和食指，等木桩放好后继续进行，直到二指捏完木桩。

（4）左手扶住二指捏木板，右手手指伸平，在二指捏木板面进行抚平。

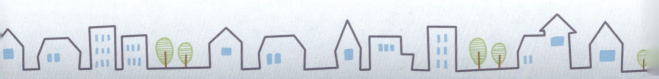

（5）再用同样的方式把工作毯上的9颗木桩捏回木板。

3. 请儿童练习。

4. 工作结束，收教具和工作毯。

【错误控制】大拇指与食指呈现张开、收拢等抓的动作，木桩未捏住或木桩在捏取过程中有掉落等。

【兴趣点】二指张开、收拢的动作。

【注意事项】若木桩掉落，教师要示范拇指和食指以二指捏的方式——捡起木桩，放回二指捏板中。

【变化延伸】捏取形状不同、大小不同的扣子，捏取大小不同的豆子或其他物品，换不同颜色及不同形状的容器进行二指捏的练习。

（七）筷子夹

【教具构成】托盘一个，两个大小相同的碗，左边碗中有小毛线球，右边碗为空碗，一双儿童用筷子横放在两碗上方的托盘中，如图3-3所示。

【适用年龄】2.5岁以上。

【教育目的】

1. 直接目的：发展儿童手、眼动作的协调力，从左到右的秩序性，锻炼拿筷子夹的手部肌肉动作。

2. 间接目的：培养儿童的独立性和专注力、手部肌肉的控制能力及秩序性和逻辑能力。

图3-3　筷子夹教具

【提示形式】小组提示或个人提示。

【提示过程】

1. 介绍工作名称：筷子夹。

2. 教师示范：

（1）教师坐在儿童右手边，伸出右手中指、食指和拇指，用三指轻轻拿住一根筷子，再将另一根放上去。

（2）通过手指操作，给儿童呈现筷子一张一合的动作，并重复说"开""合"三次。

（3）使用筷子将左边碗中的小毛线球夹到右边碗中，动作要放慢。

（4）左边碗的小毛线球被夹到右边碗之后，再把右边碗中的小毛线球夹回左边碗中。

3. 请儿童练习。

4. 工作结束，收教具和工作毯。

【错误控制】小毛线球掉落托盘上或未被筷子夹出。

【兴趣点】拿筷子夹的过程。

【注意事项】若小毛线球掉落到托盘上，应示范引导儿童用拇指和食指进行二指捏的操作将小毛线球捏起来放回。

【变化延伸】在碗中更换不同形状、不同大小的物品，或更换不同长短的筷子等。

（八）打开锁

【教具构成】托盘一个，打开锁教具，如图3-4所示。

【适用年龄】2.5岁以上。

【教育目的】

1. 直接目的：发展儿童手、眼协调性，锻炼学会开锁。

2. 间接目的：培养儿童的独立性和专注力，增强手部肌肉的控制能力，提高秩序性。

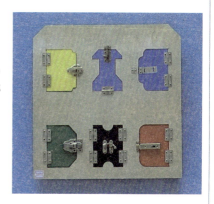

图3-4 打开锁教具

【提示形式】小组提示或个人提示。

【提示过程】

1. 介绍工作名称：打开锁。

2. 教师示范：

（1）用托盘拿取打开锁的工作教具，将其拿到并平放在指定的工作毯上，教师坐在儿童右手边。

（2）左手拿锁，用手指一下锁孔，示意要将钥匙插进锁孔，然后右手拿起钥匙插进锁孔里，用拇指、食指拧钥匙，转动一下钥匙，锁被打开了。

（3）把打开的锁放在桌子上，再开另一把锁。

（4）合锁时，大锁要双手用力上下挤压，合上后把钥匙拔下来，并放在锁下面对应的位置。

（5）小锁用一只手用力上下挤压，其他步骤同大锁。

3. 请儿童练习。

4. 工作结束，收教具和工作毯。

【错误控制】没有拧开锁等。

【兴趣点】通过手指及手腕转动控制锁的开和合。

【注意事项】应选用适合儿童的大小和材质安全的锁。

【变化延伸】更换不同大小、质地的锁进行操作。

（九）拧螺母和螺钉

【教具构成】托盘一个，塑料配套螺母和螺钉三个，如图3-5所示。

【适用年龄】2.5岁以上。

图3-5 拧螺母和螺钉教具

【教育目的】

1. 直接目的：发展儿童手、眼协调性，锻炼手腕，学会用手腕的动作拧螺母和螺钉。

2. 间接目的：培养儿童的独立性和专注力，增强手部肌肉的控制能力，提高秩序性和逻辑思维能力。

【提示形式】小组提示或个人提示。

【提示过程】

1. 介绍工作名称：拧螺母和螺钉。

2. 教师示范：

（1）用托盘拿取拧螺母和螺钉的工作教具，将其拿到并平放在指定的工作毯上，教师坐在儿童右手边。

（2）从托盘里取出一组螺母和螺钉（螺母已经被拧在螺钉上），放在桌子上。

（3）示范如何用左手拿螺钉，右手拿螺母。

（4）把螺母按逆时针方向从螺钉上拧下来，可以配合语言"拧"，手腕转动要明显。

（5）把拧下来的螺母和螺钉按照上下顺序对应。

（6）重复练习，直到将所有的螺母都从螺钉上拧下来。

（7）再用左手拿螺钉，右手拿螺母，按顺时针方向把螺母拧到螺钉上去。

自制教具"拧瓶盖"

（8）重复练习，直到所有的螺母都被拧到螺钉上去，放回托盘里。

3. 请儿童练习。

4. 工作结束，收教具和工作毯。

【错误控制】一个螺钉上只有一个螺母。

【兴趣点】通过手腕转动控制螺母和螺钉。

【注意事项】应选用适合儿童大小和材质安全的螺钉和螺母。

一个玉米引起的思考

【变化延伸】更换不同大小、质地的螺钉和螺母进行操作。

二、自我服务

儿童从两岁左右时，自我意识发展到一定阶段，开始尝试自己探索世界，主动适应环境，逐步形成儿童的独立性。儿童的独立性在发展过程中，一个重要的途径是自我服务。通过儿童进行自我服务的练习，可以帮助儿童独立处理和解决相应问题，增强自主意识，为成人之后步入社会独立生活奠定基础。

本部分精选"儿童之家"日常生活领域中儿童常见的照顾自己的典型工作，作为代表性的练习和操作，如照镜子、衣服的穿与脱等，以增强儿童独立自主的自理能力。同时，本部分练习与感觉教育练习、数学教育练习等有共通之处，让儿童在对事物的分析、梳理、归类、理解、思考和操作练习的过程中获得成长和发展。

自我服务练习示例

（一）擤鼻涕

【教具构成】手绢、卫生纸等。

【适用年龄】2岁以上。

【教育目的】

1. 直接目的：儿童学会擦干净鼻子，增强手、眼协调能力。

2. 间接目的：培养儿童的独立性、专注力及照顾自己的能力，增强自信心，养成良好的擤鼻涕等习惯。

【提示形式】小组提示或个人提示。

【提示过程】

1. 介绍工作名称：擤鼻涕。

2. 教师示范：

（1）拿出卫生纸，把卫生纸展开，对折一次。

（2）双手拿两边，掩住鼻子。

（3）用手指（食指、中指）压住一边鼻孔使其闭塞，闭上嘴巴，稍用力将另一边鼻孔的鼻涕擤出。

（4）接着用同样的方法，将另一边鼻孔的鼻涕擤出。

（5）擤完鼻涕后，将卫生纸扔进垃圾桶内。

3. 请儿童练习。

4. 工作结束，收教具。

【错误控制】鼻涕未擦干净或鼻子周围还留有脏东西。

【兴趣点】一边一次地擦鼻涕。

【注意事项】不同地域国家、民族，擤鼻涕方法也不一样；教会儿童擤鼻涕不要太用力。

【变化延伸】同伴间相互擤鼻涕，给布娃娃擤鼻涕等。

（二）洗手

【教具构成】水壶、洗手盆、洗手液、海绵、指甲刷、毛巾或擦手纸、干抹布、水桶、儿童用的小围裙等。

【适用年龄】2.5岁以上。

【教育目的】

1. 直接目的：儿童学会洗手，增强小肌肉协调能力。

2. 间接目的：培养儿童的独立性、专注力及生活自理能力。

【提示形式】小组提示或个人提示。

洗手七步骤

【提示过程】

1. 介绍工作名称：洗手。

2. 教师示范：

（1）引导儿童到洗手区，按照使用顺序的先后，介绍洗手用具的名称，并将物品放在合适的位置。

（2）拿出水壶，然后将水壶的壶嘴沿着洗手盆边缘，缓慢地倒入洗手盆内至合适的水位（提示儿童倒水至止水线或某个图案处）。

（3）将手放入洗手盆内浸湿至手腕处，手离开水面后，在洗手盆上方停留数秒。待手指端的水滴完，再按压洗手液于手心处（提示儿童按一下即可）。

（4）手心有洗手液后，先互搓两手心（可配上语言"搓搓手心"），再分别互搓两手背（可配上语言"搓搓手背"），最后再分别搓洗每一根手指头（可配上语言"搓搓手指、大拇指、食指、小指"）。

（5）将双手浸入水中，一手握成杯状，舀水从另一手的手腕处淋下，并由上而下搓洗掉肥皂泡沫，直至洗净。

（6）冲洗掉双手的泡沫后，手离开水面，待手指端的水滴完，然后小心地端起洗手盆至水桶上方，把脏水慢慢地倒入水桶内。

（7）用海绵擦净洗手盆，再从水壶中倒适量的水至洗手盆，将双手放入洗手盆内，再次冲净肥皂泡沫，手离开水面，滴完水滴。

（8）提示儿童观察指甲缝，检查是否有脏物，然后用指甲刷刷洗指甲缝。将双手浸入水中搓洗。

（9）同第 7 步，将用过的水倒入水桶中，并用海绵擦洗洗手盆。

（10）最后用擦手巾擦干手，将工作区域内洒的水擦干净。

3. 请儿童练习。

4. 工作结束，收教具。

【错误控制】手未洗干净，工作区到处都是水。

【兴趣点】手在水中。

【注意事项】教会儿童水滴到外面时，要用干抹布擦干。

【变化延伸】更换不同材质大小的盆和毛巾，更换不同形状的肥皂等；儿童为娃娃洗手、洗澡。

（三）衣服的穿与脱

【教具构成】前襟有纽扣的儿童衬衫、镜子、挂衣架、桌子等。

【适用年龄】2.5 岁以上。

【教育目的】

1. 直接目的：儿童学会穿衣服、脱衣服。

2. 间接目的：培养儿童的独立性、专注力及生活自理能力。

【提示形式】小组提示或个人提示。

【提示过程】

1. 介绍工作名称：衣服的穿与脱。

2. 教师示范：

（1）把挂在挂钩上的衣服连衣架拿到桌子上，前襟向上平放。

（2）解开纽扣，打开前襟，取出衣架并放回原处。

（3）右手提左边的衣领，让左手先穿过左袖。

（4）右手把衣服向右手方向拉，然后左手拿住右衣襟，右手伸进右袖里，同时松开左手。

（5）把两边的衣襟对齐，扣好纽扣。

（6）一边看镜子，一边整理衣服。穿好后，进行脱衣服的练习。

（7）用双手解开纽扣，打开前襟。

（8）先用双手将衣服向外打开，然后两手转到背后，右手抓住左衣袖，让左手从袖口中抽出来。

（9）双手伸到前面，左手抓住右边袖口，让右手抽出来。

（10）衣服的前襟向上平放在桌上，抚平上面将纹理整理好。

3. 请儿童练习。

4. 结束工作，收教具。

【错误控制】袖子扭成一团；扣子和扣孔没有一一对应；衣服穿反了。

【兴趣点】穿、脱衣服的成功和自豪感。

【注意事项】儿童穿与脱的衣服要大小合适，便于儿童练习。

【变化延伸】自己进行外套、夹克、毛衣、裤子等的穿与脱的练习；给娃娃穿、脱衣服。

（四）衣饰框

衣饰框为蒙台梭利日常生活教育的专用教具，种类繁多，并且新产品不断地被设计开发和使用。目前"儿童之家"常见的衣饰框主要包括按扣，拉链，大纽扣，小纽扣，钩扣，皮带扣，安全别针，蝴蝶结，编织（X型、一型、V型），皮靴扣等，下面以蝴蝶结为例。

【教具构成】正方形木框，左右两块布在中央相合，用两种不同颜色的丝带连接，如图3-6所示。

【适用年龄】2.5岁以上。

【教育目的】

1. 直接目的：儿童学会系蝴蝶结，发展手、眼协调能力。

2. 间接目的：培养儿童的独立性、专注力、秩序性及独立穿衣的自信心。

【提示形式】小组提示或个人提示。

【提示过程】

1. 介绍工作名称：蝴蝶结。

2. 教师示范：

解开

（1）从最上面开始，自上而下解蝴蝶结。

图3-6　蝴蝶结

（2）两手同时抓住带子的两端向左右拉，把蝴蝶结松开。

（3）用左手的食指与中指按住两襟，用右手的食指将结挑开。

（4）解开结后，把每条带子往旁边拉直。

（5）再把两襟向左右掀开。

打结

（1）把两襟合在中央，由上往下系蝴蝶结。

（2）右手把左边带子拉向右边，左手把右边带子拉向左边。左边的带子与右边的带子呈交叉状。

（3）右手把上面的带子从交叉点下方孔洞中穿过，用左手接住，然后左右拉紧。

（4）再将左边的带子距打结处4～6厘米绕个圈，用拇指和食指牢牢捏住圈的底部。

（5）用右边的带子从后面绕个圈，用右手食指把带子从孔中塞进去，又形成一个圈。

（6）两手捏住圈，同时向两边拉，使其成形。

（7）同样的方式系以下蝴蝶结。

（8）整理布料，使其保持平整。

3. 请儿童练习。

4. 结束工作，收教具。

【错误控制】蝴蝶结系歪。

【兴趣点】食指把带子推穿过绕圈的地方。

【注意事项】教师要在儿童惯用手右边示范。

【变化延伸】用不同物品上的带子进行练习，如鞋子、裙子、帽子、领结等。

三、照顾环境

蒙台梭利把照顾环境、关心环境的练习作为教育活动的重要组成部分。蒙台梭利认为的环境包括儿童生活周围的一切空间，特别是构成"儿童之家"的环境。儿童生活的"儿童之家"环境，如果能美化、自由及有序，那么儿童的生活就会更加健康、快乐和幸福。

儿童可以通过扫除、洗涤、准备餐桌、照顾动植物等"工作"，了解自己和所处环境之间的关系，不仅培养了儿童对自己生活环境的热爱，并且能增强对物品的管理能力，提高独立性等。

在蒙台梭利日常生活照顾环境方面的教育需要很多教具，相关的照顾环境的教具需要整齐地摆放在固定的场所。这些合乎儿童尺寸并且具有强烈吸引力的教具，能够训练儿童对环境的适应能力，使得他们担负起相应照顾环境的责任，从而使他们拥有爱自己、爱他人、爱世界的博大胸怀。

就儿童生活的环境范围而言，可将照顾环境分为照顾室内环境、照顾室外环境；就儿童照顾的不同对象而言，可将照顾环境分为照顾环境卫生、照顾植物、照顾动物等。

照顾环境练习示例

（一）地毯的展开和卷起

【教具构成】工作用的地毯等，如图3-7所示。

【适用年龄】2岁以上。

【教育目的】

1. 直接目的：儿童学会取放工作毯，学会工作毯的卷起和展开，练习手、眼协调动作。

2. 间接目的：培养儿童的手指协调性，增强儿童独立性。

【提示形式】小组提示或个人提示。

【提示过程】

1. 介绍工作名称：地毯的展开和卷起。

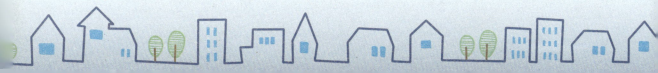

2. 教师示范:

展开

（1）搬来一张卷起的工作毯，平稳地放到地面上。

（2）蹲在卷起的工作毯前面。

（3）两手各放在工作毯左右各1/3处，拇指放在工作毯的下侧，其他手指握住上面。

图3-7 地毯的卷起和展开

（4）两手慢慢把工作毯展开。

（5）身体后退，直到工作毯完全展开。

卷起

（1）双手抚平工作毯。

（2）右手四根手指伸进工作毯上方，拇指放在下面，左手同右手。

（3）将工作毯稍稍提高弯向内侧使之卷曲。

（4）卷起后，左右手一齐向前压紧继续卷。

（5）仔细察看地毯两边是否卷得整齐。

3. 请儿童练习。

4. 结束工作，收教具。

【错误控制】工作毯两端不整齐，没有完全展开。

【兴趣点】工作毯的两端对齐。

【注意事项】若工作毯太大，儿童可两个人一起展开和收起；工作毯的材质要便于儿童展开和卷起。

【变化延伸】各种不同类型的地毯的展开和卷起，手绢的展开和卷起等。

（二）清扫

【教具构成】托盘、小扫帚、小簸箕等，如图3-8所示。

【适用年龄】2岁以上。

【教育目的】

1. 直接目的：儿童学会清扫，练习手、眼协调动作。

2. 间接目的：培养儿童的手指协调性，增强儿童清洁感、独立性和责任感。

【提示形式】小组提示或个人提示。

图3-8 清扫

【提示过程】

1. 介绍工作名称：清扫。

2. 教师示范:

（1）从固定的位置拿来小扫帚、小簸箕。

（2）跪坐在托盘前面。

（3）右手拇指和四指握住小扫帚。

（4）把垃圾清除到小簸箕上，再全部倒进垃圾桶内。

（5）用小扫帚将托盘刷到干净为止。

（6）把小扫帚、小簸箕清理好后，放回原来的位置。

3. 请儿童练习。

4. 结束工作，收教具。

【错误控制】托盘上留下垃圾、灰尘。

【兴趣点】托盘变干净了。

【注意事项】如果垃圾很大，可用镊子夹取。

【变化延伸】清扫教具柜、清扫地面等。

（三）进餐

【教具构成】长桌两张，椅子四把，桌巾，白围裙，抹布，儿童用餐的碗、盘子等。

【适用年龄】2 岁以上。

【教育目的】

1. 直接目的：儿童学会餐桌礼仪，练习手、眼协调动作。

2. 间接目的：培养儿童社会性，增强儿童清洁感、独立性、秩序性和责任感。

【提示形式】小组提示或个人提示。

【提示过程】

1. 介绍工作名称：进餐。

2. 教师示范：

（1）把自己盛好饭的碗取来放在桌子上。

（2）拿出筷子放在面前，筷子尖端向左边。

（3）盛着汤的碗放在饭碗的右边。

（4）听到"开始"的指令后，用左手取筷子交到右手拿好，开始慢慢进餐。

（5）把筷子放好后，随时喝些汤，避免食物卡住喉咙。

（6）用完餐后，将餐具送到厨房的水槽里。

（7）擦洗桌子，清扫地面，整理环境。

3. 请儿童练习。

4. 结束工作，收教具。

【错误控制】食物、汤等洒到桌子上、地面上。

【兴趣点】轻轻地、慢慢地、愉快地进食。

【注意事项】指导礼貌用餐，如放下筷子后才能喝汤，进餐中不能大声说笑，嘴中有食物时不能说话，要细嚼慢咽，吃完饭后要漱口，尽量不要剩饭，学会使用筷子。

【变化延伸】通过儿童吃点心等不同情景，进行进餐活动练习。

（四）给植物浇水

【教具构成】儿童用的洒水壶、水桶、勺子、防水围裙、海绵、抹布等。

【适用年龄】2.5 岁以上。

【教育目的】

1. 直接目的：了解花草树木对水的需要，学会使用洒水壶给植物浇水，练习大肌肉动作运动的协调性。

2. 间接目的：培养儿童专注力，增强儿童观察力、秩序性、责任感及对环境维护能力等。

【提示形式】小组提示或个人提示。

【提示过程】

1. 介绍工作名称：给植物浇水。

2. 教师示范：

（1）拿洒水壶的柄，用勺子舀水注入壶中。

（2）如果水滴到洒水壶的外边就用海绵吸干。

（3）把洒水壶拿到花坛边。

（4）在花的根部附近，倾斜水壶，浇水。

（5）看泥土的颜色，观察花等植物的水分够不够，适量喷洒。

（6）教具用完后进行清洗，放回原处，并洗手。

3. 请儿童练习。

4. 结束工作，收教具。

【错误控制】水浇到花坛外的地方，水溅出来。

【兴趣点】观察水滴喷流出来的状态。

【注意事项】若对盆栽植物浇水时，下面垫一个托盘或塑料布以免把周围环境弄湿。

【变化延伸】对大小不同区域乃至盆栽植物进行洒水、浇水的练习。

四、社交礼仪行为

社交礼仪行为是人类在生存及生活方面必要的礼仪和规则等。不同的地域、国家、种族和民族有不同的社会生活礼仪和规则。儿童在进入蒙台梭利幼儿园——"儿童之家"，或进入蒙台梭利教学班后，首先要进行社交礼仪行为的学习和练习。对于儿童而言，社交礼仪行为主要包括基本的社交礼仪，如打招呼、听人说话、应答、握手、与他人接触、感谢、道歉等；具体的动作礼仪，如门的开关、递交物品、咳嗽、打喷嚏、打呵欠、奉茶等方法。社交礼仪行为部分所需教具不多，一般都在儿童社交行为情景下进行。

社交礼仪行为练习示例

（一）打招呼与告别

【教具构成】不需要教具。

【适用年龄】2 岁以上。

【教育目的】

1. 直接目的：学习打招呼的礼节。

2. 间接目的：培养儿童的社会性，并学习如何与他人交往。

【提示形式】小组提示或个人提示。

【提示过程】

1. 介绍工作名称：打招呼与告别。

2. 教师示范：

（1）慢慢靠近握手的对象，主动伸出右手。

（2）握住对方的右手。

（3）看着对方的眼睛，微笑，同时对对方说："你好！""早上好！""再见！"

3. 请儿童练习。

【错误控制】问好时双方没有对视，或者没有及时握手等。

【兴趣点】问好时双方语言和动作的对应性。

【注意事项】问好时握手需双方交叉握手，如都伸右手等；问好时目光要对视，微笑。

【变化延伸】与老师问好，与家长问好等。

（二）寻求帮助或致歉、致谢的礼仪行为

【教具构成】不需要教具。

【适用年龄】2岁以上。

【教育目的】

1. 直接目的：儿童知道怎样寻求别人的帮助，懂得寻求别人帮助的礼节，学会心存感谢，懂得说抱歉和谢谢。

2. 间接目的：培养儿童的社会性，以及交往过程中意志力和情感。

【提示形式】小组提示或个人提示。

【提示过程】

1. 介绍工作名称：寻求帮助（致歉、致谢）的礼仪行为。

2. 教师示范：

（1）需要他人帮助或者有事咨询时，不要远距离大声喊，不要轻易接触别人的身体，要走到他人身边轻声说："请帮帮我行吗？"或"请借我用一下行吗？"或"我可以和你一起工作吗？"

（2）当得到帮助、许可或认可后，要及时说"谢谢"，进行时要边看着对方的眼睛，边微笑对话。

3. 请儿童练习。

【错误控制】大声喊叫、吵闹或态度不端正，没有注意到对方眼睛。

【兴趣点】与他人交流的快乐，简短的礼貌用语能将自己的意思传达给对方。

【注意事项】及时提醒儿童注视对方的脸或眼睛表示诚意。

【变化延伸】在日常生活中寻求他人帮助、感谢或致歉。

（三）咳嗽、打喷嚏、打哈欠的礼仪行为

【教具构成】手绢、卫生纸。

【适用年龄】2岁以上。

【教育目的】

1. 直接目的：儿童学会咳嗽、打喷嚏、打哈欠时不影响其他人的礼貌行为。

2. 间接目的：培养儿童的社会性、自我控制能力等。

【提示形式】小组提示或个人提示。

【提示过程】

1. 介绍工作名称：咳嗽、打喷嚏、打哈欠的礼仪行为。

2. 教师示范：

（1）发觉要咳嗽、打喷嚏、打哈欠时，要背对周围的老师、小朋友。

（2）脸稍微转向旁边没有人的方向，用手绢掩住口鼻。

（3）等咳嗽、喷嚏、哈欠完毕，再用手绢或卫生纸擦拭干净口鼻，然后面对大家继续活动，如果干扰到大家了，要说："对不起。"

3. 请儿童练习。

4. 结束工作，收教具。

【错误控制】发出大的声音，干扰别人。

【兴趣点】听到咳嗽、打喷嚏、打哈欠的声音。

【注意事项】教师在指导儿童咳嗽、打喷嚏、打哈欠时，如果来不及拿出手绢，就用两手捂住嘴巴，手若弄脏，需用手绢或手纸等擦干净。

【变化延伸】纠正其他小朋友咳嗽、打喷嚏、打哈欠的错误做法。

（四）肃静练习

【教具构成】必需的声音道具或声音播放器。

【适用年龄】2岁以上。

【教育目的】

1. 直接目的：理解宁静的益处，增强自我控制能力和耐心。

2. 间接目的：培养儿童的专注度、对自身动作的控制能力等。

【提示形式】小组提示或个人提示。

【提示过程】

1. 介绍工作名称：肃静练习。

2. 教师示范：

不发出声音

（1）轻轻地放桌子、椅子。

（2）跟在老师后面轻轻地走。

（3）从椅子上轻轻地站起来。

聆听声音

（1）听铃声。

（2）听时钟声。

（3）听乐器声音。

3. 请儿童练习。

4. 结束工作，收教具。

【**错误控制**】有声音。

【**兴趣点**】宁静。

【**注意事项**】教室混乱时，可进行肃静练习，逐渐加长练习时间。

【**变化延伸**】做不发出声音的游戏，如比比看谁先说话。

 学习评价

1. 解释蒙台梭利日常生活教育的含义。
2. 结合实例说明蒙台梭利日常生活教育的目的和意义。
3. 绘制蒙台梭利日常生活教育体系思维导图。
4. 论述蒙台梭利日常生活教育内容、实施原则和指导方法。
5. 任选蒙台梭利日常生活教育领域的一项内容撰写工作展示页，并进行实操练习。
6. 对蒙台梭利日常生活教育领域教具进行自制，并撰写自制教具工作展示页。

阅读导航

考点聚焦

第四章 蒙台梭利感觉教育

"课程思政"指引
关键词：科学精神 人文精神

 内容提要

本章介绍了蒙台梭利感觉教育的含义、教育原则及指导方法、教育的内容，同时以蒙台梭利教学展示页的形式呈现了感觉教育的部分教具操作范例。

学习目标

1. 掌握蒙台梭利感觉教育的含义、目的及意义。
2. 理解并掌握蒙台梭利感觉教育的原则、指导方法及教育内容。
3. 学会并掌握蒙台梭利感觉教育教具的操作。
4. 能进行蒙台梭利感觉教育领域教具的自制或创制。

第一节 蒙台梭利感觉教育概述

蒙台梭利发现儿童具有吸收性心智，这种吸收性心智最初是幼儿在无意识的状态下，借由感官将吸收到的外界印象纳入自己的生命体系中。随着年龄的增长，3岁以后的儿童逐渐变得有意识地去吸收外界的事物，对儿童而言，这种感觉活动是愉快的，他们运用感觉来发展生命的现象。鉴于感觉活动对儿童的重要性，蒙台梭利开设了一系列的训练课程，使得感觉教育在"儿童之家"的教学结构中占据了无可取代的地位。

一、蒙台梭利感觉教育的含义、意义和目的

蒙台梭利认为，3～6岁阶段儿童发展的敏感期也是感觉活动和认知活动相辅相成的时期，

这个时期儿童的感觉不断发展，开始能观察周围的环境，同时事物的刺激也吸引着他们的注意力。在这个时期，教师可直接用感觉刺激法促使儿童的感觉得到合理地发展，同时也为他们建立一个积极的心理状态打下基础。蒙台梭利在其创造性建立的儿童感觉教育体系中设计了完整的包括视觉、触觉、听觉、味觉、嗅觉等感官训练的教具，这也成为蒙台梭利教育体系中最重要、最有特色的一部分。

蒙台梭利感觉教育是指采用能刺激感觉的一系列科学化的感觉教具为媒介，有目的、有计划地形成与发展儿童的感知觉和观察力，培养儿童正确运用感官认识周围环境的能力的教育活动。

（一）蒙台梭利感觉教育的意义和价值

感觉教育是蒙台梭利教育成功的基石。蒙台梭利认为感官是心灵之窗，是一切教育的基础，感官训练的目的不在于使儿童认识物体的颜色、形状和不同性质，并不是试图让儿童的眼睛成为摄像机的镜头，将看到的全部事物一览无遗地全部摄取下来，也不是想让儿童的耳朵成为一台高保真的录音机，将听到的最微小的声音全部录下来，而在于通过注意、比较和判断练习，改善他们的感官，使其能够在感觉发展的基础上，获得高层次的精神活动的发展。其意义在于以下几个方面。

1. 蒙台梭利感觉教育促进儿童的精神发展与形成人格

蒙台梭利认为，每名儿童都具有一股与生俱来的精神力量，这可以从儿童的潜在能力或自发性的活动力中得以印证，这是人类的潜能。蒙台梭利认为这种高层次的精神（智能）的活动发展，必须以感觉的发展为基础。3~6岁阶段的儿童不仅身体在快速生长，同时也是感觉活动和认知活动相辅相成的时期，所以他们在此阶段必须发展各种感觉。为了发展感觉，就必须通过感觉教育，使得感觉器官在受到环境的刺激之后，把这个刺激传达到脑部，再由知觉神经传达到肌肉进而产生运动。这一连串反复进行的感觉运动，使儿童的精神力量由肉体的活动加以表现出来并与精神合二为一，最终促成儿童精神的发达。

儿童也正是在通过感觉从环境中吸收对自己成长和发展有意义的东西，接受丰富多彩的外部世界的陶冶，使其对周围环境的态度更加积极，从而形成正确的概念、正确的价值判断，养成自发集中的注意力、良好的观察力和思考习惯以及正确的行为习惯。这一切都是儿童良好人格形成的基础。

2. 蒙台梭利感觉教育奠定儿童的智力发展基础与创造力

蒙台梭利认为，"感官代表着和环境的接触点，并探索世界，为人类开辟一条通往知识的路。……我们用在感官上的教具，提供给儿童一把钥匙，引导他们探索这个世界"[①]，也就是说，接受过感觉教育的儿童可以看见未接受过感觉教育的儿童所看不到的事物。所以，对于儿童智力的培养，首先要靠这种可以直接领会、把握或认知一些物质对象的能力，使儿童将把握或领会的事物抽象化成感知知识。如果想象真正的基础是事实，那么想象就必须和精确的观察联系起来。也就是说，儿童需要在一种准备好的环境中亲自去感知，并在概念形成的基础上进行一定的推理，再任由他们自由地创造。正如蒙台梭利所言，"……如果我们感官练习得更敏锐，

---

① 岩田阳子.蒙台梭利教育理论与实践：第三卷　感觉教育［M］.新民幼教图书公司编辑委员会，编译.台北：新民幼教图书股份有限公司，1988：14.

那么即使只是属于芸芸众生中的一点短暂的成就，也是具有极大的价值，因为就在这一刻，个体发展出了基本的概念，形成了智能的模式"，同时儿童原有的能量会刺激他们的创造力，产生更强烈的探险心理。

3. 蒙台梭利感觉教育丰富儿童的文化世界视野与探索欲

蒙台梭利认为，接受过感觉教育的儿童，他们对一切事物都具有观察及探求的兴趣，就是想要探索世界的感觉开拓了人类的知识之路，这种能教导儿童什么是感觉的教具，提供给了儿童探索世界的指南，使儿童常常会有发现新事物的喜悦感。当儿童的"内心秩序感，因接触感觉教具而有所启示时，他们就会透过具体物唤醒内心的'数'性秩序。……正如蒙台梭利所说'将感觉教具称为被具体化的抽象'，意思就是基础的数学教材。……感觉教具除了拓展'数'的世界的出发点之外，它还具有概念孤立化的特征，也就是教具中的每一项都涵盖一个特定的、正确的概念。……感觉教具不但可使视觉感受到的事实孤立化，还可以使概念（语言）孤立化，蒙台梭利教具和语言、感觉结合之后可以拓展儿童更丰富的语言世界，……也可以为儿童打开音乐、地理、物理、化学及文化的世界。"[①]

蒙台梭利感觉教育的价值则体现在，感觉教育是儿童从日常生活教育过渡到数学、语言、科学文化教育的必经之路，在蒙台梭利的教育体系中具有承上（日常生活教育）启下［语言、数学（算术）、科学文化教育］的核心地位。承上——这是因为感觉教育是以日常生活练习中的基本动作能力、意志力、所养成的生活习惯与态度、师幼之间的信赖关系为起点，这些能力在进行感觉教育活动时是必不可少的要素，儿童可以自如地运用在日常生活教育中养成的"独立自主"及"自发性"来进行活动。启下——这是因为"感觉的发展是在高等智能活动之前，或者感觉活动是和智能的形成时期并行"[②]，感觉教育为儿童预备了一个能让他们明确地建立认知系统的基础，即概念的形成必须依赖感觉的操作练习。

（二）蒙台梭利感觉教育的目的

蒙台梭利在谈到感觉教育的目的时认为，生物学及社会学两者经常是交错进行的，而且会随着幼儿年龄的增加而互相消长，等幼儿过了急速发展期后，就要注意幼儿在社会性方面的教育。所以，蒙台梭利感觉教育的目的可以从生物学与社会学两个方面进行阐述。

就生物学的观点而言，感觉教育的目的就是帮助儿童发展各种感觉。她认为儿童教育都必须依据协助儿童自然的心理和生理发展的原则，且要让儿童接收到的感觉以合理的方法来发展，这就要求教育者必须针对各刺激加以系统的引导，这样感觉教育才能为儿童的认知建立良好的基础。在蒙台梭利独特的感觉教育教具中可以很清楚地看到这种感觉的刺激。同时，在感觉教育的教具中也致力于引发儿童的自发活动，使得儿童在教具的特色中被吸引，变得更为专注和努力，最终达成自我教育的目的。

蒙台梭利感觉教育的一般目标

---

① 相良敦子.蒙台梭利教育理论与实践：第一卷 蒙台梭利教育的理论概说［M］.新民幼教图书公司编委员会，编译.台北：新民幼教图书股份有限公司，1989：104－105.
② 岩田阳子.蒙台梭利教育理论与实践：第三卷 感觉教育［M］.新民幼教图书公司编委员会，编译.台北：新民幼教图书股份有限公司，1988：10.

就社会学的观点而言，感觉教育的目的就是训练每个儿童都变成一个观察家，使儿童获得适应环境的能力。这是因为适应环境必须以观察为基础，即要使儿童能够适应现在以及未来的生活，就必须对环境有敏锐的观察力，这就要求教育者帮助儿童养成观察时所必须具备的能力与方法，这不仅是为了能够适应现代文明时代而完成的一般性工作，同时也是直接为实际生活做准备。

二、蒙台梭利感觉教育的原则及指导方法

蒙台梭利认为感觉教育的目的在于帮助儿童发展各种感觉，因此，为了使儿童接收到的感觉能够得到发展，就必须对各种刺激加以系统的引导。这就要求在实施感觉教育时要遵从一定的原则，并有正确的指导方法，这样才能使儿童以自然奇迹中最伟大、最令人欣慰的形象出现在我们面前。

（一）蒙台梭利感觉教育的原则

1．教具系统性的原则

在感觉教育中，蒙台梭利认为我们的教具使自我教育和感觉的组织教育得以进行。这样的教育并不是靠教师的能力，而是靠教具体系来完成。可见，在感觉教育中具有合理的刺激层次的各种教具的排列，已构成了教具的体系。因此，在感觉教育中要遵从教具的系统性原则，使刺激由易到难、由近及远，有计划地、系统地、适时地实施感觉教育。

2．自我教育的原则

在感觉教育中，自我教育的原则就是提倡儿童在感觉训练中，通过自己的兴趣、需要和能力去进行自由选择、独立操作、自我校正，自发地顺着教育体系的路径，按部就班地行进且有所发现，从而迈向更高、更抽象的层次。在这个过程中，体贴的教育指导者会在儿童有困难的时候鼓舞他和给予必要的援助。

3．个人提示的原则

在感觉教育中，以个人提示为重点，加上少许的小组提示，也就是要尊重每个儿童的自主性和独立性，使感觉教育在每个儿童身上表现出最有兴趣的不同发展，从而达到促进儿童感官觉醒的目的。

4．刺激孤立化的原则

在感觉教育中，刺激孤立化的原则就是将刺激集中在某种感觉的某种属性上进行，即每种教具都是针对特定的刺激，如长短、大小、颜色、声音等予以孤立化，从而集中训练儿童的某一感觉的某一技能，使儿童的精神完全集中在某一点上。

（二）蒙台梭利感觉教育的指导方法

1．提供教具的方法

在感觉教育中要按照由易到难的原则提供教具材料，使儿童可利用按顺序排列的刺激物来认识事物，这符合儿童年龄特点和认识的规律，同时每种教具还可分别训练儿童的一种特殊的

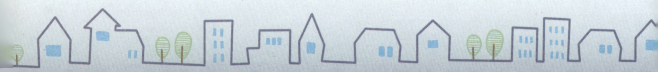

感觉，通过有针对性地、分步骤地反复练习，增强儿童对物体的特殊性能的感受能力，识别接触到的变换着的物体，以增进各种感知能力。

2. 不同的提示形式

蒙台梭利教学的提示形式包括团体提示、小组提示和个人提示，在感觉教育中要以个人提示为重点，加上少许小组提示，几乎不用团体提示。要注意小组提示是对于理解某一教具操作的水平较为接近的儿童而言的。

3. 具体的提示顺序

提示顺序由准备、示范、整理三个阶段构成。

（1）准备阶段，好的诱导非常重要，必须注意配合儿童的发展程度来进行，并以儿童喜爱的吸引力来引导，避免强制性指导。如果在这个阶段，由于儿童的情绪变化被拒绝时，应改为以后再予以引导。

（2）在示范阶段，为使提示产生示范作用，要注意分解动作、趣味中心、错误订正各方面。在动作分解中要使儿童能把握动作，并激发他们的兴趣及经常接触教具、反复进行的意愿；在进行教具操作时，要有使儿童感到兴趣最高峰的地方；在错误订正时使儿童理解重点并养成判断的能力。在这个阶段，尤其要注意观察儿童的反应与表情。

（3）在整理阶段，请儿童把教具、桌子及工作毯归还原处。

儿童的活动会在教师示范后进行，一般会有两种活动意愿类型，如图4-1所示。

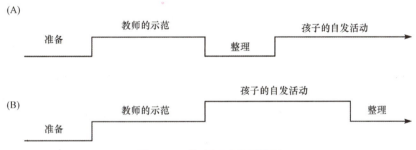

图4-1 儿童活动意愿类型

在指导过程中，教师要清楚有效地示范应注意的问题：

（1）预先决定进行练习的场所，是在桌面上还是在工作毯上。

（2）教师坐在儿童的右边。

（3）以正确、缓慢的分解动作进行示范。

（4）解说要点的提示用词要简洁，语句要正确。

（5）仔细观察儿童的操作，强调培养专注力之处。

（6）注意观察儿童的表情。

（7）提示错误订正的地方。

（8）提示后给儿童练习的机会。

（9）请儿童自由选择要不要进行练习，不要强迫，可以使用"你想不想试看"等尊重和激励儿童的措辞。

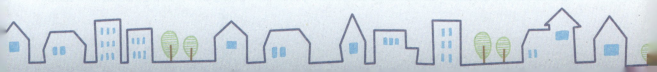

4．P、G、S的基本操作

感觉教具符合人类认识事物的一般规律，即：

（1）配对（pairing）[P]：组成对或互相对应，是将特性完全相同（如大小、高低、粗细、颜色、强弱、形状、轻重、气味、冷热等）的物体组成一对。

（2）序列（grading）[G]：使事物分成阶段、层次、顺序或系统化。

（3）分类（sorting）[S]：将特性完全相同的事物组合在一起，集中注意物体的属性，逐渐形成概念。

各感觉教具所包含
的基本操作种类

需要注意的是，在操作时虽然采用P、G、S的操作，但每种教具并不是包括3种操作的全部。有的教具只属于P的，有的只属于G的，有的兼顾了P和G的操作，有的兼顾了P和S的操作，但不能进行G和S的同时操作。

5．三阶段教学法

蒙台梭利感觉教育的名称练习采取塞根的三阶段名称练习法，即：

第一阶段，命名。结合概念和物体或物体和名称，如"这是三角形"。

第二阶段，辨别。名称和概念或物体的再认识，如"三角形是哪一个？"

第三阶段，发音。名称和概念或物体的记忆以及重现，如"这是什么？"

名称练习主要包括普通名称练习、特别名称练习和G的名称练习。

感官教具的
名称练习

6．延伸操作

在感觉教育中，当儿童已经掌握了基本操作后，可以依据儿童对教具的掌握情况、每种教具的特点来进行不同的延伸操作。主要有记忆练习、戴眼罩练习、捉迷藏、基础卡片、组合操作、环境练习等方法。

三、蒙台梭利感觉教育的内容

蒙台梭利认为，儿童的精神发展主要靠内在生命力的驱动，再加上从环境中吸收必要的事物，而吸收环境中必要事物的器官就是感官。除却精神发展，感觉的发展也是智慧活动和为儿童打开文化世界视野与探索欲的基础。所以，蒙台梭利在确定感觉教育的内容（表4-1）时，以能够凸显某刺激点的感官教具为媒介，使儿童在不断训练、强化的过程中获得感官视、触、听、味、嗅各方面的发展。据此，蒙台梭利的感觉教育分为视觉教育、触觉教育、听觉教育、味觉教育和嗅觉教育。

表4-1　蒙台梭利感觉教育的内容

分类		教具名称	内容
视觉教育	大小	插座圆柱体组	高—矮、粗—细、大—小，以及高矮与粗细的组合
		粉红塔	大—小
		棕色梯	粗—细

续表

分类		教具名称	内容
视觉教育	大小	长棒	长—短
		彩色圆柱体组	高—矮、粗—细、大—小，以及高矮与粗细的组合
	颜色	色板	颜色的种类和明暗
	形状	几何图形嵌板	各种平面几何图形：圆、三角形、四边形、多边形、曲线形
		几何学立体组	基本的几何学立体：球体、椭球体、卵球体；圆柱体、正方体、长方体、三棱柱；三棱锥、四棱锥
		构成三角形	由三角形的种类及三角形的组合所构成（辨别与等值）
	其他	二项式	颜色和大小的要素的应用
		三项式	颜色和大小的要素的应用
触觉教育	肤觉	触觉板	物体表面的粗糙—光滑
		温觉筒	热的—温的—凉的—冰的
	重量感觉	重量板	重—轻
	温觉	温觉板	暖—温—凉—冰
		温觉筒	热—温—凉—冰
	实体认识	实体认识袋	形状、粗滑、凹凸等
	感觉	几何学立体组	基本的几何学立体：球体、椭球体、卵球体；圆柱体、正方体、长方体、三棱柱；三棱锥、四棱锥
听觉教育	听觉	听觉筒	杂音（噪声）的强、弱
		音感钟	音的高、低
味觉教育	味觉	味觉瓶	酸、甜、苦、咸等基本的味道种类
嗅觉教育	嗅觉	嗅觉筒	各种具体物品的味道

第二节　蒙台梭利感觉教育教具操作展示

　　蒙台梭利感觉教育的经典教具数量相对较多，据蒙台梭利著作中有关教具的记载共有17种，在教学过程中一些教具也有过一定的变迁。按照蒙台梭利感觉教育内容划分，可将其教具操作分为视觉、触觉、听觉、味觉和嗅觉方面的基本练习。每一部分具体工作遵循由简到繁、

由易到难的原则，分别呈现部分较为经典的蒙台梭利感觉教育工作的操作流程及工作展示页。

一、视觉教育

感觉教育中第一个接触到的是视觉教育，它在人体五种感官中最受重视，在蒙台梭利视觉教育中具有不同的视觉感受维度，可以培养和增强儿童的辨别能力，使其形成视觉空间智能。主要包括识别物体大小、形状和颜色等的训练。

蒙台梭利感觉
教育基础教具
的基本操作

视觉教育练习示例

（一）插座圆柱体组

【教具构成】

木制带座体的圆柱体 4 组，座体外形类似枕木，每组各有 10 个带小圆柄的圆柱体。如图 4-2 所示。

1. A组（粗细组）：高度一定，为 5.5 厘米；直径以 0.5 厘米等差递减，最粗的为 5.5 厘米，最细的为 1 厘米。

2. B组（大小组）：直径和高度同时等差递减，直径从 5.5 厘米到 1 厘米，高度从 5.5 厘米到 1 厘米。

3. C组（高矮组）：圆柱直径一定，为 2.5 厘米；高度以 0.5 厘米等差递减，最高的 5.5 厘米，最矮的 1 厘米。

4. D组（反向组）：直径以 0.5 厘米等差递减，从 5.5 厘米到 1 厘米；高度同时以 0.5 厘米等差递增，从 1 厘米到 5.5 厘米。

图 4-2　插座圆柱体组

【适用年龄】2.5～3.5 岁。

【教育目的】

1. 直接目的：

（1）尺寸差异的辨别，培养辨别粗细、高矮、大小的视觉能力。

（2）锻炼用小肌肉控制动作的能力。

（3）发展语言表达能力，精确使用词语。

2. 间接目的：

（1）培养敏锐的观察力和逻辑思考能力（对应、顺序）。

（2）为书写前的握笔姿势做准备。

【提示形式】个人提示。

【提示过程】

1. 准备。

（1）与儿童一同拿取工作毯，将工作毯铺好。

（2）引导儿童到教具柜前，介绍教具名称，向儿童示范拿取插座圆柱体的方法，并将其拿

到工作区。

（3）教师坐在儿童右侧。

2. 基本操作。

C组（高矮组）的配对练习

（1）介绍工作名称：C组的配对练习。

（2）教师示范：

①将圆柱体一一取出。用惯用手的拇指、中指和食指合起来轻轻握住圆柄，慢慢取出并垂直抽起，再垂直放在座体前方并将圆柱与圆穴一一对应，按照左高右矮的顺序排列。取圆柱时用另一手三指扶座体。

②感知圆柱的圆周、深度、底面。请儿童观察并感知。

③与圆穴配对，抚摸圆穴后轻轻嵌入。

④订正。双手扶座体两侧，顺时针旋转90°，二指从上至下抚摸订正后，再旋转回原位。

（3）请儿童练习。

（4）工作结束，收教具和工作毯。

C组（高矮组）的名称练习

（1）介绍工作名称：C组的名称练习。

（2）教师示范：

①将圆柱体一一取出，按照左高右矮的顺序将圆柱垂直放在座体前方并紧密排列，将座体放在身体右侧。

②取出对比最强烈的2个圆柱进行比较。

③分别对这2个圆柱进行感知。请儿童观察并感知。

④进行三阶段教学。

第一阶段，命名。如高的矮的。

第二阶段，辨别。如指认哪一个是高的？哪一个是矮的？请把高的拿给我，请把矮的藏起来。

第三阶段，发音。如这是怎样的（高的）？那是怎样的（矮的）？

⑤熟练操作后，逐渐缩小两个圆柱间的差距。

⑥将圆柱一一嵌回座体并订正。

（3）请儿童练习。

（4）工作结束，收教具和工作毯。

C组（高矮组）的序列练习

（1）介绍工作名称：C组的序列练习。

（2）教师示范：

①将圆柱体一一取出，按照左高右矮的顺序将圆柱垂直放在座体前方并紧密排列，将座体放在身体右侧。

②取出对比最强烈的 2 个圆柱，进行名称的复习（高的矮的）。

③取中间的一个与这 2 个圆柱进行比较，命名它是"比较高的"。请儿童观察并感知。

④进行三阶段教学。命名（最高的、比较高的、最矮的）、辨别、发音。

⑤放回原位。

⑥将圆柱散放，依次找出其中最高的，从高到矮排列。剩下 3 个圆柱再次进行最高的、比较高的、最矮的三阶段教学，并将它们排列出来。

⑦将圆柱一一嵌回座体并订正。

（3）请儿童练习。

（4）工作结束，收教具和工作毯。

D组（反向组）的序列练习

（1）介绍工作名称：D组的序列练习。

（2）教师示范：

①将圆柱体一一取出，圆柱紧密排列，将座体放在身体右侧。

②取出对比最强烈的 2 个圆柱，复习对又粗又矮、又高又细的圆柱的认识。

③将圆柱散放，依次找出当中最粗的，剩下 3 个圆柱再次进行最粗的、比较粗的、最细的三阶段教学，并将它们排列出来。

④将圆柱再次散放，依次找出当中最矮的，剩下 3 个圆柱再次进行最矮的、比较矮的、最高的三阶段教学，并将它们排列出来。

⑤将圆柱一一嵌回座体并订正。

（3）请儿童练习。

（4）工作结束，收教具和工作毯。

【错误控制】

1. 用视觉订正，一个插座圆柱体只放入一个相应的圆穴中。

2. 用触觉订正，用手触摸圆柱底面侧面和圆穴内侧面是否吻合。

【兴趣点】粗细、高矮、大小不同的圆柱体及和它们相匹配的圆穴。

【注意事项】

1. 圆柱体的感知方法。

2. 每次展示先请儿童复习上次的内容，如没有熟练掌握，就暂不开始新的内容。

3. 儿童的独立练习，必须在把示范的材料物归原位后，经自由选择后开始。

4. 如进行小组展示，儿童要在教师同侧，避免镜面教学。

【变化延伸】

1. 记忆练习：教师指定任意一个圆穴，儿童能找出对应的或相邻圆柱，也可反之进行。

2. 卡片练习：结合底座卡片进行立体与平面的对应练习。

3. 触觉练习：戴眼罩进行配对或排序练习。

4. 组合练习：可以两组组合，即A+B、A+C、A+D、B+C、B+D、C+D；也可以三组组合，即A+B+C、A+B+D、A+C+D、B+C+D；也可以四组组合，即A+B+C+D。

5. 纸张练习：纸圈造型、圆形纸片排列等。

（二）粉红塔

【教具构成】

1. 10块粉红色木制正方体，边长以1厘米的等差，从10厘米减小到1厘米，如图4-3所示。

2. "大""小"的字卡。

图4-3　粉红塔

【适用年龄】2.5 ~ 3.5岁（有插座圆柱体C组练习经验）。

【教育目的】

1. 直接目的：

（1）尺寸差异的辨别，发展视觉辨别能力和感知能力。

（2）初步感知三维物体体积的变化。

2. 间接目的：

（1）培养手、眼协调及手指的动作控制能力。

（2）培养逻辑思维能力（秩序性）。

（3）数学心智的间接准备。

【提示形式】个人提示。

【提示过程】

1. 准备。

2. 基本操作。

粉红塔的名称练习

（1）介绍工作名称：粉红塔的名称练习。

（2）教师示范：

①将粉红塔一一取出，按从大到小的顺序由左至右排列。

②取出对比最强烈的2块粉红塔进行感知和比较。请儿童观察并感知。

③进行三阶段教学，命名（"大的""小的"）、辨别、发音。依次进行各组的比较和三阶段教学并放回。可放上"大""小"的字卡与粉红塔对应，引导反复进行练习，直到可辨别相邻粉红塔的大小差异。

④订正。

（3）请儿童练习。

（4）工作结束，收教具和工作毯。

粉红塔的序列练习

（1）介绍工作名称：粉红塔的序列练习。

（2）教师示范：

①将粉红塔一一取出，按从大到小的顺序由左至右排列。

②取出对比最强烈的2块粉红塔，进行名称的复习"大的""小的"。

③取中间的1块与对比最强烈的2块粉红塔进行比较，命名它是"比较大的"。请儿童观察并感知。

④进行三阶段教学，命名（最大的、比较大的、最小的）、辨别、发音，可配合字卡进行。

⑤放回原位。

⑥将粉红塔散放，用目测和比较的方式依次找出其中最大的，从大到小垒起来，垒塔时动作要慢。剩余3块再次进行最大的、比较大的、最小的三阶段教学，并将它们依次垒到塔上。

⑦订正。感知协调的塔身，用双手从上至下，轻轻抚摸塔身，建立对粉红塔的触觉记忆或者用最小的一块来订正。

⑧教师和儿童一起欣赏粉红塔，还原后工作结束。

（3）请儿童练习。

（4）工作结束，收教具和工作毯。

【错误控制】粉红塔本身无错误控制，但最小的一块正方体可作为参照物进行错误控制。

【兴趣点】

1. 粉红塔的颜色。

2. 三次元的同时改变。

【注意事项】

1. 强调如何拿取粉红塔。

2. 构建完成后要带领儿童欣赏。

3. 必须拆解后归位。

4. 对应字卡要跳收。

【变化延伸】

1. 变换方式垒高和水平排列。

2. 记忆练习。

3. 卡片练习。

4. 触觉练习：戴眼罩进行按顺序排列。

5. 纸张练习：制作粉红塔小书。

6. 创意搭建。

（三）棕色梯

【教具构成】

1. 10块棕色的木制长方体，长度为20厘米，横断面积从10厘米×10厘米到1厘米×1厘米渐次递减，如图4-4所示。每一个横截面积和粉红塔的一个面大小相同。

2. "粗""细"的字卡。

【适用年龄】2.5～3.5岁（在粉红塔后进行）。

图4-4　棕色梯

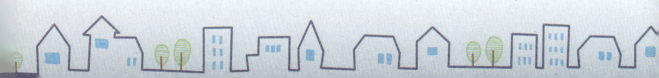

【教育目的】

1. 直接目的：

（1）尺寸差异的辨别，认识并会依次摆放棕色梯。

（2）在知觉上对二次元的差异有充分的认识。

2. 间接目的：

（1）培养逻辑思维能力（秩序性）。

（2）数学心智的间接准备。

【提示形式】个人提示。

【提示过程】

1. 准备。

2. 基本操作。

棕色梯的名称练习

（1）介绍工作名称：棕色梯的名称练习。

（2）教师示范：

①将棕色梯一一取出，按从粗到细的顺序由左至右排列。

②取出对比最强烈的2块进行感知和比较。请儿童观察并感知。

③进行三阶段教学，命名（"粗的""细的"）、辨别、发音，可配合"粗""细"的字卡进行练习。依次进行各组的比较和三阶段教学并放回。

④订正。

（3）请儿童练习。

（4）工作结束，收教具和工作毯。

棕色梯的序列练习

（1）介绍工作名称：棕色梯的序列练习。

（2）教师示范：

①将棕色梯一一取出，按从粗到细的顺序由左至右排列。

②取出对比最强烈的2块棕色梯，进行名称的复习"粗的""细的"。

③取中间的1块与对比最强烈的2块棕色梯进行比较，命名它是"比较粗的"。请儿童观察并感知。

④进行三阶段教学：命名（最粗的、比较粗的、最细的）、辨别、发音，可配合字卡进行。

⑤放回原位。

⑥将棕色梯散放，依次找出其中最粗的，按顺序排列。剩余3块再次进行最粗的、比较粗的、最细的三阶段教学，并将它们依次排列回来。

⑦订正。摆好后，请儿童用双手从左到右，抚摸梯面或用最细的一块沿每个梯块的边缘比较差距。

⑧教师和儿童一起欣赏棕色梯。

（3）请儿童练习。

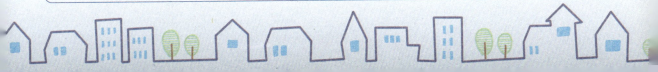

（4）工作结束，收教具和工作毯。

【错误控制】棕色梯本身无错误控制，但最细的一块长方体可作为参照物进行错误控制。

【兴趣点】

1. 棕色梯的颜色。

2. 二次元的变化。

【注意事项】

1. 棕色梯在教具柜里要呈从粗到细、由左至右的梯状显现。

2. 变化方式的序列操作时要注意安全。

3. 对应字卡要跳收。

【变化延伸】

1. 变换方式垒高和水平排列。

2. 记忆练习。

3. 卡片练习。

4. 触觉练习：戴眼罩进行。

5. 棕色梯与粉红塔的组合搭建，如图4-5所示。

图4-5　棕色梯与粉红塔的组合搭建

6. 棕色梯与插座圆柱体A组的组合搭建。

7. 纸张练习：制作棕色梯小书。

（四）长棒（红棒）

【教具构成】10根红色木制长棒，横截面积相等，为2.5厘米×2.5厘米；长度从10厘米递增到100厘米，等差为10厘米，如图4-6所示。

图4-6　长棒

【适用年龄】3～4岁（粉红塔、棕色梯操作之后）。

【教育目的】

1. 直接目的：

（1）培养视觉的辨别能力。

（2）尺寸差异的辨别，认识并会依次摆放长棒。

2. 间接目的：

（1）发展手、眼与肌肉的协调性。

（2）数学工作的直接准备。

【提示形式】个人提示。

【提示过程】

1. 准备。

2. 基本操作。

长棒的名称练习

（1）介绍工作名称：长棒的名称练习。

（2）教师示范：

①将长棒排放好，取出对比最强烈的2根长棒进行比较。

②分别对对比最强烈的2根长棒进行感知。请儿童观察并感知。

③进行三阶段教学：命名（"长的""短的"）、辨别、发音。依次进行各组的比较和三阶段教学并放回。

④订正。

（3）请儿童练习。

（4）工作结束，收教具和工作毯。

长棒的序列练习

（1）介绍工作名称：长棒的序列练习。

（2）教师示范：

①将长棒排放好，取出对比最强烈的2根长棒，进行名称的复习"长的""短的"。

②取中间的一根与对比最强烈的2根长棒进行比较，命名它是"比较长的"。请儿童观察并感知。

③进行三阶段教学：命名（最长的、比较长的、最短的）、辨别、发音。

④放回原位。

⑤将长棒散放，依次找出其中最长的，从长到短排列。剩余3根再次进行最长的、比较长的、最短的三阶段教学，并将它们依次排列回来。

⑥订正。用最短的一根长棒作为参照物，依次放到其他长棒的末端进行检验。

（3）请儿童练习。

（4）工作结束，收教具和工作毯。

【错误控制】长棒本身无错误控制，但最短的长棒可作为参照物进行错误控制。

【兴趣点】

1. 长棒的颜色。

2. 长短的变化。

【注意事项】

1. 长棒在教具柜里要左端对齐地从长到短、从上到下排列。

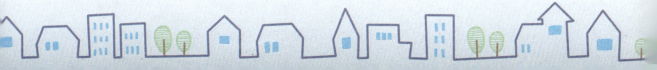

2. 稍长的长棒的取法是左右手上下竖握，短的长棒要双手平握。

3. 感知长棒的长度时要从左至右，到终点要做出截断动作。

4. 比较长棒时要左端对齐。

【变化延伸】

1. 填补差数的练习。

2. 造型练习：垂直排序、水平叠高、搭建迷宫。

3. 记忆练习。

4. 长棒与粉红塔、棕色梯的结合。

5. 长棒与插座圆柱体C组的结合。

6. 纸张练习：制作红棒小书，如图4-7所示。

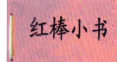

图4-7　红棒小书

（五）色板

【教具构成】

1. 色板由3盒组成，具体构成如下：

（1）色板Ⅰ：带盖木盒，内有红、黄、蓝三原色，各2枚，共6枚，如图4-8所示。

（2）色板Ⅱ：带盖木盒，内有红、黄、蓝、橙、绿、紫、粉红、棕、灰、黑、白11色，各2枚，共22枚，如图4-9所示。

图4-8　色板Ⅰ

（3）色板Ⅲ：带盖木盒，内有9个分格分装红、黄、蓝、橙、绿、紫、粉红、棕、灰9色，各有7级明暗度变化，共63枚，如图4-10所示。

图4-9　色板Ⅱ

图4-10　色板Ⅲ

2. 字卡。

【适用年龄】

1. 色板Ⅰ和色板Ⅱ：2.5～3.5岁（与认识大小的视觉教具并行）。

2. 色板Ⅲ：3.5～4.5 岁。

【教育目的】

1. 直接目的：知道颜色的正确名称，培养分辨颜色的能力。

2. 间接目的：为颜色的对比及组合做预备，培养美感。

【提示形式】个人提示。

【提示过程】

1. 准备。

2. 基本操作。

色板Ⅰ：配对练习

（1）介绍工作名称：色板Ⅰ的配对练习。

（2）教师示范：

①用拇指和食指捏住色板上下两端的边缘，不要触及颜色部分。将色板Ⅰ的控制组和操作组摆好。

②先取控制组中的红色展示，放回后边说边用手示意从操作组中找到和它一样颜色的色板。将控制组的红色板拿到操作组进行比对，找到同色的色板后一起拿回到控制组位置上下对应摆好，用手示意并说"它们的颜色是一样的"。依次将后两组做完。

（3）请儿童练习。

（4）工作结束，收教具和工作毯。

色板Ⅰ：名称练习

（1）介绍工作名称：色板Ⅰ的名称练习。

（2）教师示范：

①将红、黄、蓝色板摆放好。

②三块色板分别展示后进行三阶段教学。

第一阶段，命名。如红色的、黄色的、蓝色的。

第二阶段，辨别。如"请把红色的放在我手里"，三种颜色依次进行练习。

第三阶段，发音。如这是什么颜色的？三种颜色分别进行发音。

可配合字卡进行。

（3）请儿童练习。

（4）工作结束，教具、工作毯物归原处。

【错误控制】视觉控制。

【兴趣点】鲜艳的颜色。

【注意事项】

1. 色板的颜色必须准确。

2. 拿取时的方法。

3. 选择米色工作毯。

4. "红色""蓝色""黄色"字卡上的字体颜色和文字一一对应。

5. 色板要跳收。

【变化延伸】记忆练习。

色板Ⅲ：棕色的序列练习

色板Ⅱ：配对练习

（1）介绍工作名称：色板Ⅲ的棕色的序列练习。

（2）教师示范：

①将棕色的色板按照明暗度排放好。

②取出对比最强烈的2块棕色色板进行"浅棕色"和"深棕色"的命名。取中间的1块与对比最强烈的2块棕色色板进行比较，命名它是"比较深的棕色"。进行三阶段教学，命名（最深的棕色、比较深的棕色、最浅的棕色）、辨别、发音。

③放回原位。

④将色板散放，依次找出其中最深的棕色。剩余3块再次进行最深的棕色、比较深的棕色、最浅的棕色三阶段教学，并将它们依次排列回来。

⑤订正。

（3）请儿童练习。

（4）工作结束，收教具和工作毯。

【错误控制】视觉控制。

【兴趣点】鲜艳的颜色、色板颜色的渐变。

【注意事项】

1. 色板颜色要准确。

2. 拿取时的方法。

3. 字卡上字体颜色和文字一一对应。

4. 选择米色工作毯。

5. 当儿童的辨别能力达不到要求时，可以取出颜色最深、最浅和中间的色板，形成差异较大的对比，降低挑战难度。

6. 色板要跳收。

【变化延伸】

1. 记忆练习。

2. 创意搭建，如图4-11所示。

图4-11　色板Ⅲ的创意搭建

（六）彩色圆柱体

【教具构成】彩色圆柱4组，颜色分别为蓝、红、黄、绿，置于同色的盒子中，其结构与对应的4组插座圆柱体完全相同，如图4-12所示。

1. A组（粗细组，红色）：高度一定为5.5厘米；直径以0.5厘米等差递减，最粗的为5.5厘米，最细的为1厘米。

2. B组（大小组，黄色）：直径和高度同时等差递减，直径从5.5厘米到1厘米，高度从5.5厘米到1厘米。

3. C组（高矮组，蓝色）：圆柱直径一定为2.5厘米；高度以0.5厘米等差递减，最高的为5.5厘米，最矮的为1厘米。

4. D组（反向组，绿色）：直径以0.5厘米等差递减，从5.5厘米到1厘米；高度同时以0.5厘米等差递增，从1厘米到5.5厘米。

图4-12 彩色圆柱体

【适用年龄】4.5岁（有插座圆柱体练习经验）。

【教育目的】

1. 直接目的：

（1）通过观察、比较不同的圆柱体之间的序列关系。

（2）更深入地获得尺寸大小印象，以及其相互的关系。

2. 间接目的：

（1）培养敏锐的观察力及注意力。

（2）为建筑学做准备。

【提示形式】个人提示。

【提示过程】

1. 准备。

2. 基本操作。

（1）介绍工作名称：彩色圆柱体的水平横排与垂直积高。

（2）教师示范：

①将红色圆柱体盒放在工作毯上，并一一取出红色圆柱，散放在工作毯上，再把盒子盖好，放在身体的右侧。

②通过比较，找出最粗的圆柱，再找剩下圆柱中最粗的，依序水平横排排好。

③思考还有哪些排列方法可以进行垂直积高？先进行红色、绿色盒子的建构，建构好后，教师和儿童一起从各个角度观察，看看哪个颜色没有了，哪个变化了。

（3）请儿童练习。

（4）工作结束，收教具和工作毯。

【错误控制】视觉和触觉控制。

【兴趣点】圆柱的颜色。

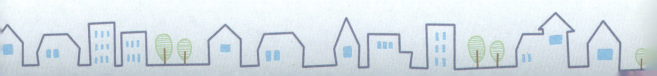

【注意事项】

1. 在插座圆柱体、粉红塔、棕色梯、长棒、色板等练习后进行。

2. 先在红色和绿色盒子中探索，时间长短因人而异。

【变化延伸】

1. 四组圆柱当中，相同尺寸的圆柱体进行配对。

2. 与彩色字卡配对。

3. 记忆练习。

4. 插座圆柱体、粉红塔、棕色梯、长棒、彩色圆柱体等多项教具的创意搭建，如图4-13所示。

5. 纸张练习：制作灯笼串等。

图4-13 多项教具的创意搭建

（七）几何图形嵌板橱

【教具构成】

1. 示范橱：附有木框，放有带圆柄的圆形、正方形、正三角形3个基本图形嵌板，均为蓝色。

2. 6个同样大小的抽屉，每一个抽屉含有6个正方形分格。

（1）第一屉，6个直径不同的圆形。

（2）第二屉，6个高度相同的长方形，宽度渐增至正方形的长度。

（3）第三屉，6个不同的三角形。

（4）第四屉，6个规则的多边形。

（5）第五屉，4个四边形，包括2个平行四边形，1个等腰梯形，1个不等边梯形。

（6）第六屉，4个曲线图形和1个正三角形。

3. 几何图形卡：由3种几何图形卡构成，总计96+3张（含3个正三角形），每张卡片中的图形形状对应橱中的某一嵌板。每个嵌板有实心、粗线和细线3种卡片与之对应。

教具构成如图4-14所示。

【适用年龄】3～4.5岁。

图4-14 几何图形嵌板橱

【教育目的】

1. 直接目的：

（1）吸收单纯几何图形的形象。

（2）发展形状区辨的视觉感官。

2. 间接目的：

（1）写字的间接预备。

（2）通过重复，创造肌肉记忆。

【提示形式】个人提示。

【提示过程】

1. 准备。

2. 基本操作。

示范橱的配对练习

（1）介绍工作名称：示范橱的配对练习。

（2）教师示范：

①取出图形，放在上排空格中。

②取三角形，右手食指、中指描摹图形 4 ~ 6 次；再描摹嵌板内沿 4 ~ 6 次；取图形填充配对。边操作边提示名称：三角形。依此方法进行正方形和圆形的操作。

③名称练习。用三阶段教学法来认识圆形、三角形、四边形。

（3）请儿童练习。

（4）工作结束，收教具和工作毯。

第一屉圆形的配对练习

（1）介绍工作名称：第一屉圆形的配对练习。

（2）教师示范：

①将第一屉中的 6 个圆形嵌板一一取出散放，命名"这些都是圆形"。

②拿出一个图形嵌板翻转过来感知，再感知图形框内侧，将嵌板嵌入大小相同的图形框内。依此方法将 6 个图形嵌板嵌回图形框内。

③进行三阶段名称练习，认识圆形。

（3）请儿童练习。

（4）工作结束，收教具和工作毯。

第一屉嵌板与卡片的配对练习

（1）介绍工作名称：第一屉嵌板与卡片的配对练习。

（2）教师示范：

①将实心圆卡片按大小顺序排列。

②将图形嵌板与卡片逐个比对，找到大小相等的卡片，将嵌板放在上面。依次完成剩余嵌板的配对。

③依此方法操作图形嵌板与粗线卡、细线卡的配对。

（3）请儿童练习。

（4）工作结束，收教具和工作毯。

【错误控制】卡片和图形嵌板的正确吻合。

【兴趣点】不同的图形。

【注意事项】

1. 教师示范描摹的动作要缓慢。

2. 注意拿取、感知的方法，注意3组卡片从易到难的顺序是实心、细线、粗线。

【变化延伸】

1. 戴眼罩练习。

2. 记忆练习。

3. 纸张练习：制作《我的圆形小书》《我的三角形小书》《我的多边形小书》《我的四边形小书》《我的曲线形小书》。

（八）几何学立体组

【教具构成】

1. 10个木制不同形状的几何学立方体：球状组——球体、椭球体、卵球体；柱状组——圆柱体、正方体、长方体、三棱柱；锥状组——三棱锥、四棱锥；均为蓝色。

2. 投影板1套。

3. 各种几何形体的三部分卡1套。

教具构成如图4-15所示。

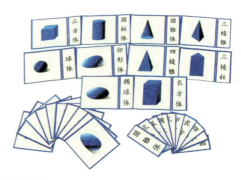

图4-15　几何学立体组

【适用年龄】2.5岁以上。

【教育目的】

1. 直接目的：

（1）通过视觉及触觉的共同作用，掌握立体形状。

（2）学习与几何形状相关的词汇，如棱柱、棱锥等。

2. 间接目的：为学习更为复杂、抽象的几何做准备。

【提示形式】个人提示。

【提示过程】

1. 准备。

2. 基本操作。

几何学立体组的名称练习（圆柱体、正方体、球体）

（1）介绍工作名称：几何学立体组的名称练习。

（2）教师示范：

①闭上眼睛，教师拿起圆柱体边触摸边描述。请儿童触摸感知和描述。

②儿童自行感知正方体、球体。

③进行三阶段教学，学习对应的名称。

④示范比较几何体的运动方式，哪个快，哪个慢。

（3）请儿童练习。

（4）工作结束，收教具和工作毯。

几何学立体组的配对练习（长方体、圆柱体、三棱锥）

（1）介绍工作名称：几何学立体组的配对练习。

（2）教师示范：

①取长方体到小桌上，看其在幕布上的投影是什么样的。如果是长方形，找到长方形投影板和其配对。再观察它的投影还有什么样的，如果是正方形，找到正方形投影板和其配对。所以长方体的投影有长方形和正方形。

②圆柱体和三棱锥的操作同上。

（3）请儿童练习。

（4）工作结束，收教具和工作毯。

【错误控制】视觉判断，立体的某一平面图形与投影板不吻合。

【兴趣点】不同的投影。

【注意事项】

1. 此练习在完成几何图形嵌板、卡片及触觉教具后进行。

2. 搬运教具时可以把全部立体放在篮子里一起搬运，高的放中间，矮的放旁边。

3. 练习时，没用到的立体也一起搬运到工作毯上，使儿童熟悉它们。

【变化延伸】

1. 记忆练习。

2. 戴眼罩的练习。

3. 神秘袋的练习。

（九）构成三角形

【教具构成】构成三角形由6个盒子组成，包括长方形盒Ⅰ、长方形盒Ⅱ、三角形盒、小六边形盒、大六边形盒、蓝色三角形盒。

【适用年龄】3.5～4岁。

【教育目的】

构成三角形教具

1. 直接目的：认识几何图形的构成。

2. 间接目的：为平面几何学习做准备，为书写前练习做准备。

【提示形式】个人提示。

【提示过程】

1. 准备。

2. 基本操作。

长方形盒Ⅰ的练习

（1）介绍工作名称：长方形盒Ⅰ的练习。

（2）教师示范：

①取出三角形散放，按照颜色、形状、大小分类。请儿童分别进行感知。

②将同一颜色的三角形按黑色引导线合起来，分别合成正方形、长方形、平行四边形、菱形、梯形。

③各自进行三阶段教学：命名，辨别，发音。

④还原。

（3）请儿童练习。

（4）工作结束，收教具和工作毯。

长方形盒Ⅱ的练习

（1）介绍工作名称：长方形盒Ⅱ的练习。

（2）教师示范：

①取出三角形散放，按照形状、大小分类。请儿童分别进行感知。

②将它们按照黑色引导线合起来，分别呈正方形、长方形、菱形、梯形。

③将正方形旋转成平行四边形，再旋转回到正方形；将长方形旋转成平行四边形，再旋转回到长方形；将菱形旋转成菱形，再旋转回到菱形；将梯形旋转两次都是不规则图形，再旋转回到梯形。

④还原。

（3）请儿童练习。

（4）工作结束，收教具和工作毯。

三角形盒的练习

（1）介绍工作名称：三角形盒的练习。

（2）教师示范：

①取出三角形散放，按照颜色、形状、大小、数量分类。请儿童分别进行感知。

②将它们按照黑色引导线合起来，分别呈三角形。

③分别将绿色、黄色、红色3个三角形与灰色的三角形重叠比较，得出结论，一个大的三角形可以由2个、3个或4个小三角形构成。

④还原。

（3）请儿童练习。

（4）工作结束，收教具和工作毯。

小六边形盒的练习

（1）介绍工作名称：小六边形盒的练习。

（2）教师示范：

①取出三角形散放，按照颜色、形状、大小、数量分类。请儿童分别进行感知。

②将它们按照黑色引导线合起来，分别呈正六边形、菱形、梯形。

③先用黄色的三角形置换红色正六边形的三角形部分，然后还原；再分别用菱形、梯形置换不同部分，都依然是正六边形。通过置换来感知1/2、1/3的数量关系。

④还原。

（3）请儿童练习。

（4）工作结束，收教具和工作毯。

大六边形盒的练习

（1）介绍工作名称：大六边形盒的练习。

（2）教师示范：

①取出三角形散放，按照颜色、形状、大小、数量分类。请儿童分别进行感知。

②将它们按照黑色引导线合起来分别呈正六边形、三角形、菱形、平行四边形。

③将先前拼好的六边形中的黄色大三角形拿出，用黄色正三角形置换放入，6片黄色钝角等腰三角形则组成了一个大六边形；再用红色的菱形和灰色的平行四边形去置换。依次感知六边形的组合特点以及与正三角形、四边形（菱形）的关系。

④还原。

（3）请儿童练习。

（4）工作结束，收教具和工作毯。

【错误控制】以黑色引导线和视觉来订正。

【兴趣点】组合不同图形。

【注意事项】

1. 示范置换的过程要缓慢、清晰。

2. 盒子的示范是有顺序的，从第一盒到第五盒。

3. 只抚摸在组合时需要的引导线。

4. 需要竖向组合时，要从上到下滑合；需要横向组合时，要从左到右滑合。

【变化延伸】

1. 纸张练习：剪图形、制作小书。

2. 自由构图。

（十）二项式

【教具构成】木制正方体盒子，盒盖上有指示性图案，盒子里有1块红色的正方体（a^3）、3块红黑相间的长方体（$3a^2b$）、1块蓝色的正方体（b^3）、3块蓝黑相间的长方体（$3b^2a$），共8块，如图4-16所示。

【适用年龄】3.5岁以上。

【教育目的】

1. 直接目的：

（1）通过操作，学习分类。

（2）透过活动，观察立方体的内在结构。

2. 间接目的：

（1）数学心智的间接准备。

（2）提高儿童解决问题的能力。

【提示形式】个人提示。

【提示过程】

1. 准备。

2. 基本操作。

图4-16　二项式教具

（1）介绍工作名称：二项式的配对练习。

（2）教师示范：

①取下盒盖放在工作毯上，引导儿童注意盒盖上的指示性图案和立方体表面相同。

②依次取出上层立方体，方向不变，散放，并说出每块的颜色和形状。

③按颜色或大小分类。

④依照盒盖的提示还原，还原时，注意使2块立方体相连接面的颜色、大小一致。

⑤对比盒盖图案，订正，盖上盒盖。

（3）请儿童练习。

（4）工作结束，收教具和工作毯。

【错误控制】

1. 相邻立方体的颜色、大小的对应。

2. 每层立方体高度一致。

3. 依据盒盖的提示图案订正。

【兴趣点】

1. 颜色的变化。

2. 还原的过程。

【注意事项】还原时注意2块立方体相连接面的颜色、大小一致。

【变化延伸】

1. 在盒盖上搭建。

2. 在桌面上搭建。

3. 分割横切面、竖切面进行观察。

4. 颜色建构：先建构红色，再建构蓝色。

（十一）三项式

【教具构成】木制正方体盒子，盒盖上有指示性图案，盒子里有1块红色的正方体（a^3）、

3块红黑相间的长方体（$3a^2b$）、3块红黑相间的长方体（$3a^2c$）、1块蓝色的正方体（b^3）、3块蓝黑相间的长方体（$3b^2a$）、3块蓝黑相间的长方体（$3b^2c$）、1块黄色的正方体（c^3）、3块黄黑相间的长方体（$3c^2a$）、3块黄黑相间的长方体（$3c^2b$）、6块黑色的长方体（$6abc$），共27块，如图4-17所示。

【适用年龄】4岁以上。

【教育目的】

1. 直接目的：

（1）通过操作，加强儿童分类练习的能力。

（2）透过活动，观察立方体的内在结构。

2. 间接目的：

（1）数学心智的间接准备。

（2）提高儿童解决问题的能力。

【提示形式】个人提示。

【提示过程】

1. 准备。

2. 基本操作。

图4-17　三项式教具

（1）介绍工作名称：三项式的配对练习。

（2）教师示范：

①取下盒盖放在工作毯上，注意盒盖的图案和立方体表面相同，可做纵切、横切面观察，每一面的排列方式相同。

②依次取出三层立方体，方向不变，散放，并说出每块的颜色和形状。

③根据颜色分类，按照红、红黑相间，蓝、蓝黑相间，黄、黄黑相间，黑色的顺序摆放。依照盒盖的提示组合，按下层、中层、上层的顺序依次还原，还原过程中注意使两块立方体相连接面的颜色、大小一致。

④对比盒盖图案，订正，盖上盒盖。

（3）请儿童练习。

（4）工作结束，收教具和工作毯。

【错误控制】

1. 相邻立方体的颜色、大小的对应。

2. 每层立方体高度一致。

3. 依据盒盖的提示图案订正。

【兴趣点】

1. 盖子的顶部和立方体侧面的图案。

2. 2块立方体相连接面的颜色、大小一致。

【注意事项】还原时的顺序。

【变化延伸】

1. 在盒盖上搭建。

三项式代数
表达式

感觉教育教具
的视觉欣赏

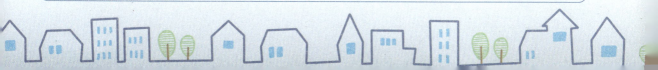

2. 在桌面上搭建。

3. 颜色建构：顺序依次是红色、蓝色、黄色、黑色。

4. 代数公式练习。

二、触觉教育

触觉是使人类与外部世界接触的一种感觉，训练儿童的触觉，能让他们迅速掌握周围事物的初步概念，消除对环境的陌生感觉，增强对环境的适应能力。蒙台梭利指出，"幼儿常常以触觉代替视觉或听觉"，因此触觉教育在其感官训练中是最主要的方面。触觉教育按其性质的不同，可以分为辨别物体光滑程度的触觉训练，辨别温度冷热的温度触觉训练，辨别物体轻重的重量触觉训练，辨别物体大小、长短、厚薄和形体的实体触觉训练等。

触觉教育练习示例

（一）触觉板

【教具构成】

1. 触觉板，如图 4-18 所示。

A 板：长条形木板。左半侧为粗糙的砂纸面，右半侧为木质的光滑面。

B 板：将相同粗糙程度的砂纸剪成条状，从左到右以光滑与粗糙间隔的方式排列。

C 板：分别将 5 块粗糙程度递进的砂纸截成条状，从左到右间隔排列。

D 板：木盒里有 5 对粗糙程度分五级递进的砂纸板。

2. 教师自制字卡："光滑""粗糙"。

【适用年龄】3 岁以上。

【教育目的】

1. 直接目的：物品触感的触觉感官发展。

2. 间接目的：

（1）轻轻碰触的肌肉控制。

（2）写字的间接准备。

图 4-18　触觉板

【提示形式】个人提示。

【提示过程】

1. 准备。

2. 基本操作。

触觉板的名称练习

（1）介绍工作名称：触觉板的名称练习。

（2）教师示范：

①A 板放在桌子上，粗糙的一边靠近儿童。

②左手稳固触觉板，右手四指从上往下轻轻抚过粗糙面多次，说出触摸的感觉："粗糙的，

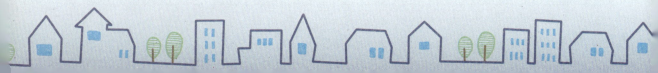

粗糙的,这是粗糙的"。同样轻轻抚过光滑面多次,说出触摸的感觉:"光滑的,光滑的,这是光滑的"。请儿童触摸感知。

③进行三阶段教学的辨别和发音,可配合字卡进行。

④B板放在桌子上,左手稳固触觉板,右手食指、中指并拢,从左向右以光滑、粗糙的顺序连续触摸粗糙板,感知强烈反差。

⑤C板放在桌子上,左手稳固触觉板,右手食指、中指并拢,从左向右连续轻轻触摸粗糙板,感知粗糙程度的递进变化,说出触摸的感觉:"越来越粗糙的"。

(3)请儿童练习。

(4)工作结束,收教具和工作毯。

触觉板的配对练习

(1)介绍工作名称:触觉板的配对练习。

(2)教师示范:

①D板放在桌子上,示范拿取的方法,摆好控制组和操作组。

②取控制组中的砂纸板进行感知,感知后放回。示意从操作组中找到和它一样粗糙的。将控制组的板拿到操作组进行比对,找到同样粗糙的之后一起拿回,说"它们是一样粗糙的"。依次将后几组做完。

(3)请儿童练习。

(4)工作结束,收教具和工作毯。

触觉板的序列练习

(1)介绍工作名称:触觉板的序列练习。

(2)教师示范:

①D板的一组5块散放在桌子上。

②取任意2块,用手指轻轻触摸感知粗糙程度,将较粗糙的放在左边,另1块放在右边;再取1块板与这2块比较,按顺序摆在相应的位置;依次完成剩余的2块板。

③找出最粗糙的和最光滑的,感知对比,进行名称的练习。

(3)请儿童练习。

(4)工作结束,收教具和工作毯。

【错误控制】视觉、触觉。

【兴趣点】新材料(砂纸板)的认识。

【注意事项】

1. 可以一次性将A、B、C板示范给儿童看,强化对概念的理解。

2. 在每块触觉板的背面贴上错误控制,同组的2块错误控制是一样的。

【变化延伸】

1. 利用周围环境练习。

2. 神秘袋练习。

（二）重量板

【教具构成】

1. 一个3分格的木盒中分别放有重量不同、自然颜色不同、尺寸相同的木板（松木板12克，桃木板18克，柳木板24克）各7块，共计21块，如图4-19所示。

2. 眼罩。

图4-19　重量板

【适用年龄】3～4岁。

【教育目的】

1. 直接目的：培养分辨轻重的感觉能力。

2. 间接目的：培养判断能力。

【提示形式】个人提示。

【提示过程】

1. 准备。

2. 基本操作。

重量板的配对练习

（1）介绍工作名称：重量板的配对练习。

（2）教师示范：

①示范拿取的方法，摆好控制组和操作组。

②先取控制组中的木板感知，感知后放回，边说边用手示意从操作组中找到和它一样重量的。将控制组的板拿到操作组进行比较，找到同样重量的之后一起拿回，用手示意，说"它们的重量是一样的"。依次将后几组做完。

③订正。

（3）请儿童练习。

（4）工作结束，收教具和工作毯。

重量板的名称练习

（1）介绍工作名称：重量板的名称练习。

（2）教师示范：

①取出重量不同的2块重量板放在工作毯上。

②左右手各拿一块轻轻掂量，比较重量后放下。用手示意重的一块，说"重的，重的，这是重的"，再示意轻的一块，说"轻的，轻的，这是轻的"。请儿童进行感知。

③进行三阶段名称教学的辨别和发音，可配合字卡进行。

④订正。

（3）请儿童练习。

（4）工作结束，收教具和工作毯。

重量板的序列练习

（1）介绍工作名称：重量板的序列练习。

（2）教师示范：

①将重量不同的三块板按顺序摆放好。

②取出对比最强烈的2块板，进行"重的"和"轻的"命名。取中间的1块与对比最强烈的2块板进行比较，命名它是"比较重的"。进行三阶段教学，命名"最重的""比较重的""最轻的"，辨别和发音。

③将木板散放，感知找出最重的、比较重的和最轻的。

④订正。

（3）请儿童练习。

（4）工作结束，收教具和工作毯。

【错误控制】依照木板的颜色订正。

【兴趣点】感知比较的过程。

【注意事项】可以在熟悉简单的操作后，逐步加大难度，直至最后把全部的重量板放在一起进行单手辨别重量的练习。

【变化延伸】

1. 戴眼罩的练习。

2. 延伸到生活中重量的比较。

（三）温觉板

【教具构成】

一个4分格的木盒中放置尺寸为5厘米×7厘米的钢板、大理石板、木板、毛毡各1对，如图4-20所示。

图4-20　温觉板

【适用年龄】3.5～5岁。

【教育目的】

1. 直接目的：

（1）增强辨别温度差异的能力。

（2）学习词汇："暖的""温的""凉的""冰的"。

2. 间接目的：培养判断力。

【提示形式】个人提示。

【提示过程】

1. 准备。

2. 基本操作。

温觉板的配对练习

（1）介绍工作名称：温觉板的配对练习。

（2）教师示范：

①示范拿取的方法，摆好控制组和操作组。

②先取控制组中的温觉板进行感知，感知后放回，边说边用手示意从操作组中找到和它一样温度的。将控制组的板拿到操作组进行比对，找到同样温度的之后一起拿回，用手示意，说"它们的温度是一样的"。依次将后面几组做完。

③订正。

（3）请儿童练习。

（4）工作结束，收教具和工作毯。

温觉板的名称练习

（1）介绍工作名称：温觉板的名称练习。

（2）教师示范：

①取出不同材质的2块温觉板（大理石板、钢板）放在工作毯上。

②感知后说"凉的，凉的，这是凉的"；再感知另一块，说"冰的，冰的，这是冰的"。请儿童进行感知。

③进行三阶段名称教学的辨别和发音，可配合字卡进行。

（3）请儿童练习。

（4）工作结束，收教具和工作毯。

温觉板的序列练习

（1）介绍工作名称：温觉板的序列练习。

（2）教师示范：

①取不同温度的温觉板各1块放在工作毯上。

②在分别感知物体表面温度后，按"暖、温、凉、冰"的顺序练习。

（3）请儿童练习。

（4）工作结束，收教具和工作毯。

【错误控制】触觉和视觉。

【兴趣点】不同材料的物品。

【注意事项】感知时的动作。

【变化延伸】

1. 温觉筒的练习。

2. 在生活中进行感知。

（四）实体认识袋

【教具构成】10种不同花样的布制袋子里，放着性质相同或者相异的各种实体物。

1号袋：10对小几何学立方体，分装于2袋中，如图4-21所示。

2号袋：实际生活中的硬币数对，分装于2袋中。

3号袋：富有变化的日常小物品数对，分装于2袋中。

4号袋：3种材质相同、大小不同的珠子各10个，

图4-21　1号袋

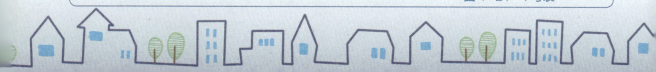

装于 1 袋中。

5 号袋：大小、质地相同，但形状不同的物品，如圆形、方形纽扣各数只，装于 1 袋中。

6 号袋：胡桃、核桃、树籽、栗子等各种树木果实，装于 1 袋中。

7 号袋：材质不同的小饰物，如木、竹、陶器、塑料、玻璃、金属、皮布等各 5 ~ 6 个，装于 1 袋中。

8 号袋：文具，如蜡笔、铅笔、钢笔、油笔、签字笔等各若干支，装于 1 袋中。

9 号袋：各种豆类，如花生、黄豆、黑豆、绿豆、饭豆、菜豆等各 20 ~ 30 粒，装于 1 袋中。

10 号袋：儿童熟悉的物品 10 ~ 15 种，装于神秘袋中。

【适用年龄】3 岁以上。

【教育目的】

1. 直接目的：锻炼以手的触觉辨别物体的能力。

2. 间接目的：实体感官的精细化，协助发展心智视觉能力。

【提示形式】个人提示。

【提示过程】

1. 准备。

2. 基本操作。

1 号袋：小几何学立方体的配对练习

（1）介绍工作名称 1 号袋：小几何学立方体的配对练习。

（2）教师示范：

①将两个 1 号袋放在工作毯上。

②闭上眼睛，伸手到一个袋子里拿出 1 个几何学立体放在工作毯上。然后闭着眼睛，从另一个袋子里找出和它相同的立方体。睁开眼睛，确定两个是否相同，并排放在一起。

③请儿童试着取出其余的立方体进行配对。

④练习结束时要把几何学立方体分成两袋装好。

（3）请儿童练习。

（4）工作结束，收教具和工作毯。

10 号袋：神秘袋的练习

（1）介绍工作名称：10 号袋：神秘袋的练习。

（2）教师示范：

①将手伸进神秘袋，边摸边说出该物品的触摸感觉，描述物品的特质。

②请儿童猜这个物品是什么，并进行命名。如果儿童不能命名，则进行三阶段教学。

各个年龄段幼儿探究能力的关键经验

③引导儿童通过触摸说出袋内物品的特质。

（3）请儿童练习。

（4）工作结束，收教具和工作毯。

【错误控制】触觉和视觉。

【兴趣点】袋子内的物品。

【注意事项】

1. 可购买到的基本是 1 号袋的物品，其他袋子的工作教师要灵活设计。

2. 实施时，要依据儿童的能力及兴趣增减物品的数量，必要时改变盛装物品的内容。

【变化延伸】可结合三部分卡进行配对认读。

三、听觉教育

听觉教育是锻炼儿童听声音，使他们能够辨别各种强弱的杂音，以便和音乐有所区别，进而对不协调的杂音产生反感。在蒙台梭利听觉教育中，听觉教育的专用教具很少，但在日常生活中可作为听觉教育的素材很多。在进行听觉教学时要选择安静的场所，尽量避免受其他因素的干扰。

听觉教育练习示例

听觉筒

【教具构成】

1. 2 个木盒中各装有 6 个圆筒，圆筒的盖子分别为红色和绿色，如图 4-22 所示。

2. 两色圆筒内所放的材料（如鹅卵石、沙子、黄豆、铁钉、大米、面粉等）是成对的。

【适用年龄】3~4 岁。

【教育目的】

1. 直接目的：培养辨别声音强弱的能力。

2. 间接目的：培养专注力。

【提示形式】个人提示。

【提示过程】

1. 准备。

2. 基本操作。

图 4-22　听觉筒

听觉筒的配对练习

（1）介绍工作名称：听觉筒的配对练习。

（2）教师示范：

①示范拿取的方法，摆好控制组和操作组。

②取出控制组中的一个听觉筒在耳边轻轻摇晃进行声音感知。将控制组的听觉筒拿到操作组进行比对，找到同样声音的之后一起拿回，用手示意，说"它们的声音是一样的"。依次将后面几组做完。

③订正。

（3）请儿童练习。

（4）工作结束，收教具和工作毯。

听觉筒的名称及序列练习

（1）介绍工作名称：听觉筒的名称及序列练习。

（2）教师示范：

①将听觉筒取出按声音强弱顺序摆放在工作毯上。

②取出声音对比最强烈的2个听觉筒进行感知，然后命名，用手示意，说"它的声音是强的"。再示意另一个，说"它的声音是弱的"。再从中间拿出一个听觉筒与对比最强烈的2个听觉筒进行感知比较，得出结论并用手示意，说"它的声音是比较强的，它的声音是最强的，它的声音是最弱的"。进行三阶段教学的辨别和发音。

③订正。

（3）请儿童练习。

（4）工作结束，收教具和工作毯。

【错误控制】

1. 听觉判断。

2. 由筒底的标记来判断。

【兴趣点】听觉筒里更换的不同材料。

【注意事项】先进行基本练习，再逐渐加大难度。

【变化延伸】

1. 收集能发出声音的物品，先请儿童看老师操作，然后儿童闭上眼睛，听声音进行辨别。

2. 播放自然界的声音、动物的声音、乐器的声音，让儿童来辨别。

3. 闭上眼睛，感知周围环境中的声音。

幼儿园分年龄音乐教育的表现目标（音色和力度部分）

四、味觉教育

味觉是新生儿最为发达的感觉，它具有保护生命的作用。味觉教育是训练用舌头来辨别各种味道。它伴随着多种刺激呈现复杂的不确定性，在进行味道识别前要漱口，以保证对味道的充分感受。

味觉教育练习示例

味觉瓶

【教具构成】

1. 4组瓶子，每瓶附1支滴管。一组瓶子底部为红色圆点标记并注上甜、咸、苦、酸，另一组为蓝色圆点标记并注上甜、咸、苦、酸，如图4-23所示。

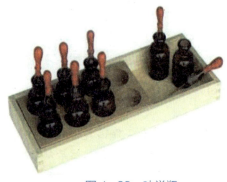

图 4-23　味觉瓶

2. 2个盛有温水的玻璃杯、2个小碗、2张餐巾纸上各放1把勺子、小水桶。

3. 教师自制字卡：甜、咸、苦、酸。

【适用年龄】3.5岁以上。

【教育目的】

1. 直接目的：发展味觉功能。

2. 间接目的：

（1）促进判断力的发展。

（2）学习相关词语。

【提示形式】个人提示。

【提示过程】

1. 准备。

2. 基本操作。

味觉瓶的配对练习

（1）介绍工作名称：味觉瓶的配对练习。

（2）教师示范：

①示范拿取的方法，摆好控制组和操作组。

②先取控制组中一瓶的进行品尝感知，然后用小碗里的水来涮勺子，涮后的水倒入小桶，用杯子里的水漱口，用手示意从操作组中找到和它一样味道的。将控制组拿到操作组进行感知比较，找到同样味道的之后一起拿回，用手示意，说"它们的味道是一样的"。依次将后面几组做完。

③订正。

④整理清洗教具。

（3）请儿童练习。

（4）工作结束，收教具和工作毯。

味觉瓶的名称练习

（1）介绍工作名称：味觉瓶的名称练习。

（2）教师示范：

①将味觉瓶一组取出放在工作毯上。

②拿一瓶进行品尝感知后，命名"酸的，酸的，这是酸的"，请儿童进行品尝感知。再依次感知，命名"甜的""苦的""咸的"等。

③进行三阶段名称教学的辨别和发音，可配合字卡进行。

④整理清洗教具。

（3）请儿童练习。

（4）工作结束，收教具和工作毯。

【错误控制】自身的味觉辨别能力和瓶底的记号。

【兴趣点】不同味道的体验。

【注意事项】准备的品尝材料必须是新鲜且符合健康标准的。

【变化延伸】

1. 在生活中品尝各种味道。

2. 同一种味道的不同程度。

3. 混合味道。

五、嗅觉教育

嗅觉教育是训练用鼻子来辨别各种不同气味的感觉，通过练习提高嗅觉的灵敏度。可以利用日常生活中的食物来进行训练。

嗅觉教育练习示例

嗅觉筒

【教具构成】

1. 嗅觉筒两组，每组各6瓶，如图4-24所示。

图4-24 嗅觉筒

2. 内容物事先准备。

3. 一组筒底为红色圆点标记并注上气味名称，一组为蓝色圆点标记并注上气味名称。

【适用年龄】3.5岁以上。

【教育目的】

1. 直接目的：辨别各种气味，促进嗅觉更加灵敏。

2. 间接目的：丰富生活经验，体验气味与味觉间的关联。

【提示形式】个人提示。

【提示过程】

1. 准备。

2. 基本操作。

嗅觉筒的配对练习

（1）介绍工作名称：嗅觉筒的配对练习。

（2）教师示范：

①示范拿取的方法，摆好控制组和操作组。

②先取控制组中的一个嗅觉筒，打开盖子放在鼻子下面，用手轻轻扇动，使气味飘到鼻子内以感知，用手示意从操作组中找到和它一样味道的。将控制组的拿到操作组进行感知比较，找到同样味道的之后一起拿回，用手示意，说"它们的味道是一样的"。依次将后面几组做完。

③订正。

④整理教具，拧紧盖子。

（3）请儿童练习。

（4）工作结束，收教具和工作毯。

嗅觉筒的名称练习

（1）介绍工作名称：嗅觉筒的名称练习。

（2）教师示范：

①将嗅觉筒取出 2 个不同气味的放在工作毯上。

②感知后，命名"香的，香的，这是香的"。再感知另一个，命名"臭的，臭的，这是臭的"。请儿童进行感知。

③进行三阶段名称教学的辨别和发音，可配合字卡进行。

④整理教具，拧紧盖子。

（3）请儿童练习。

（4）工作结束，收教具和工作毯。

【错误控制】自身的辨别能力和瓶底的记号。

【兴趣点】各种不同的味道。

【注意事项】

1. 禁止使用刺激性气味。

2. 使用正确嗅味道的方法。

3. 了解儿童是否对某种气味过敏。

【变化延伸】

1. 在日常生活中练习。

2. 把嗅觉筒藏在教室里，请儿童凭借嗅觉找出来。

⭐ **学习评价**

1. 解释蒙台梭利感觉教育的含义。

2. 结合实例说明蒙台梭利感觉教育的意义和目的。

3. 列表说明蒙台梭利感觉教育的内容及基本操作。

4. 试述蒙台梭利感觉教育的实施原则与指导方法。

5. 举例说明三阶段教学法。

6. 任选蒙台梭利感觉教育领域内容撰写工作展示页，并进行实操练习。

7. 根据感觉教育内容的划分，每部分自制一个教具并设计教学展示页，进行课堂展示。

阅读导航

考点聚焦

第五章　蒙台梭利数学教育

"课程思政"指引
关键词：科学精神　人文精神

 内容提要

　　本章介绍了蒙台梭利数学教育的含义、教育原则及指导方法、教育的内容，同时以蒙台梭利教学展示页的形式呈现了数学教育的部分教具操作范例。

 学习目标

1. 掌握蒙台梭利数学教育的含义、目的及意义。
2. 理解并掌握蒙台梭利数学教育的原则、指导方法及教育内容。
3. 学会并掌握蒙台梭利数学教育教具的操作。
4. 能进行蒙台梭利数学教育领域教具的自制或创制。

第一节　蒙台梭利数学教育概述

　　蒙台梭利认为，儿童觉得学习数学困难的原因，并不是数学抽象的问题，而是成人提供的方法错误所致。因此，儿童的数学教学，应当从头脑的感觉训练开始，这种准备建立在具体认识的基础之上，除了采用积极教学法外，它要求手不断活动，以移动教具并充分利用感官，还需要认真思考儿童心智对数学的特殊能力。蒙台梭利在日常生活教育和感觉教育的基础上，设计了大量的数学教育教具，以"活"的教材和"活"的教学方法，使枯燥的数学学习变成了有趣的活动，使儿童追求准确的倾向，通过努力以很多明显和自发的方式表现出来。当儿童离开教具后，顺理成章地希望把运算过程写在纸上，这样就从事了脑力劳动，使得儿童能够在生活中认识和学习数学。

一、蒙台梭利数学教育的含义、意义和目的

儿童出生后接触世界，感知周围事物的数、量、形，这就是他们的数学感性经验的基础。一般儿童在4岁前后会对数字、数量关系、排列顺序、数运算、形体特征等产生极大的兴趣，这预示着儿童"数学敏感期"的到来。如果能在这一时期对儿童进行良好的数学教育，就能为他们将来形成良好的数学品质打下很好的基础。蒙台梭利在其教育体系中，把数学教育作为用教具表现的五个中心内容之一，是非常具有革命性和创造性的。她提出数学教育要建立在感觉教育的基础上，设计了系统性的数学教育内容并配以教具，帮助儿童运用动作和表象进行运算，从而激发儿童学习数学的兴趣。

蒙台梭利数学教育是指儿童在教师的引导下，利用系统的教具结合整套的数学教育内容，通过自身的活动对客观世界中的数量关系及空间形式进行感知、观察、操作、发现，主动建构数学概念，形成数学能力的过程。蒙台梭利数学教育可以培养儿童对数学活动的兴趣，促进其探究欲的发展，并得到愉快的情绪体验，以此作为完美人格形成、发展的教育活动。

（一）蒙台梭利数学教育的意义和价值

蒙台梭利数学教学采用的素材都取自日常生活中的资源，它打破了一般传统的教儿童学习"数"的方法，而是使儿童经过一系列配对、序列、分类等感官方面的练习，从而建立起分析、整合的能力，进而具备了逻辑思考能力，它在激发和促进儿童"内在生命力"和"内在智慧潜能"方面具有重要的意义，具体体现在以下3个方面。

1. 蒙台梭利数学教育可以使儿童认识世界并适应生活

生活离不开数学，数学来源于生活。儿童自出生起就来到了拥有数量特征的物质世界之中，物体的多少、大小、形状等特征，使儿童随时都在体验着数、量、形的生活，他们就是在这种生活中获得了一些简单的数学经验。蒙台梭利数学教育就是通过提供教具的方式，把这些由浅入深的知识通过儿童的动手操作与探究，来逐步对其进行渗透，使他们掌握算术、代数、几何等方面的基础内容和实际意义并将之运用到实际生活之中，如儿童通过对自己身高的测量，感受成长的快乐；看到价格签上的数字，知道那是代表物品的价格。"关于0的教学"中，蒙台梭利认为，"与其说是记忆数字的练习，不如说是锤炼意志"，使儿童的"尊严和自豪占了上风"，以从容地态度去接受这个现实。正是在这样的学习中，儿童了解和认识世界、适应生活。

2. 蒙台梭利数学教育可以培养儿童数学学习兴趣和自信

培养儿童的数学学习兴趣与自信，是3~6岁阶段数学教育的重要价值体现。蒙台梭利认为，"早期童年的数学教育的价值在于帮助儿童建立牢固的数学基础，而这种基础的核心就是帮助他们避免在日后的数学学习中产生失败，避免在没有进入小学正规学习之前就得了'数学恐惧症'"。因此，在蒙台梭利数学教育中，儿童可以通过体验按自己的兴趣、意愿选择的学习内容和活动材料，自己确定活动方式，感知、观察和发现来获得成功、愉快与乐趣，而非被迫学习；还可以帮助儿童改善原来的学习方式，从而在未来的学习环境中，将能力发挥到极致。如对教具先根据颜色分组再按不同方式排列，最终按某种顺序将立方体和棱柱放置在盒内，从

而形成五颜六色的大立方体（a+b+c）^{3}的工作，形成各种物体安排的视觉印象，从而有助于对它们的数量和顺序的记忆。对于4岁幼童来说，其他教具没有如此巨大的魅力。因为蒙台梭利相信，没有一个人是由别人教育出来的，他必须自己教育自己，所以儿童通过蒙台梭利数学教育内容的体验表现出对数学的理解和兴趣，就会自发性地去尝试、去学习、去探究，最后达到意想不到的境界。

3. 蒙台梭利数学教育可以发展儿童思维能力和获得解决问题的能力

数学的抽象性和逻辑性，对发展儿童思维有着重要的意义。但数学的学习不能局限于对数学知识的学习上，而是要展开有利于儿童思维发展的过程，给儿童思维发展的空间，从而提高儿童在实际生活中解决问题的能力。蒙台梭利数学教育就是在对儿童进行数学教育时运用先直观后抽象的方式使儿童认识各种关系，并在教师的引导下通过数学教具的特性找到抽象的实质，使思维升级，顺应这种能力的发展，达成敏感期应该完成的目标，并在自己的努力下使智能的发育达到完美的状态。如"关于0的教学"中，如何使儿童明白"0就是什么都没有"的练习就是明证。蒙台梭利数学教育为培养和训练儿童思维的灵活性、敏捷性、深刻性和广阔性提供了理想的环境，有利于儿童获得解决问题的能力。

蒙台梭利数学教育的价值则体现在，蒙台梭利数学教育是利用日常生活中常见的素材和教具，以感觉教育为基础，使儿童透过个人的感觉器官，集中注意力，掌握那些抽象要素间的关系，然后运用感觉器官，以感觉教具的配对、序列、分类三种操作为基础，培养儿童对数学的逻辑思考。数学教育的实施还要借助于语言的指导，使儿童在生活中熟悉和掌握基础的数学概念。这种数学教育以"活"的教材和"活"的教学方法，加强儿童与成人之间的互动，从而使枯燥无味的数学学习变为一种有趣的活动，最终达到学习数学的目的，培养和发展数学心智。

（二）蒙台梭利数学教育的目的

蒙台梭利数学教育包括算术、代数、几何三部分的内容，在数学教育中运用教具的感官特征及内部规律，进行系统的引导以及算术教育中的计算和应用的概念分析与归纳；初步引入代数的基本概念和几何形体概念结合算术进行完整的数学教育的引导。蒙台梭利数学教育具有完备的体系及两大目的："一是直接目的，即透过幼儿期的生活经验，使儿童熟悉数量，认识逻辑性的数量概念，并且有系统地进行学习。二是间接目的，即培养儿童对整体文化的吸收、学习，以及形成人格时所需要的抽象力、想象力、理解力、判断力。更重要的是，要与蒙台梭利教育的整体方向'形成完美的人格'的大目标相联系，并正确地掌握。"[①]

二、蒙台梭利数学教育的原则及指导方法

蒙台梭利数学教育的目的与蒙台梭利教育的终极目的紧密相连，因此，在实施蒙台梭利数学教育时，就必须遵循一定的教育原则，并按照数学本身的规律与蒙台梭利数学教育的特点及教具原理采用一定的方法作为保障。

---

① 张红兵，秦勇，刘志超，等.数学教育理论与实践［M］.北京：北京理工大学出版社，2007：49-50.

（一）蒙台梭利数学教育的原则

1. 创设环境的原则

在数学教育中，创设有利于儿童数学学习的环境，是指导儿童学习数学的重要原则。这个环境应该是宽松、自由、有序的，儿童能够自主选择、独立操作。数学学习环境中除了专门设计的数学教具，还应充分利用在自然界中一切可利用的材料和物品，作为教具与材料来引发儿童学习数学的兴趣与动机，使儿童在日常生活中的自然状态下学习数学，使教学内容更容易被接受。

2. 科学系统的原则

在数学教育中，教师要把握数学这门学科的科学性，教学中要保证知识的精确性，不可将模糊不清的知识传授给儿童。教师的规范语言应以数学语言形式具体地表述出来，同时要遵循其严密的系统性，变抽象为直观，从简单到复杂，从低级到高级渐次地开展。

3. 直观性的原则

在数学教育中，儿童通过操作数学教具和材料，促使其具体的形象思维尽快向抽象的数学逻辑思维发展，通过直观教具将抽象的知识变得具体化、形象化。蒙台梭利设计的数学教具也体现了这一观点，儿童按照一定的顺序操作教具，便能逐步从具体的操作活动向抽象的数学逻辑运算过渡，从而促进儿童抽象逻辑思维的发展。

（二）蒙台梭利数学教育的指导方法

1. 不同的提示形态

要以儿童为中心决定教具的提示形态，可以是一对一的个人提示，也可以是小组提示。比如银行游戏等必须进行小组提示。

2. 三阶段教学法

在蒙台梭利数学教育中，采用三阶段教学法进行名称的练习，可以清晰地将抽象的数学名词与具体的数量结合，从而建立清晰的数学概念。"例如数字与筹码的工作，在摆完数字与筹码之后将奇数和偶数分成上下两排然后进行三阶段的名称练习。

第一阶段：1，3，5，7，9，这些单个没有朋友的是奇数。2，4，6，8，10，这些肩并肩有朋友的是偶数。

第二阶段：请你告诉老师哪些是奇数，哪些是偶数。

第三阶段：1，3，5，7，9是什么数，2，4，6，8，10是什么数。"[1]

3. 不同的错误订正

数学教具的错误功能并不一定在教具本身，它的错误订正一般以验算或订正板的形式体现，这就需要教师在工作示范时提示验算或订正的方法。

---

[1] 张红兵，秦勇，刘志超，等.数学教育理论与实践［M］.北京：北京理工大学出版社，2007：62.

三、蒙台梭利数学教育的内容

蒙台梭利数学教育遵循儿童的学习规律，先通过具体简单的实物使儿童动手操作，然后再进入由具体到抽象关系的内容，其内容自成体系，层次分明。具体内容见表5-1。

表5-1　蒙台梭利数学教育的内容

分类	教具名称	内容
数量概念的基本练习	数棒	以长度（连续量）教导1～10的量
	砂数字板	掌握1～10的数字（抽象符号）
	数棒和数字卡片	将数棒（具体的量）与数字（抽象符号）连接起来
	纺锤棒和纺锤棒箱	对应数棒的连续量，学习认识0
	0的游戏（取数游戏）	将具体物与0～9的数字连接起来
	数字与筹码	了解奇数与偶数
	使用数棒的基本练习	认识1～10的合成与分解
十进位法Ⅰ	金色串珠	认识1、10、100、1 000的十进位法的结构
	数字卡片	对应上述串珠（量）的数字及表示数字的位数
	串珠与数字卡片	将上述串珠（量）与数字卡片配合一致
十进位法Ⅱ	串珠交换游戏	加强练习理解十进位法
	加、减、乘、除（使用串珠）	加强练习认识十进位法及引导认识加、减、乘、除的概念
十进位法Ⅱ及并行练习	点的游戏练习纸	加强练习数字的位数及加法运算
	邮票游戏	加强练习数字的位数及加、减、乘、除运算
	接龙游戏	正确的数量与数词对应的练习
	彩色串珠棒	加强加法、乘法练习
连续数的名称与排列	塞根板Ⅰ	认识11～19的数
	塞根板Ⅱ	认识11～99的数
	100数字排列板	记忆0～100的数字排列
	100串珠链	用视觉来了解曲折过后的串珠棒仍代表100
	1 000串珠链	用视觉来了解1 000可做成10个上面那样的正方形，叠成立方体，与100串珠链做比较
初步平方、立方的导入	正方形彩色串珠	引导数的平方
	立方体彩色串珠	引导数的立方

续表

分类	教具名称	内容
通过记忆进行加法、减法、乘法、除法运算	加法组	练习 1 位数加 1 位数的加法练习
	乘法组	九九乘法的记忆
	减法组	进行个位数中最大的数 9 为减数，答案不超过 9 的问题
	除法组	练习九九乘法范围以内的基础除法
分数的导入	分数小人	认识 1 的合成与分解，分数小人与 1，1/2，1/3，1/4 的分数对应
	分数嵌板	认识 1 的合成与分解，分数嵌板与 1，1/2，…1/10 的分数对应
几何的导入	几何卡片与订正表	认识基本的图形、线、角度

第二节　蒙台梭利数学教育教具操作展示

蒙台梭利数学教育的经典教具数量相对较多，按照蒙台梭利数学教育内容划分，可将其教具操作分为数量概念的基本练习、十进位法、连续数的名称与排列、初步平方和立方的导入、通过记忆进行加减乘除运算、分数的导入、几何的导入等方面的基本练习。每一部分具体工作遵循由简到繁、由易到难的原则，分别呈现部分较为经典的蒙台梭利数学教育工作的操作流程及工作展示页。

蒙台梭利数学教具的呈现方式

一、数量概念的基本练习

数量概念的基本练习包括理解 10 以内的数与量，认识数量与数字的内容。具体而言，数量的练习首先借助数棒从长度来把握 1～10 的连续量，然后通过砂数字板的排序认识抽象符号的数字，将数字与数名一一对应，再通过数棒的量与数字卡片的数一一对应，并将具体的量与抽象的符号连接起来。其次通过纺锤棒箱从了解 0 的意义中把握数字的正确顺序，由数字与筹码的分类来帮助儿童明确奇数与偶数的不同。最后能够用数棒进行数的合成与分解。

> **数量概念练习示例**
>
> **（一）数棒**
>
> 【教具构成】木制长棒 10 根，自 2.5 厘米×2.5 厘米×100 厘米到 2.5 厘米×2.5 厘米×10 厘米，每根高度、宽度相同，长度逐个递减 10 厘米，为一维递减变化。木棒每隔 10 厘米

分别涂上红、蓝两色，红色部分表示奇数，蓝色部分表示偶数。最短棒代表 1 的量，最长棒代表 10 的量。数棒如图 5-1 所示。

【适用年龄】3 ~ 4.5 岁（有感官教具长棒的工作经验）。

图 5-1　数棒

【教育目的】

1. 直接目的：认识 1 ~ 10 的量。

2. 间接目的：导入数的概念，为学习十进位做准备。

【提示形式】小组提示或个人提示。

【提示过程】

1. 准备。

2. 基本操作。

（1）介绍工作名称：认识 1 ~ 3 的量。

（2）教师示范：

①用目测的方法，从散放的数棒中找出最长的。

②从左至右触摸感知数棒的长度，到终点要做出截断的动作。将数棒放在最上方，以此方法找出其余棒中最长的，按从长到短往下排序。

③拿起最短一根感知，边摸边发声"1"，"这是 1，你来摸一摸"。儿童触摸感知。然后感知数棒"2"，边摸边发声"2"，"这是 2，你来摸一摸"。儿童触摸感知。把数棒"2"放在数棒"1"的下边，左边对齐。进行数棒"3"的感知，把数棒"3"放到数棒"1"的上边，左边对齐并检查。

④把数棒"1"与每根逐色进行比对，感知每根数棒之间的颜色变化，最短的是数棒"1"，把"1"放回原位。

⑤用"三阶段教学法"进行"1""2""3"的量的认识。

⑥将认识的数棒归位。

（3）请儿童练习。

（4）工作结束，收教具和工作毯。

【错误控制】视觉订正。数棒排列后应形成一个红、蓝相间的阶梯形状。

【兴趣点】数棒红、蓝相间的颜色。

【注意事项】

1. 数棒在教具柜里必须以从左到右、从上到下、从长到短左端对齐的状态摆放。

2. 数棒在工作毯上也要将红色部分靠左端对齐放置。

3. 教师示范时应手、眼、口一致；抚摸数棒从左到右要连续触摸，中间不能停顿。

4. 认识 1 ~ 10 的量可分三次完成：第一次认识 1 ~ 3 的量；第二次复习 1 ~ 3 的量，认识 4 ~ 6 的量；第三次复习 1 ~ 6 的量，认识 7 ~ 10 的量。

【变化延伸】记忆练习。

（二）砂数字板

【教具构成】

1. 盒装砂数字板：10块绿色7厘米×9厘米的长方形木制板子分别用砂涂有数字0～9，放在木盒中。

2. 挂式砂数字板：绿色7厘米×85厘米的长条形木板用砂涂有数字0～9，挂在墙上。砂数字板如图5-2所示。

【适用年龄】3.5岁以上。

【教育目的】

1. 直接目的：

（1）认识0～9的数字并可正确认读。

（2）以书写数字时的正确笔顺触摸数字的形状。

2. 间接目的：

（1）为书写做准备。

（2）培养触觉及手部肌肉运动的控制力。

【提示形式】小组提示或个人提示。

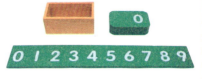

图5-2 砂数字板

【提示过程】

1. 准备。

2. 基本操作。

（1）介绍工作名称：认识数字1、2、3。

（2）教师示范：

①逐个拿取从1到3的数字板，反扣在工作毯上。

②感知1，命名说"1，1，这是数字1"。同样方法命名2和3，边描摹边读出数字。

③辨别、发音。

（3）请儿童练习。

（4）工作结束，收教具和工作毯。

【错误控制】砂数字的笔顺对照表。

【兴趣点】砂数字板上砂纸的触觉吸引。

【注意事项】

1. 所有砂数字触摸动作，都要按照书写数字时的正确笔顺进行。

2. 盒装砂数字板操作完毕后，再操作挂式砂数字板。

3. 两套砂数字板的字体必须一致。

4. 认识数字可分三次完成：第一次认识1、2、3；第二次复习1、2、3，认识4、5、6；第三次复习1、2、3、4、5、6，认识7、8、9、0，将0排到1的前面。

【变化延伸】

1. 在砂盘上用手指书写数字。

2. 拓印砂数字。

3. 做空心数字涂色的游戏。

4. 制作"数字小书"。

（三）纺锤棒与纺锤棒箱

【教具构成】

1. 盛有45根木制纺锤棒的小盒子。

2. 纺锤棒箱：两个样式相同的木箱各分为5格，格中按顺序印有数字，一个木箱上印有0~4；另一个是5~9。纺锤棒与纺锤棒箱如图5-3所示。

【适用年龄】4岁。

【教育目的】

1. 直接目的：

（1）学习数量与数字的配对。

（2）理解0的概念。

2. 间接目的：

（1）对应概念的培养。

（2）深化数字概念。

图5-3　纺锤棒与纺锤棒箱

【提示形式】小组提示或个人提示。

【提示过程】

1. 准备。

2. 基本操作。

（1）介绍工作名称：认识0的含义。

（2）教师示范：

①取教具，先拿装纺锤棒的盒子，再拿纺锤棒箱。

②请儿童读出箱内1~9的数字。

③教师指箱内的数字1，说"这是1"，取1根纺锤棒握在手心感知，然后用丝带系上放入对应数字的箱内。用同样方法示范到9，先看箱内数字，再铺好丝带，一根一根边取边数纺锤棒，感知数量的增加，最后用丝带将数好的纺锤棒系成捆，放入对应数字的箱内。

④引导儿童观察0的数字，提示"这是数字0，我们应该取0根纺锤棒"，从空的盒子里做抓的动作，再放到0的格子里。引导儿童观察0的格子里有几根纺锤棒。"0的格子里没有纺锤棒。0就是没有的意思。"

⑤从0~9数一遍。

⑥收教具，先收9根的，然后收8根、7根……1根，最后收0根。

（3）请儿童练习。

（4）工作结束，收教具和工作毯。

【错误控制】

1. 纺锤棒全部用完，没有不够或多余。

2. 教师的引导。

【兴趣点】纺锤棒与数字对应的过程及工作后的成就感。

【注意事项】

1. 进行此工作前，已有手、口一致点数的操作经验。

2. 每天必须检查纺锤棒是否有 45 根，不能多，也不能少。

3. 从盒里取棒时要点数，放进箱内前应做"集合"的动作。

【变化延伸】

1. 数字卡片与相应数量的纺锤棒的配对练习。

2. 纺锤棒与砂数字板的配对练习。

3. 认识相邻数。

（四）筹码与数字

【教具构成】

1. 圆形红色筹码 55 个，1 ~ 10 的数字卡片各 1 张，分别盛放于一个木盒的两格中。如图 5-4 所示。

2. 指示棒（或铅笔）1 根。

3. 数字卡片"奇数"和"偶数"各 5 张。

【适用年龄】4 岁。

【教育目的】

1. 直接目的：

（1）巩固数字 1 ~ 10 与相应数量相结合的概念。

（2）了解奇数、偶数的概念。

2. 间接目的：为跳数做准备。

【提示形式】小组提示或个人提示。

【提示过程】

1. 准备。

2. 基本操作。

图 5-4 筹码与数字

筹码与数字的对应

（1）介绍工作名称：筹码与数字的对应。

（2）教师示范：

①在盒中取数字卡片 1 ~ 10 放在工作毯上。

②数字卡片排好后，以右手食指点读写有 1 的数字卡片，将 1 个筹码取出放在手心，用右手捏住说"这是 1"，然后放在数字卡片 1 正下方。

③依此方法操作 2 ~ 10。在放 2 的筹码时，横向对齐，中间约留有一指宽的距离。在放 3 的筹码时，第 3 个筹码要另起一排，与上排的筹码垂直对齐。依此类推进行。

（3）请儿童练习。

（4）工作结束，收教具和工作毯。

认识奇数与偶数

（1）介绍工作名称：认识奇数与偶数。

（2）教师示范：

①将数字取出来散放。

②将数字按照1～10的顺序排列。

③复习数字1～10，再将对应筹码放于数字下。观察这些数字下的筹码有什么不同？指向数字1，说"数字1的筹码有1个，它没有朋友，数字2的筹码有2个，它们是朋友，数字3的筹码有1个没有朋友，数字4的筹码每一个都有朋友……"依此类推。所以，我们将1、3、5、7、9称为奇数，将2、4、6、8、10称为偶数。将对应的字卡放置于相应的数卡的正上方。

④辨别、发音。

⑤收教具，先收奇数数字，再收偶数数字，最后收筹码。

（3）请儿童练习。

（4）工作结束，收教具和工作毯。

【错误控制】

1. 筹码的量与数字相符，没有多余或不足。

2. 筹码有规律地排列。

【兴趣点】排列活动数字的乐趣。

【注意事项】

1. 应具有纺锤棒箱、砂数字板与数棒等实物对应的操作经验。

2. 排列筹码时，必须横向成双，依次下排，并注意间距。

【变化延伸】

1. 用数棒进行奇数、偶数的认识练习。

2. 数卡与实物对应，进行奇数、偶数的练习。

3. 纸张练习。

4. 做找朋友的游戏。

各个年龄阶段幼儿数与量的关键经验

二、十进位法及并行练习

在儿童掌握了数量的基本概念后，进入十进位法的学习。首先通过十进位法的串珠与数字卡片的导入学习，使儿童建立稳定、明确的十进位法的结构、位数概念；其次通过串珠交换游戏、银行游戏等进行应用十进位法的加、减、乘、除概念的学习，使儿童形成初步的加、减、乘、除概念，学会使用基本的运算符号；最后通过点的游戏、邮票游戏等进行大数目的计算练习，使儿童能由具体的算术教具过渡到抽象的算术教具的操作，同时通过大量的计算，巩固基础运算，学习验算，在接龙游戏中学会正确的数量与数字的对应。

十进位法及并行练习示例

（一）认识金色串珠

【教具构成】1 的金色串珠粒，10 的金色串珠棒，100 的金色串珠片，1 000 的金色串珠块。金色串珠如图 5-5 所示。

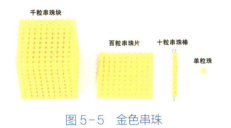

图 5-5 金色串珠

自制教具 100 的
金色串珠片

【适用年龄】4 岁。

【教育目的】

1. 直接目的：排列点数串珠。

2. 间接目的：建立 10 以上数的概念。

【提示方法】小组提示或个人提示。

【提示过程】

1. 准备。

2. 基本操作。

（1）介绍工作名称：金色串珠量的名称练习。

（2）教师示范：

①取 1 粒金色串珠，说"这是串珠粒，由 1 粒珠子组成，这是 1"。将其放在工作毯上。

②取 1 根金色串珠棒，说"这是 1 串 10"。以 1 粒珠子为参照，对比点数 1 粒 1、2 粒 1、3 粒 1……10 粒 1，1 根串珠棒由 10 粒 1 组成，这是 10，将其放在工作毯上 1 粒 1 的左边。

③取 1 片金色串珠片，说"这是 1 片 100"。以 1 串 10 为参照，对比点数 1 串 10、2 串 10、3 串 10……10 串 10，1 片金色串珠片由 10 串 10 组成，这是 100。将其放在工作毯上 1 串 10 的左边。

④同样方法介绍 1 000 的金色串珠块。

⑤三阶段教学法。

（3）请儿童练习。

（4）工作结束，收教具和工作毯。

【错误控制】金色串珠本身。

【兴趣点】金色串珠的颜色、形状的吸引。

【注意事项】不同珠子代表不同的量。

【变化延伸】

1. 利用触觉分辨不同的量。

2. 进行构图练习，可以涂色。

（二）数字卡片

【教具构成】1 ~ 9 000 的数字卡片，如图 5-6 所示。

图 5-6　1 ~ 9 000 的数字卡片

【适用年龄】4 岁。

【教育目的】

1. 直接目的：

（1）介绍 1 ~ 9 000 的数字符号。

（2）"0" 在不同的位置表现不同的价值。

2. 间接目的：四则运算的准备。

【提示形式】小组提示或个人提示。

【提示过程】

1. 准备。

2. 基本操作。

数字卡片演示（一）

（1）介绍工作名称：数字卡片演示。

（2）教师示范：

①将卡片取出摆好，这是 "1、10、100、1 000"。

②教师提示，"请看一下 10 里面有几个 0？" 儿童答 "1 个。""请看一下 100 里面有几个 0？""2 个。""请看一下 1 000 里面有几个 0？""3 个。"

③三阶段教学法。

（3）请儿童练习。

（4）工作结束，收教具和工作毯。

数字卡片演示（二）

（1）介绍工作名称：数字卡片演示。

（2）教师示范：

①将卡片取出摆好，"这是 1 ~ 9 000 的数字卡片"。

②复习，"这是几？" 儿童答 "10。""10 里面有几个 0？""1 个。" 依次进行 100 和 1 000 的复习。

③将数字卡片一一展开，边摆边读数，然后再读一遍。

④教师介绍个位数、十位数、百位数、千位数。请儿童听指令进行取数练习。

（3）请儿童练习。

（4）工作结束，收教具和工作毯。

【错误控制】数字卡片本身。

串珠与数字卡片

【兴趣点】"0" 在不同的位置表现不同的价值。

【注意事项】鼓励儿童反复练习。

【变化延伸】纸张练习。

（三）串珠交换游戏

【教具构成】

1. 金色珠：40粒单珠、40串串珠、40片片珠、9块块珠，分别装在相应的容器里，组成一个银行。

2. 大数字卡片1～9、10～90、100～900、1 000～9 000共4套，装在数字袋里，挂在银行的墙上。

【适用年龄】4～4.5岁。

【教育目的】

1. 直接目的：学习金色串珠的转换。

2. 间接目的：四则运算的准备。

【提示形式】小组提示或个人提示。

【提示过程】

1. 准备。

2. 基本操作。

（1）介绍工作名称：串珠交换游戏。

（2）教师示范：

①引导儿童拿空托盘到银行去取任意数量的金色串珠，把珠子端到工作毯上。

②从个位开始数，把单珠从上往下排成直线"1、2、3……9、10"。"满10了怎么办呢？"请儿童回答。"对，10粒珠可以换成一串珠。"请儿童拿一个空碗装上数过的10粒珠去银行换成一串珠。把儿童取回来的一串珠和大托盘里的串珠放在一起，继续数剩余的单珠，请儿童去取对应的数字卡片6。依此方法数和换10的串珠和100的片珠，将剩余的数完，并去取对应的数字卡片80、300、4 000。这样形成数量与数字的对应。

③进行数量与数字的合成，"老师拿来的金色串珠是4 386"。

④收教具，从大位数开始，先收金色串珠，再收卡片。

（3）请儿童练习。

（4）工作结束，收教具和工作毯。

【错误控制】教师的检查。

【兴趣点】银行换珠的过程。

【注意事项】已进行金色串珠的任意数量与数字的对应及操作的儿童。

【变化延伸】硬币的交换。

（四）串珠加法银行游戏

【教具构成】

1. 1的金色串珠粒、10的金色串珠棒、100的金色串珠片各30个以上；1 000的金色串珠块9个。1～9 000的大数字卡片1组、小数字卡片3组。大、小加号卡片各1张。如图5-7

所示。

2. 定位圆片：绿色 2 个、蓝色 1 个、红色 1 个。

3. 长、短红绳各 1 根。

4. 题卡、笔、托盘。

图 5-7 银行游戏教具

【适用年龄】4 岁以上。

【教育目的】

1. 直接目的：学会使用金色串珠组与大、小数字卡片进行加法运算。

2. 间接目的：为学习四则运算的进位和退位做准备。

【提示形式】小组提示。

【提示过程】

1. 准备。

2. 基本操作。

（1）介绍工作名称：不进位加法银行游戏。

（2）教师示范：

①将数字卡片和金色串珠分别排列在工作毯上。

②"取钱"与"钱数"定位。教师对 2 名儿童各说一个数，如 3 541、2 157，让他们各拿一个托盘取相应数量的小数字卡片，所取数字卡片经教师确认后，2 名儿童去银行"取钱"。取回后教师与儿童共同点数取回来的串珠组所代表的量，并按照定位圆片表示的位数摆放好。

③计算总数。提问，"你们一共取了多少钱呢？"将表示 3 541 和 2 157 的串珠从个位到千位一一推上去相接。然后将表示 3 541 的数字卡片推上去与 2 157 的数字卡片相接。取小加号放在数字卡片的左边，大加号放在金色串珠的左边。将长绳横放在金色串珠下面，短绳放在小数字卡片下面。从个位到千位分别点数每位串珠的总量为 5 698。取表示 5 698 的大数字卡片，将它叠放在长绳下面，与相应的串珠对齐，点读各位上的数字。将同样数字的小数字卡片拿到右边短绳下与上面每个数字对齐。

④教师总结银行游戏的内容。"一位小朋友取了 3 541 元钱，另一位取了 2 157 元钱。两人一共取了 5 698 元钱。"复述题目内容。

（3）请儿童练习。

（4）工作结束，收教具和工作毯。

【错误控制】

1. 数名、数字、数量相符。

2. 教师的检验。

进位加法银行游戏

【兴趣点】兑换和计算的过程。

【注意事项】

1. 取钱时要求使用礼貌用语。

2. 不要求儿童掌握专业术语，但教师教学时要使用专业术语。

【变化延伸】两个以上加数的银行游戏加法练习。

（五）串珠减法银行游戏

【教具构成】

1. 1的金色串珠粒、10的金色串珠棒、100的金色串珠片各30个以上；1 000的金色串珠块9个。

2. 1～9 000的大数字卡片1组，小数字卡片3组。

3. 定位圆片：绿色2个、蓝色1个、红色1个。

4. 长、短红绳各1根，大、小减号卡片各1张。

5. 题卡、笔、托盘。

【适用年龄】4.5岁以上。

【教育目的】

1. 直接目的：学会不借位、借位的减法运算，理解借位关系。

2. 间接目的：为心算做准备。

【提示形式】小组提示。

不借位减法银行游戏

【提示过程】

1. 准备。

2. 基本操作。

（1）介绍工作名称：借位减法银行游戏。

（2）教师示范：

①读题目卡取数字和串珠。以"826、359"为例，将取来的数字卡片和金色串珠按顺序排列在工作毯的定位圆片下。

②提示从826中拿走359的量，先从个位的6中拿走9，但个位上的量不够减，要从十位上借一个10，即从十位上拿一个串珠棒换成10粒串珠，排在个位的串珠下面，然后从中拿走9，并根据剩下的串珠数摆放小数字卡片7。

③用同样的方法操作十位上的串珠棒，然后拿走相应的数量，并在剩余的串珠下面摆上小数字卡片60。点数百位上剩余的串珠片，摆上小数字卡片400。

④边念等式边将数字卡片叠放，从826中减去359，结果差是467。读出等式826－359＝467，并写出答案。

（3）请儿童练习。

（4）工作结束，收教具和工作毯。

【错误控制】题卡背面标注正确答案。

【兴趣点】兑换和计算的过程。

【注意事项】减法的练习过程可以参照个位数的借位、十位数的借位、百位数的借位；十位数借位后结果是零的减法、百位数借位后结果是零的减法；被减数的个位数是零、被减数的十位数是零、被减数的百位数是零；被减数的个位和十位数是零、被减数的十位和百位数是零、被减数的个位、十位和百位数全是零的顺序逐步介绍给儿童。

【变化延伸】

1. 增加一个减数的减法。

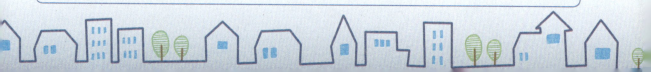

2. 加入验算的步骤，将减数与差相加等于被减数。

（六）串珠乘法银行游戏

【教具构成】

1. 与加法银行游戏相同的教具。

2. "×"号卡片、"＝"号卡片各1张。

3. 白色小型数字卡片（记录数使用）、记录纸、笔、托盘。

【适用年龄】4.5岁以上。

【教育目的】

1. 直接目的：通过乘法银行游戏，理解乘法概念。

2. 间接目的：为学习四则运算做准备。

【提示形式】小组提示。

【提示过程】

1. 准备。

2. 基本操作。

（1）介绍工作名称：乘法银行游戏。

（2）教师示范：

①参考不进位加法银行游戏，排列金色串珠与大小数字卡片。

②教师分别对3名儿童说一个相同的数，如3 121，并请他们"取钱"（先去取数字卡片，再拿着数字卡片去银行取钱）。

③钱数定位：教师确认托盘中的金色串珠与小数字卡片后，逐一整理3个托盘中串珠和数字卡片，串珠分别放在相应的定位圆片下，小数字卡片也按对应的顺序叠排在串珠的右边，3组串珠和数字卡片依次上下对齐，留有一定间距。

④计算总数。按照加法的操作方法计算出总数。将大数字卡片9 000、300、60、3组成9 363。

⑤乘法概念的引入。"这边有几组数字？它们都相同吗？每个数是多少？它们相加等于多少？"

⑥教师小结。相同的数是3 121，它们一共有3组。相同的数除了用加法算式表示外，还可以用乘法算式表示。

⑦取其中一组小字数卡片3 121和小数字卡片3排列乘法横式（用乘号相连接），然后摆"＝"号卡，最后取来大数字卡片9 363，放在"＝"号后面。小结：3 121×3＝9 363，它表示3个3 121相加，结果等于9 363。

⑧抄写并点读横式：3 121×3＝9 363。

（3）请儿童练习。

（4）工作结束，收教具和工作毯。

【错误控制】题卡背面标注正确答案。

【兴趣点】兑换和计算的过程。

【注意事项】

1. 应具备加法银行游戏的操作经验。

2. 活动过程中提示：相同的数相加可以用乘法运算。

【变化延伸】在日常生活中进行计算练习。

（七）串珠除法银行游戏

【教具构成】

1. 与加法银行游戏相同的教具。

2. 除号、等于号、表示余数的符号卡片各1张。

3. 白色小数字卡片2张（记除数和余数用）。

【适用年龄】4.5岁以上。

【教育目的】

1. 直接目的：了解除法的意义。

2. 间接目的：为学习四则运算做准备。

【提示形式】小组提示。

【提示过程】

1. 准备。

2. 基本操作。

（1）介绍工作名称：除法银行游戏。

（2）教师示范：

①以9 363为例，做整除银行游戏。

②将与数字对应的大数字卡片排列在工作毯中间，并取相应的串珠表示数字卡片上的数字，将其摆放在大数字卡片左侧。请3名儿童参加活动，说"有9 363元钱，计算一下它能不能平均分给你们3个人"。

③从千位开始，将串珠逐一分到3名儿童的托盘中。每分一次就请儿童观察并回答，每个人所得的串珠数目是不是相等，并及时巩固平均分配的概念，"每个人的串珠是一样多的吗？是平均分配吗？"分完后，请3名儿童各自点数托盘中珠子的数量，每人所分得的串珠的数量均是3 121，并取相应的小数字卡片来表示。

④将3名儿童所取的小数字卡片排放在工作毯中间的大数字卡片下方，稍留间距，排成一横排。请儿童观察并回答问题后，教师逐步进行操作。

⑤点读并抄写横式：9 363 ÷ 3 = 3 121。

（3）请儿童练习。

（4）工作结束，收教具和工作毯。

【错误控制】题卡背面标注正确答案。

【兴趣点】兑换和计算的过程。

【注意事项】分配串珠时，要按除法运算规则从千位开始。

【变化延伸】在日常生活中进行计算练习。

（八）点的游戏

【教具构成】

1. 点的游戏练习纸，如图5-8所示。

点的游戏

10 000	1 000	100	10	1	

图5-8　点的游戏练习纸

2. 绿、蓝、红、黑色铅笔。

3. 大数目的加法题签，可分为多组相加，最多5组，背面标有答案。

【适用年龄】4.5岁以上（已完成邮票游戏加法的儿童）。

【教育目的】

1. 直接目的：学习大数目加法的运算方法，加强十进位的概念。

2. 间接目的：培养秩序性。

【提示形式】小组提示或个别提示。

【提示过程】

1. 准备。

2. 基本操作。

（1）介绍工作名称：点的游戏。

（2）教师示范：

①介绍练习纸的使用方法，选择题签，如39 356＋34 375＋12 803＝。

②用绿笔在数字1栏涂上绿色；用蓝笔在数字10栏涂上蓝色；用红笔在数字100栏上涂红色；用绿笔在数字1 000栏涂上绿色；用蓝笔在数字10 000栏涂上蓝色。

③用绿色、蓝色、红色铅笔在练习纸上抄题。

④指导儿童点第一组数字39 356。从个位开始，在10×10的小格栏里，从左到右、从上到下用铅笔按数字画点。

个位是6，用绿笔在1的10×10的小格栏里点6个点。

十位是5，用蓝笔在10的10×10的小格栏里点5个点。

百位是3，用红笔在100的10×10的小格栏里点3个点。

千位是9，用绿笔在1 000的10×10的小格栏里点9个点。

万位是3，用蓝笔在10 000的10×10的小格栏里点3个点。

在各位数的最后一个点下，用黑笔打个"/"，不要打在空格上。

不留空格，依照点第一组数字的方法，开始点后两组数字 34 375 和 12 803。

⑤指导儿童用黑笔在 1 的位数栏里划直线，把点满点的那列消掉，用蓝笔在 10 的位数栏第 3 栏上，对着上面第 2 列小格画个点表示进位。继续数 1 位上的绿点是 4 点，在第 4 栏用绿笔写上 4。依此方法进行另外几位的进位和写数。

⑥用绿、蓝、红铅笔在练习纸上竖式的答案栏里写上答案：86 534，并在练习纸上写横式 39 356＋34 375＋12 803＝86 534。

⑦用题签背面的正确答案进行订正。

（3）请儿童练习。

（4）工作结束，收教具和工作毯。

【错误控制】题卡背面标注正确答案。

【兴趣点】点点的过程。

【注意事项】鼓励儿童反复操作。

（九）加法邮票游戏

【教具构成】

1. 邮票游戏木盒：大小一样、颜色不同的邮票筹码，绿色 1 的邮票筹码 40 个，蓝色 10 的邮票筹码 30 个，红色 100 的邮票筹码 30 个，绿色 1 000 的邮票筹码 9 个。绿色、蓝色、红色定位圆片各 3 个；绿色、蓝色、红色小人各 9 个。如图 5-9 所示。

图 5-9　邮票游戏木盒

2. 贴有绿色（1）、蓝色（10）、红色（100）、绿色（1 000）标记的大小一样的操作盒 4 个。

3. 金色串珠 1 粒 1、1 串 10、1 片 100、1 块 1 000。

4. 题卡，练习纸张，绿色、蓝色、红色的铅笔，长 150 厘米的红绸带，四个加、减、乘、除运算符号。

5. 邮票游戏专用工作毯。

【适用年龄】4 岁以上（已完成加法银行游戏的儿童）。

【教育目的】

1. 直接目的：

（1）学习加法的运算方法。

（2）感知加法的概念。

2. 间接目的：

（1）强化位数概念。

（2）学习乘法的准备。

【提示形式】小组提示或个别提示。

【提示过程】

1. 准备。

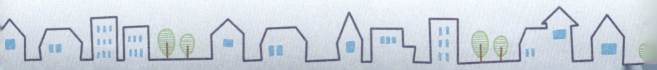

2. 基本操作。

（1）介绍工作名称：不进位加法邮票游戏。

（2）教师示范：

①选取题签：1 642＋3 157＝，抄写在练习纸上。

②铺开专用工作毯，从左往右在上面的小格里依次摆上1粒珠、1串珠、1片珠、1块珠，并在金色串珠下面放上相应的定位圆片。

③从邮票木盒中取第一组数字筹码到4个操作盒里：一边用手指着数字，一边念"1 000"取1个1 000的筹码到1 000的操作盒里，"600"取6个100的筹码到100的操作盒里，"40"取4个10的筹码到10的操作盒里，"2"取2个1的筹码到1的操作盒里。把操作盒按工作毯上的错误控制放在相应位置上，然后把盒里面的筹码沿各个位数的错误控制线从上往下的顺序摆放。每位数的第一个筹码要水平对齐。用同样的办法取和摆放第2组数字筹码。摆放时和第一组筹码的最下面一个间隔一定距离。

④在第2组筹码的下方拉上红绸带，放上"+"号、"="号。

⑤把2组筹码按位数合在一起，移到红绸带下面。从个位数开始数，并把答案4 799写在练习纸上。

⑥把答案与题签背面的正确答案进行对照验证。

⑦收教具，先将筹码收回操作盒，再收回邮票游戏木盒。

（3）请儿童练习。

（4）工作结束，收教具和工作毯。

【错误控制】

1. 数名、数字、数量相符。

2. 教师的检验。

【兴趣点】兑换和计算的过程。

【注意事项】操作练习前，先教儿童背诵口诀：加法就是合，减法就是分，乘法就是连续加，除法就是平均分。

【变化延伸】可引用生活中不同的场景。

（十）减法邮票游戏

【教具构成】同加法邮票游戏。

【适用年龄】4岁以上（已完成减法银行游戏的儿童）。

【教育目的】

1. 直接目的：

（1）学习减法的运算方法。

（2）感知减法的概念。

2. 间接目的：

（1）强化位数概念。

（2）除法的准备。

【提示形式】小组提示或个别提示。

【提示过程】

1. 准备。

2. 基本操作。

（1）介绍工作名称：不借位减法邮票游戏。

（2）教师示范：

①选取题签：3 768－2 457＝，定位及第1组筹码的摆放过程参考不进位加法邮票游戏。

②因为是减法，不用取第2组数字筹码，把4个操作盒按位数放在相应的位置上。在操作盒的下方拉上红绸带，放上"－"号、"＝"号。

③把从个位数去掉的7个1的筹码放到1的操作盒里；把余下的1个1的筹码移到红绸带的下方。把从十位数去掉的5个10的筹码放到10的操作盒里；把余下1个10的筹码移到红绸带的下方。把从百位数去掉的4个100的筹码放到100的操作盒里；把余下的3个100的筹码移到红绸带的下方。把从千位数去掉的2个1 000的筹码放到1 000的操作盒里；把余下的1个1 000的筹码移到红绸带的下方。把4个操作盒移到一边。

④从个位数起数筹码，并把答案写在练习纸上，答案是1 311。

⑤把答案与题签背面的正确答案进行对照验证。

⑥收工作：先将筹码收回操作盒，再收回邮票游戏木盒。

（3）请儿童练习。

（4）工作结束，收教具和工作毯。

【错误控制】题卡背面标注正确答案。

【兴趣点】兑换和计算的过程。

【注意事项】操作练习前，先教儿童背诵口诀：加法就是合，减法就是分，乘法就是连续加，除法就是平均分。

【变化延伸】可引用生活中不同的场景。

（十一）乘法邮票游戏

【教具构成】同加法邮票游戏。

【适用年龄】4岁以上（已完成加法邮票游戏的儿童）。

【教育目的】

1. 直接目的：感知乘法的概念。

2. 间接目的：强化位数概念。

【提示形式】小组提示或个别提示。

【提示过程】

1. 准备。

2. 基本操作。

（1）介绍工作名称：乘法邮票游戏。

（2）教师示范：

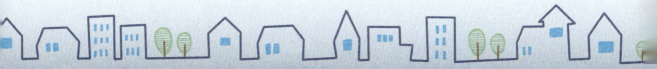

①选取题签：3 121×3＝，定位及 3 组筹码的摆放过程，参考不进位加法邮票游戏。

②在第 3 组筹码的下方拉上红绸带，放上"＝"号（乘法是连续的加法，在操作的竖式上不能放"×"号）。

③把 3 组筹码按位数合在一起，移到红绸带下面。从个位数开始数，并把答案 9 363 写在练习纸上。

④把答案与题签背面的正确答案进行对照验证。

⑤收教具，先将筹码收回操作盒，再收回邮票游戏木盒。

（3）请儿童练习。

（4）工作结束，收教具和工作毯。

【错误控制】题卡背面标注正确答案。

【兴趣点】计算的过程。

【注意事项】操作练习前，先教儿童背诵口诀：加法就是合，减法就是分，乘法就是连续加，除法就是平均分。

【变化延伸】可引用生活中不同的场景。

（十二）除法邮票游戏

【教具构成】同加法邮票游戏。

【适用年龄】4 岁以上（已完成加法邮票游戏的儿童）。

【教育目的】

1. 直接目的：感知除法的概念。

2. 间接目的：强化位数概念。

【提示形式】小组提示或个别提示。

【提示过程】

1. 准备。

2. 基本操作。

（1）介绍工作名称：除法邮票游戏。

（2）教师示范：

①选取题签：3 723÷3＝，定位及筹码的摆放过程，参考不进位加法邮票游戏。

②在最下面筹码的下方拉上红绸带，放上"＝"号。

③因为除法是平均分，3 723÷3 就是把 3 723 平均分成 3 份，需取 3 个邮票游戏专用盘放在工作毯上。

④从最大位数开始分，把 3 个 1 000 的筹码分给 3 个盒子，每个盒子分得 1 个 1 000（每个盒子里的筹码按位数排列）。把 7 个 100 的筹码分给 3 个盒子，每个分得 2 个 100，还剩 1 个 100 没法分，就去换成 10 个 10 的筹码，把换回来的 10 个 10 的筹码和原有的 10 的筹码放在一起。把 12 个 10 的筹码分给 3 个盒子，每个分得 4 个 10 的筹码。把 3 个 1 的筹码分给 3 个盒子，每个分得 1 个 1 的筹码。

⑤检查每个盒子里的筹码是否一致，如一致，就把答案写在练习纸上，答案为 1 241。

⑥把答案与题签背面的正确答案进行对照验证。

⑦收教具，先将筹码收回操作盒，再收回邮票游戏木盒。

（3）请儿童练习。

（4）工作结束，收教具和工作毯。

【错误控制】题卡背面标注正确答案。

【兴趣点】计算的过程。

【注意事项】操作练习前，先教儿童背诵口诀：加法就是合，减法就是分，乘法就是连续加，除法就是平均分。

【变化延伸】可引用生活中不同的场景。

（十三）金色蛇游戏

【教具构成】

1. 1～9的彩色串珠棒1组、表示5的彩色串珠棒1根。

2. 金色串珠棒5根。

3. 金黄色卡纸制成金蛇1条，蛇身写有合10的横式：$1+9+2+8+3+7+4+6+5+5=$。

4. 数珠片、笔。

【适用年龄】5岁以上。

【教育目的】

1. 直接目的

（1）强化练习10的合成。

（2）学习等量交换。

2. 间接目的：为加法运算做准备。

【提示形式】小组提示或个人提示。

【提示过程】

1. 准备。

2. 基本操作。

（1）介绍工作名称：金色蛇游戏。

（2）教师示范：

①彩色串珠棒以1～9的顺序排列成倒金字塔形，另取彩色串珠棒5放在金字塔下边。

②出示金色蛇10的横式说"这是合10金色蛇"。读横式$1+9$、$2+8$，连续读后稍停顿，继续按此方法读完，以便儿童听清每组连加而成的金色蛇。

③取彩色串珠棒放在金色蛇下方，与其数字一一对应，连成一排。用数珠片从左往右数数，每数到10就置换成1根金色串珠棒，置换下的彩色串珠棒放在左下方，逐一将彩色串珠棒用金色串珠棒全部置换。置换结束后，点数并回答有几根金色串珠棒，表示多少。

④验算。将金色串珠棒10垂直排列在左边，1和9、2和8、3和7、4和6、5和5的彩色串珠棒垂直合放在金色串珠棒10的右边。点数确认是否每组都合成10。

⑤抄写记录金色蛇合10横式，并填写得数。

⑥将彩色串珠棒先整理成金字塔形后，再逐一放回盒中。

（3）请儿童练习。

（4）工作结束，收教具和工作毯。

【错误控制】每2根彩色串珠棒合起来的量与1根金色串珠棒的量相等。

【兴趣点】置换的过程。

【注意事项】用金色串珠棒置换彩色串珠棒前，切点彩色串珠棒的数珠片作为标记不要取下，应先取金色串珠棒放在要置换的彩色串珠棒下，再分别取下数珠片和彩色串珠棒。

【变化延伸】

1. 在记录纸上抄写蛇形横式，并填写得数。

2. 将组成"蛇"的各组数字变换位置进行练习。

彩色蛇游戏

三、连续数的名称与排列

通过塞根板、100数字排列板等教具，使儿童逐步熟悉100以内的连续数的名称和具体排列；通过100串珠链和1 000串珠链来进一步学习和巩固连续数的概念，并了解倍数。

连续数的名称与排列练习示例

（一）塞根板Ⅰ

【教具构成】

1. 塞根板第一盒：两块12厘米×41厘米的木板各分隔成五格，每一格都印有数字10，只有第二块板的最后一格空着。9块数字板，上面印有数字1～9，大小要能插进间隔中。如图5-10所示。

2. 9根金色串珠棒10、彩色串珠1～9。

3. 数字卡片1～10各1张。

【适用年龄】4岁以上。

【教育目的】

1. 直接目的：正确进行11～19的名称练习以及把握连续数的排列。

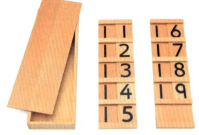

图5-10　塞根板Ⅰ

2. 间接目的：了解数字10与个位数的关系。

【提示形式】个人提示或小组提示。

【提示过程】

1. 准备。

2. 基本操作。

塞根板Ⅰ的11～19的数字构成

（1）介绍工作名称：塞根板Ⅰ的11～19的数字构成。

（2）教师示范：

①介绍教具，放到工作毯上，取出1～9数字板放在工作毯右边并排列整齐。

②手按边框，描摹10，说"10，10，这是10"。教师取数字板1，轻轻插入第一块塞根板的第一格，叠在0上面，清晰地说"11，10和1组成11"，请儿童跟读并描摹。以下同此方法，认识12～15的构成。

③教师以相同的方式将数字板6～9插入第二块塞根板，进行16～19的名称练习。

④三阶段教学法：命名、辨别、发音。

（3）请儿童练习。

（4）工作结束，收教具和工作毯。

塞根板Ⅰ的11～19的数字与数量的对应

（1）介绍工作名称：塞根板Ⅰ的11～19的数字与数量的对应。

（2）教师示范：

①介绍教具，复习塞根板数字11～19的认识。

②点指数字11，说"数字11，我们取1个串珠棒10，1个串珠1"，示意数字说"这是数字11"，再示意串珠说"这是数字11的量"。依此办法，往下进行量的对应。

（3）请儿童练习。

（4）工作结束，收教具和工作毯。

【错误控制】数字与数量的对应。

【兴趣点】塞根板本身的构成。

【注意事项】

1. 如果感到儿童一次对应11～19的数字和数量有困难，可分2组进行11～15和16～19的练习。

2. 数字的读法引入。

【变化延伸】可进行认数、写数、数字记忆练习。

（二）塞根板Ⅱ

【教具构成】

1. 塞根板第二盒：2块12厘米×41厘米的木板各分隔成五格，每一格印有数字，依顺序为10～50和60～90，只有第二块板的最后一格空着。9块数字板，上面印有数字1～9，大小要能插进间隔中。如图5-11所示。

2. 45根金色串珠棒10、9粒金色串珠1。

【适用年龄】4岁以上。

【教育目的】

1. 直接目的：

（1）了解10～19、20～29、30～39……90～99。

图5-11 塞根板Ⅱ

（2）学习量与代表数量的符号（数字）的一致性。

2. 间接目的：体会连续数的顺序关系。

【提示形式】个人提示或小组提示。

【提示过程】

1. 准备。

2. 基本操作。

塞根板Ⅱ的练习：认识数字 20、30、40、50

（1）介绍工作名称：认识数字 20、30、40、50。

（2）教师示范：

①复习 10 的认识。

②手按边框，描摹 20，说"20，20，这是 20"，请儿童跟读。依此方法认识 30、40 和 50。

塞根板Ⅱ的练习：认识 20 到 30 的数字

③辨别、发音。

（3）请儿童练习。

（4）工作结束，收教具和工作毯。

塞根板Ⅱ的数字与数量的对应

（1）介绍工作名称：塞根板Ⅱ的数字与数量的对应。

（2）教师示范：

①介绍教具，复习塞根板 11、22、33、44、55 的认识。

②点指数字 11，说"数字 11，我们取 1 根串珠棒 10，1 粒串珠 1；数字 22，我们取 2 根串珠棒 10，1 粒串珠 2……"，依此办法，往下进行量的对应。示意数字 11 说："这是数字 11"，再示意串珠说"这是数字 11 的量"。示意数字 22 说"这是数字 22"，再示意串珠说"这是数字22 的量"。依此办法，往下进行量的对应。

（3）请儿童练习。

（4）工作结束，收教具和工作毯。

【错误控制】数字与数量的对应关系。

【兴趣点】塞根板本身的构成和数字变换组合的过程。

【注意事项】

1. 操作的要点在 19 ～ 20、29 ～ 30、39 ～ 40……

2. 通过组合明确位数概念（板上不能活动的是十位数，能插上的是个位数）。

3. 通过组合数来明确量的守恒，如 30 与 8 合在一起与 38 是等量的。

【变化延伸】

1. 随意写个数字在塞根板上拼出来。

2. 纸上练习。

3. 分段数数、连续数数、接龙数数。

（三）100 数字排列板

【教具构成】

1. 100 数字排列板上有 10×10 个方格，左上端印有数字 1。

2. 订正板：印有数字 1～100 的表。

3. 印有 1～100 数字的木片，大小可以放入数字板上的方格中，每 10 个一组分别盛放。100 数字排列板教具构成如图 5-12 所示。

图 5-12　1～100 数字排列板

【适用年龄】4 岁以上。

【教育目的】

1. 直接目的：

（1）学习数字的顺序关系。

（2）发现数字排列的规律。

2. 间接目的：

（1）理解连续数排列概念。

（2）加强对数字的灵活运用。

【提示形式】个人提示或小组提示。

【提示过程】

1. 准备。

2. 基本操作。

（1）介绍工作名称：1～100 的排列。

（2）教师示范：

①介绍教具，示意 1～10 的数字木片，说"我们将它们按照 1～10 的顺序排列起来"。然后逐次按顺序排到 100 板的方格上，边摆边读出数字。依此办法，排列 11～20、21～30、31～40……91～100。

②使用订正板进行订正。

（3）请儿童练习。

（4）工作结束，收教具和工作毯。

【错误控制】订正板。

【兴趣点】数字木片及排列过程。

【注意事项】整理数字片 1～100 时，将其放入写有相应数字区域的小盒内。

【变化延伸】

1. 数字的消除。

2. 数字的填空。

3. 奇、偶数的排列。

4. 对角线的排列。

5. 倒数的练习。

（四）100 串珠链

【教具构成】

1. 10 根金色串珠棒结成链形，成为一条 100 的串珠链；100 串珠板 1 片。如图 5-13 所示。

2. 指示标签 1 套：标有 1～9 的绿色箭头标签（最窄），标有 10～90 的蓝色箭头标签（两倍宽），标有 100 的红色箭头标签（三倍宽）。

3. 数珠片 1 个。

【适用年龄】4 岁以上（完成塞根板和数字排列工作的儿童）。

图 5-13　100 串珠链

【教育目的】

1. 直接目的：熟悉 1～100 连续数，感知 10 与 100 的关系。

2. 间接目的：倍数、平方概念的引入。

【提示形式】小组提示或个人提示。

【提示过程】

1. 准备。

2. 基本操作。

（1）介绍工作名称：100 串珠链。

（2）教师示范：

①将 100 串珠链垂直拉开摆放在工作毯上，将 100 串珠板摆放在其上方。将 100 串珠链推折成方形后，把 100 串珠板叠放在上面进行比对，是一样大的。把 100 串珠板拿回原位，指其说"这是 100"，再指向 100 串珠链推折成的方形，说"这也是 100"。

②将 100 串珠链重新垂直拉开。用数珠片开始数到 9，每个串珠右边放一个绿色指示标签；继续数，从 10 开始用蓝色标签，10、20……90；数最后一根串珠棒到 100，放红色标签。

③从指示标签 10 开始数有几串 10，1 串 10、2 串 10……10 串 10，10 串 10 等于 1 片 100。问"有多少个 10？"答"10 个 10。"教师总结 10 个 10 是表示 10 被重复了 10 次，$10 \times 10 = 100$。

④收教具，先收指示标签，再收其他物品。

（3）请儿童练习。

（4）工作结束，收教具和工作毯。

【错误控制】指示标签上的数字与数量的对应。

【兴趣点】串珠链的长度及推折成串珠板的过程。

【注意事项】

1. 注意强调 99 后面是 100。

2. 注意示范使用指示标签的过程。

【变化延伸】随意指出一个串珠，请儿童根据指示标签的区间说出数量，并能摆出对应的指示标签。

四、初步平方、立方的导入

在学习了100串珠链和1 000串珠链的基础上，引导儿童学习1的平方至10的平方和1的立方至10的立方的彩色串珠链的使用方法。通过以1的平方、立方为单位计数，加强对连续数的掌握，同时通过摆放指示标签，渗透学习倍数概念和平方、立方的概念，为儿童以后学习乘法，背诵乘法口诀做准备，为间接地认识几何学奠定基础。

初步平方、立方的导入

（一）平方链

【教具构成】

1. 平方架上摆放：1～10的平方链；1～10的平方珠片。如图5-14所示。

2. 1～10平方链的指示标签（与平方链颜色对应）、1～10的平方珠片（第1个数下面画单珠，第2个数下面画串珠，答数下面画片珠）、数珠片。

【适用年龄】6岁以上。

【教育目的】

1. 直接目的：

（1）加强连续数的练习。

（2）感知数量与正方形的关系。

图5-14　1～10的平方链

2. 间接目的：进一步了解乘法。

【提示形式】小组提示或个别提示。

【提示过程】

1. 准备。

2. 基本操作。

（1）介绍工作名称：平方链。

（2）教师示范：

①介绍平方架上的材料，说明材料之间的关系，并用1～10的平方珠片建塔。

②以6为例，取来6的串珠链及相应的珠片、指示标签和数珠片。

③把6的平方链拉成直线，拿出6的平方珠片，示意说"我们来比一比，它们是不是一样的？"把6的平方链折合成正方形，与6的平方珠片相比，发现是一样的。"它们是多少呢？我们来数一数。"

④数到6时，在6的珠下放1个表示串珠总量的紫色指示标签，接着往下数，数到12、18……30时，也放上对应的量的紫色指示标签，数到36时，放上1个表示串珠总量的紫色指示标签。"这条链子和这个珠片是一样的，都是36。"在链子最后的那颗珠子上放上平方珠片。

⑤出示平方卡片，指着图画说"一共有6粒珠，连成1串珠。一共有6串珠，形成1片珠.

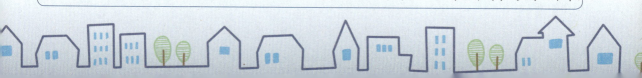

或 1 条链。这片珠和这条珠都有 36 粒。用数字表示就是 6×6＝36。"

⑥教师总结。"每条边一样长的面积叫正方形，正方形也叫'平方'；这个正方形的每条边有 6 粒珠，所以叫 6 的平方珠片。这条链和这片珠是一样的，所以叫 6 的平方链，都是 6 的平方。"

⑦"一个边长是几的正方形也叫几的平方。""6 的平方链共有多少粒珠？ 6 的平方珠片共有多少粒珠？"这样反复练习直至儿童理解。

⑧收教具，先收指示标签，再收其他物品。

（3）请儿童练习。

（4）工作结束，收教具和工作毯。

【错误控制】指示标签上的数字与数量的对应。

【兴趣点】教具本身的变化。

【注意事项】练习应从 10 的平方（100 链）进入，其次是 5 的平方，1 的平方放在最后面。

【变化延伸】结合操作练习，背诵乘法口诀。

（二）立方链

【教具构成】

1. 1～10 的立方珠架上摆放：1～10 的立方珠块各 1 块；1～10 的立方珠链（为立方珠块的竖向分解）；1～10 的立方珠片（为立方珠块的横向分解）。如图 5-15 所示。

2. 1～10 的立方指示标签（与立方链颜色对应）、1～10 的立方珠片（第 1 个数下面画单珠，第 2 个数下面画串珠，第 3 个数下面画片珠，答数下面画珠块）、1～10 的平方链、数珠片。

【适用年龄】6 岁以上。

【教育目的】

1. 直接目的

（1）加强连续数的练习。

（2）感知数量与正方体之间的关系。

2. 间接目的：进一步了解乘法。

【提示形式】小组提示或个别提示。

【提示过程】

1. 准备。

2. 基本操作。

图 5-15　立方珠架

（1）介绍工作名称：立方链。

（2）教师示范：

①介绍立方架上的材料，说明材料之间的关系，用 1～10 的立方珠块建塔，并与平方珠片的塔进行比较。

②以 4 为例，取来 4 的立方链及相应的珠块、珠片和平方链、指示标签、数珠片。

③把 4 的立方链拉直，拿出 4 的平方链和 1 片 4 的珠片，说"我们来比一比，它们是不是

一样的？"把4的立方链拉直"这是4的立方链。"取来4的平方链"这是4的平方链，我们来比一比，数一数，这里有几个4的平方链？"比1个4的平方链长度，就放上1块4的平方珠片。"这条链子一共有4个4的平方链长，也就是有4个4的平方珠片。"把4个4的平方珠片叠合成正方体，与4的立方珠块进行比较，发现两者是一样的，也就是4的立方链和4的立方珠块是一样的。"它们是多少呢？我们可以数一数。"

④数到4时，在4的珠下放1个表示串珠总量的黄色指示标签，接着往下数，数到8、12……60时，也放上对应的量的黄色指示标签。每数到16、32、48、64时，放上1个表示是平方珠片（4的平方链）的总量的黄色指示标签，并放上1个4的平方珠片。数到64时，放上1个表示立方珠块的总量的黄色指示标签，并在立方链最后的那颗珠子上放上1个4的立方珠片。"这条立方链和这个立方珠块是一样的，这个立方珠块也是64。"在4的立方珠片上放上立方珠块。

⑤出示立方卡片，指着图画说"一共有4粒珠，连成1串珠。一共有4串珠，形成1片珠。一共有4片珠，组成1块珠。这块珠有64粒珠。用数字表示就是4×4×4＝64。"

⑥教师总结。"每条边一样长的体积叫正方体，正方体也叫'立方体'；这个正方体的每条边有4粒珠，所以叫4的立方珠块。这条链和这块珠是一样的，所以叫4的立方链，都是4的立方。"

⑦"一个边长是几的正方体也叫几的立方体。""4的立方链共有多少粒珠？4的立方珠块共有多少粒珠？"这样反复练习直至儿童理解。

⑧收教具，先收指示标签，再收其他物品。

（3）请儿童练习。

（4）工作结束，收教具和工作毯。

【错误控制】指示标签上的数字与数量的对应。

【兴趣点】教具本身的变化。

【注意事项】练习应从10的立方（1000链）进入，其次是5的立方，最后是1的立方。

【变化延伸】结合操作练习，背诵乘法口诀。

五、通过记忆进行加法、减法、乘法、除法

通过加、减、乘、除法板的教具练习，儿童可以熟悉加、减、乘、除的计算方法，并进一步理解加法、减法、乘法、除法的意义。通过应用订正表、问题集，逐步过渡到抽象计算，学会验算的方法。

通过记忆进行加法、减法、乘法、除法的练习示例

（一）加法板

【教具构成】

1. 加法板：在30厘米×42厘米的板上分成横18格、纵12格、直径2厘米的蓝色方格，格上方印有数字1～18，1～10数字为红色，11～18数字为蓝色，在10与11中间有一条红

色提示线，如图 5-16 所示。

2. 定规尺：分别印有数字 1～9 的木制数字条，称为蓝色（被加数）和红色（加数）定规尺。

3. 订正板。

4. 题卡（背面有答案）、铅笔和橡皮。

【适用年龄】5 岁以上（完成十进位法及并行练习的儿童）。

图 5-16　加法板

【教育目的】

1. 直接目的：熟练使用加法板，正确书写加法算式。

2. 间接目的：加法算式的记忆及规律的总结。

【提示形式】小组提示。

【提示过程】

1. 准备。

2. 基本操作。

（1）介绍工作名称：加法板。

（2）教师示范：

①取出题卡后读题，理解题的意思。

②以"6＋3＝"为例，取蓝色定规尺 6 放到加法板数字 1 下方的方格内，再取红色定规尺 3 放到加法板蓝色定规尺 6 的右边，看红色定规尺末端上方的数字是 9，将结果 9 记录下来。

③订正。

（3）请儿童练习。

（4）工作结束，收教具和工作毯。

【错误控制】订正板和教师引导。

【兴趣点】计算的过程。

【注意事项】红蓝定规尺的摆放顺序。

【变化延伸】

1. 连加法的练习并记录算式。

2. 加法表的使用。

3. 加法蛇和串珠心算加法的练习。

（二）减法板

【教具构成】

1. 减法板：在 30 厘米×42 厘米的板上分成横 18 格、纵 12 格、直径 2 厘米的红色方格，格上方印有数字 1～18，1～9 数字为蓝色，10～18 数字为红色，在 9 与 10 中间有一条蓝色提示线。如图 5-17 所示。

图 5-17　减法板

2. 定规尺：

定规尺 a：分别印有数字 1～9 的木制数字条，称为蓝色（减数）和红色定规尺。

定规尺b：宽2厘米的原色木条，1～18称为原木定规尺。

3. 题卡（背面有答案）、铅笔和橡皮。

【适用年龄】6岁以上（完成加法练习的儿童）。

【教育目的】

1. 直接目的：熟练使用减法板，正确书写减法算式。

2. 间接目的：减法算式的记忆。

【提示形式】小组提示。

【提示过程】

1. 准备。

2. 基本操作。

（1）介绍工作名称：减法板。

（2）教师示范：

①取出题卡后读题，理解题的意思。

②以"12－7="为例，取原木定规尺将减法板上12后的数字盖住，"－7"取蓝色定规尺7，放在原木定规尺下方的前面，我们看蓝色定规尺前面上方的数字是5，再取红色定规尺5，我们看红色定规尺末端上方的数字是5，将结果5记录下来。

③订正。

（3）请儿童练习。

（4）工作结束，收教具和工作毯。

【错误控制】订正板和教师引导。

【兴趣点】计算的过程。

【注意事项】定规尺的摆放顺序。

【变化延伸】

1. 整套减法板的使用。

2. 减法表的使用。

3. 减法蛇和减法心算的练习。

（三）乘法板

【教具构成】

1. 乘法板：自然色木板上有纵横各10排，共100个圆穴。上方印有1～10的数字（代表乘数）。左端上方有一个稍大的圆穴，放红色小圆标识（指示乘法回数）。在左侧中央有一圆孔，由侧面插入数字卡片，从圆孔中可以看到数字。如图5-18所示。

图5-18　乘法板

2. 订正板：分Ⅰ、Ⅱ 2块。大小都是20厘米×42厘米。Ⅰ是1×1＝1到10×10＝100的全部乘法一览表；Ⅱ是Ⅰ的左下半部内容的一览表，答案都是红色。

3. 内装100个红色珠子的小盒，数字卡片（被乘数）1～10。

4. 题卡（背面有答案）、铅笔和橡皮。

【适用年龄】6岁以上。

【教育目的】

1. 直接目的：能够用乘法板进行乘法运算，理解乘法的含义。

2. 间接目的：导入乘法心算。

【提示形式】小组提示。

【提示过程】

1. 准备。

2. 基本操作。

（1）介绍工作名称：乘法板。

（2）教师示范：

①取出题卡后读题，理解题的意思。

②以"5×3＝"为例，指读5并取数字卡片5插进乘法板左侧圆穴里，"×3"即将定位圆片放在乘法板数字3的上面。"5×3"的意思是将5重复取3次，从小盒中取红色珠子5颗，放在板上。重复取一次，再重复取一次，"我们看一共有多少颗珠子"。将结果15记录下来。所以5×3＝15。

③用乘法板订正。

（3）请儿童练习。

（4）工作结束，收教具和工作毯。

【错误控制】订正板。

【兴趣点】教具本身及工作的乐趣。

【注意事项】

1. 被乘数、乘数、积等术语不必向儿童解释。

2. 红色珠子要保管好。

【变化延伸】

1. 整套乘法板的使用。

2. 乘法表的使用。

3. 乘法心算的练习。

（四）除法板

【教具构成】

1. 除法板：自然色的木板上纵、横各印1～9的黑色数字。横排的数字下有一列较大的圆穴做放绿色小人之用，又配合纵横各个数字的位置有81个小圆穴。绿色小人9个，81颗圆形绿色珠子。如图5-19所示。

图5-19 除法板

2. 题卡（背面有答案）、铅笔和橡皮。

【适用年龄】6岁以上（完成乘法练习的儿童）。

【教育目的】

1. 直接目的：能够用除法板进行整除运算，理解平均分。

2. 间接目的：理解除法的概念。

【提示形式】小组提示。

【提示过程】

1. 准备。

2. 基本操作。

（1）介绍工作名称：除法板。

（2）教师示范：

①取出题卡后读题，理解题的意思。

②以"9÷3="为例，指读9并取9颗珠子放到小碗里，"÷3"则取3个绿色除法小人逐一放到除法板的圆穴里。"9÷3"的意思是将9颗珠子平均分给3个除法小人，逐一分到碗中没有珠子。将结果3记录下来。所以9÷3＝3。

③订正。

（3）请儿童练习。

（4）工作结束，收教具和工作毯。

【错误控制】订正板。

【兴趣点】除法板本身的吸引。

【注意事项】珠子平均分的过程。

【变化延伸】

1. 整套除法板的使用。

2. 除法表的使用。

3. 除法心算的练习。

六、分数的导入

通过分数教具，可以使儿童了解一个整体的分解和组合，了解分数的概念和分数的表示方法，为更深入的学习做准备。

分数的导入练习示例

（一）分数小人

【教具构成】4个木制小人嵌放在一个木底座上，其中1个为整体，其余3个被分割成2等份、3等份、4等份。如图5-20所示。

图5-20 分数小人

【适用年龄】4岁以上。

【教育目的】

1. 直接目的：学习一个整体的分解与合成。

2. 间接目的：进入分数的预备。

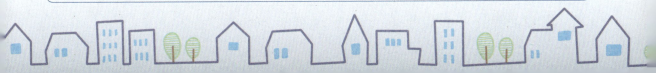

【提示形式】小组提示。

【提示过程】

1. 准备。

2. 基本操作。

（1）介绍工作名称：分数小人的感官认识。

（2）教师示范：

①取出整体小人，双手自上而下触摸感知，命名"这是一个完整的分数小人，也是1"。请儿童触摸感知。

②取出分成2等份的小人，感知整体，"这是一个完整的分数小人，现在把它平均分成2份"，将2个1/2慢慢分开，分别感知，将2个底面对应比较，介绍"1被平均分成了2份，每一份叫作1/2"。请儿童触摸比较2个1/2是一样大的。"2个1/2小人合起来是1个完整的小人，也是1。"与完整的小人比较。依此方法介绍1/3和1/4，分别感知、命名和比较。

③教师使用三阶段教学法巩固对于名称的记忆，并请儿童感知1/2、1/3、1/4分数小人。

④将分数小人散放，请儿童找出每个小人的各个部分组合成完整的小人。

⑤订正。

（3）请儿童练习。

（4）工作结束，收教具和工作毯。

【错误控制】1/2、1/3、1/4各个侧面的颜色。

【兴趣点】分数小人的形状及组合的过程。

【注意事项】适合已完成构成三角形操作练习的儿童。

【变化延伸】

1. 分数嵌板的练习。

2. 生活中练习。

（二）分数嵌板

【教具构成】分数嵌板：1～10等份分割的10个圆，分2组嵌在铁制的框内。其中1个是未分割的圆，其他的是2等份至10等份，分别代表1、1/2、1/3……1/10的分数。如图5-21所示。

【适用年龄】4岁以上。

图5-21　分数嵌板

【教育目的】

1. 直接目的：进一步理解平均的概念。

2. 间接目的：为学习分数的抽象概念做准备。

【提示形式】小组提示。

【提示过程】

1. 准备。

2. 基本操作。

（1）介绍工作名称：认识分数嵌板。

（2）教师示范：

①从第一组开始学习,通过触摸来感知每块分数嵌板(1～1/5)的边缘来了解不同分数嵌板的形状和差别,并依次命名。

②使用三阶段教学法巩固对于名称的记忆,并请儿童感知。

③将2个1/2圆拼合在一起成为一个圆形,之后是1/3、1/4、1/5圆的拼合。

④订正。

(3)请儿童练习。

(4)工作结束,收教具和工作毯。

【错误控制】圆的外框。

【兴趣点】拼合的过程。

【注意事项】使儿童充分体会拼合的过程。

【变化延伸】

1. 将1、1/2、1/3、1/4、1/5……1/10的分数嵌板与数字卡片配对。

2. 描摹1、1/2、1/3、1/4、1/5……1/10的分数符号。

3. 在生活中练习。

七、几何的导入

通过几何卡片与订正表来认识基本的图形、线、角度等,在学习的过程中要注意内容的连贯性,以培养儿童对几何的逻辑思考与抽象的能力,为学习抽象的几何概念做准备。同时,在学习几何名称的过程中遇到一些困难的词汇,需要配合语言教育来增强记忆。

几何的导入练习示例

几何卡片

【教具构成】

1. 图形卡片:边长为14厘米的正方形卡片,共6大类,由3个系列组成。

(1)第一系列:整组图形的系列一张一张连成长条卡片,并将卡片按序号排列。在第二、第三系列的图形提示时使用。

(2)第二系列:每一张图形卡片都有名称,每组用纸封套包装。

(3)第三系列:与第二系列卡片成对,名称在另外的卡片上,每组用纸封套包装。

几何卡片目录

2. 名称卡片:长为14厘米、宽为2.5厘米的长方形卡片。

3. 纸封套:长为38厘米、宽为27厘米带有折线的长方形。

【适用年龄】5岁以上。

【教育目的】

1. 直接目的:结合名称与图形,熟悉与几何学相关的各种名称。

2. 间接目的:为学习抽象的几何概念做准备。

【提示形式】小组提示。

【提示过程】

1. 准备。

2. 基本操作。

（1）介绍工作名称：几何卡片。

（2）教师示范：

①将以边区分三角形的构成图形卡片按顺序摆放在工作毯上。

②展示第二系列的卡片，以三阶段教学法来进行命名、辨别和发音。

③取出对应的第三系列的卡片，逐一辨认并与第二系列的卡片配对。可对感兴趣的儿童，结合卡片上的图形，引导他们认识表示图形名称的汉字。

（3）请儿童练习。

（4）工作结束，收教具和工作毯。

【错误控制】订正卡片。

【兴趣点】对图形变化和不同名称的兴趣。

【注意事项】

1. 一次介绍的卡片数量要适当。

2. 订正卡片要与图形完全吻合。

【变化延伸】

1. 附有名称的图形卡片（第二系列卡片）的练习可增加语言量。

2. 图形卡片和名称卡片（第三系列卡片）的名称练习。

3. 使用第二系列和第三系列卡片的配对操作。

各个年龄阶段幼儿图形与空间的关键经验

 学习评价

1. 解释蒙台梭利数学教育的含义。

2. 结合实例说明蒙台梭利数学教育的意义和目的。

3. 列表说明蒙台梭利数学教育的内容。

4. 试述对各部分数学教育内容之间关系的理解。

5. 试述蒙台梭利数学教育的实施原则与指导方法。

6. 任选蒙台梭利数学教育领域内容撰写工作展示页，并进行实操练习。

7. 根据数学教育内容的划分，每部分自制一个教具并设计教学展示页，进行课堂展示。

阅读导航

考点聚焦

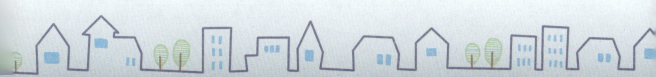

第六章　蒙台梭利语言教育

"课程思政"指引

关键词：科学精神　人文精神

 内容提要

　　本章介绍了蒙台梭利语言教育的含义、教育原则及指导方法、教育的内容，同时以蒙台梭利教学展示页的形式呈现了语言教育的部分教具操作范例。

 学习目标

1. 掌握蒙台梭利语言教育的含义、目的及意义。
2. 理解并掌握蒙台梭利语言教育的原则、指导方法及教育内容。
3. 学会并掌握经典的蒙台梭利语言教育教具的操作。
4. 能结合儿童身心发展需求进行蒙台梭利语言领域教具的自制或创制。

第一节　蒙台梭利语言教育概述

　　蒙台梭利认为："语言是促使人类进步最有力的工具，语言教育是帮助儿童使用正确的语言表达自己的思想，是影响儿童未来发展的最大动力，儿童的语言不是双亲传给的，是出生后从环境中学来的，是以自我学习、自我形式发展的。"婴幼儿时期是其语言发展的敏感期。婴幼儿语言的发展是在无意识的状态下进行的，是儿童心理发展的重要组成部分。儿童语言的发展需要儿童具有健全的大脑和功能完整的语言器官，并且在良好适宜的语言环境中进行，否则错过语言发展的敏感期就无法弥补。

一、蒙台梭利语言教育的含义、意义和目的

　　蒙台梭利认为，儿童语言上的缺陷和不完善，一方面是由于先天原因造成的生理性缺陷，

如先天性耳聋等；另一方面主要是由于后天原因造成的功能性缺陷，如在儿童语言敏感期内，因为听不到正确的发音、完整的语言，或是由不好的发音习惯造成的言语缺陷。所以，儿童语言发展需要在儿童具有健全的大脑与言语器官的前提下，在适宜的语言环境中不断地形成和完善①。蒙台梭利语言教育就是教师为儿童在语言敏感期内创设适宜儿童语言发展的听、说、读、写等萌芽及能力提升的系列活动与过程。蒙台梭利特别提出教师要为儿童创设适宜的语言环境，适宜的语言环境包括充满正确的语音、字形、语义的活动空间，激发儿童想要表达、参与表达的平等的语言心理氛围等。

（一）蒙台梭利语言教育的意义和价值

蒙台梭利提出儿童在 0 ~ 6 岁时期是语言发展的"敏感期"，其中 0 ~ 3 岁是无意识语言建构阶段、2.5 岁或 3 ~ 6 岁是有意识语言追求完美阶段。0 ~ 3 岁儿童凭借先天对外界语言环境的敏感性吸收人类语言发音、文字及文法等②。1.5 ~ 2 岁儿童进入单字、双字发音阶段，2 岁后出现大量短小句子。比如，2 岁前儿童看到马路上的汽车，说"车"代表汽车。2 岁后儿童语言逐渐丰富，出现"汽车""一个（辆）汽车"。2.5 ~ 3 岁幼儿语言并非爆发式增长，而是从语言的音、字、词、句方面持续渐进地发展。3 岁前儿童语言是在环境中潜移默化地"习得"。3 ~ 6 岁儿童语言是在有意识关注外在环境的变化后，不断修正和丰富自身语言素养，一直到 6 岁左右，儿童掌握上千个词汇的发音和简单用法。就语言听、说、读、写等不同载体，可将儿童具体语言敏感期划分为：听的敏感期（0 ~ 6 岁）、口语敏感期（0 ~ 6 岁）、书写敏感期（3.5 ~ 4.5 岁）、阅读敏感期（4.5 ~ 5.5 岁）。儿童每个语言敏感期都有对语言发展不同的关注点和兴趣点，根据儿童语言发展的敏感期来实施语言教育意义重大。

1. 蒙台梭利语言教育促进儿童语言和行为的社会化进程

蒙台梭利语言教育根本任务是促进儿童语言运用能力发展，使儿童能用语言与周围人交换信息，在言语交流中获得许多体验和感受，情感、态度、习惯、行为等与社会规范逐渐靠近，并能学会自我约束，养成习惯。语言教育活动为儿童提供了感知、体会、理解和记忆的机会，在这个过程中儿童不断地吸收和积累，逐渐地把他人的语言转化并用来表达自己的情感和思想，对他人行为施加影响，进行各种交往，促进其语言和行为社会化进程。

2. 蒙台梭利语言教育促进儿童学习能力和认知能力的发展

儿童在吸收语言和语言输出的过程中，想要把话语表达得正确、清楚、完整和连贯，需要感知、记忆、思维、想象过程的积极参与。这个过程有助于提高儿童思维和想象能力，有助于儿童学习能力的发展。

儿童的语言教育不是独立的活动，在日常生活、感觉、数学、科学文化等教育中也同样融合着语言学习与运用。在这些教育活动中，语言发展能促进其认知能力发展，提高学习能力。

---

① 陈丽君.蒙台梭利幼儿语言教育［M］.上海：第二军医大学出版社，2004：4.
② 吴晓丹.蒙台梭利教育思想与方法［M］.上海：复旦大学出版社，2011：159-160.

3. 蒙台梭利语言教育促进儿童学习兴趣以及完善人格的发展

随着语言的丰富、语言技能的提高，儿童学习和运用语言的兴趣也会随之增加，会主动、自信地找寻机会去学习语言，学习和尝试更多、更新的言语技巧，从而使语言的潜能得到充分发挥，这对儿童一生的发展都会有积极的影响和作用。同时，儿童通过语言教育学会如何接收他人的信息，并运用语言正确表达自己的意图，从而建构起良好的沟通能力，这有助于其人际关系的发展及自信心的建立，从而促进儿童完善人格的发展[1]。

（二）蒙台梭利语言教育的目的

蒙台梭利语言教育的目的主要是以促进儿童的语言发展为根本，以激发儿童言语交流的意识，促进儿童听、说、读、写等语言技能的形成和发展，强化儿童语言运用过程中的情感、态度协调发展的整合体系。具体而言，蒙台梭利语言教育的直接目的在于增强儿童对语言的学习兴趣，促进儿童语言知识的积累，以及听、说、读、写等语言能力的发展；间接目的在于鼓励儿童表达自己想法，养成良好的语言表达及书写的习惯，增强语言创编及想象能力，促进儿童形成健全完整的人格。

二、蒙台梭利语言教育的原则及指导方法

根据语言产生的生理、心理基础以及语言的自然发展规律，在进行蒙台梭利语言教育的过程中，应遵循一定的儿童语言教育的原则和方法。

（一）蒙台梭利语言教育的原则

1. 坚持"尊重儿童个别差异"的原则

成人的观念是儿童能否学好语言的关键。蒙台梭利理论的根本出发点在于实施个性化教育。这就要求教师、家长在教育的过程中，要尊重儿童的个体差异，摆脱"以教材、教师、课堂为中心"的语言教育观念，树立"以儿童为本"的观念。多加强在自然情景中的随机认知，利用一切机会为儿童创设语言学习的有利环境，培养其语言能力。在指导语言学习的过程中，"因材施教"能充分发挥儿童学习的主动性，使每个儿童都能得到适宜的发展。

2. 坚持"尊重儿童已有经验"的原则

儿童语言经验是获得语言发展的重要途径，帮助儿童获得经验也是语言教育的目的之一。在儿童的语言教育过程中，成人既要考虑到儿童现有的水平，即他们原有的经验基础，也要考虑在儿童原有经验上应提供新的经验。因为知识本身是从经验而来，学习是一个构建的过程。所以在设计课程前，先要了解、评估儿童已有的知识经验，让儿童与他人分享个人经验，鼓励儿童通过说、演、唱、画、写、舞蹈等多种方式来表达个人想法。

3. 坚持兴趣性原则

坚持兴趣性原则就是要尊重儿童的学习兴趣，了解他们的兴趣所在，创设丰富的语言环境

---

[1] 孔翠薇，郝维仁. 蒙台梭利教育理论与教育实践［M］. 北京：中央广播电视大学出版社，2014：214.

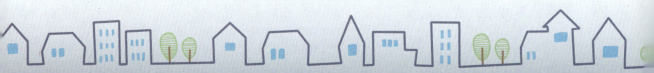

来满足他们的兴趣与需要。0～6岁是儿童语言发展的敏感期，教师应在儿童的日常生活及自由活动中进行观察，客观地记录下他们的学习情形，捕捉他们的兴趣点，利用多种教学手段（游戏、儿歌、戏剧创作等），激发他们看、说、想的热情，丰富他们的语言内容，促进他们积极主动表达。

4. 坚持渗透性原则

语言教育应渗透在儿童每日生活的各个环节之中，渗透在所有的学习领域之中。语言教育既不是只在一个星期中的某几天或某一时段进行语言教学，也不是局限在某一本书或某一套教材上，更不是只注重读写技巧的教学方法，教师应树立全方位、整体性的教学观念。

5. 坚持多途径的原则

儿童的语言学习仅仅依靠专门的语言教育活动和日常生活中的语言教育是远远不够的，应采用多途径的方法进行语言活动。

（1）提供专门的语言教育活动。

专门的语言教育活动是指教师为儿童提供的集中的学习机会，如学习语音、谈话、讲述、欣赏、阅读等。在专门的语言教育活动中，老师要提供非常丰富、充满意义且能让儿童与其充分互动的语言环境。

（2）创设语言学习区域，丰富语言学习教具。

①提供适宜的听说教具。如提供录音机、古诗磁带等，供儿童练习听故事；提供布偶、指偶、戏剧台，供儿童练习说故事等。

②提供适宜的阅读教具。如提供童话故事、自然科学图画书、民间故事、有关动植物和人体的故事书等各种读物；还可提供各种自制图书、经验图表、旧画报等，培养儿童的阅读兴趣与阅读习惯；此外，在各种物品上贴制名称标签，便于儿童识别。

③提供适宜的书写教具。如各种印章、印泥、砂纸字母板、笔顺凹槽板、书写作业纸等。

（3）鼓励儿童运用不同的表达方式交流想法、分享经验。

①用绘画、泥塑、摄像、口语、文字、肢体动作等多种方式引导儿童进行交流分享，可以有效地促进儿童的语言发展。

②利用声情并茂的多媒体语言学习软件作为语言教育的辅助手段。由于语言学习软件视听效果好、有丰富的信息刺激，可调动儿童学习语言的积极性与主动性。语言学习软件也适合与其他语言教育手段结合运用，如与相关的谈话、实际操作、讲故事、识字、欣赏儿童文学等。语言软件既可应用于教学，也可应用于区域教学或家庭教育。

6. 坚持"家园共育"的原则

在语言教育的过程中，教师应充分挖掘家长的教育资源，让家长在家庭中配合幼儿园开展丰富有趣的语言活动，使家庭、幼儿园的教育力量相融合，促进儿童语言的发展。要让家长在家庭中尽量通过亲子活动来为儿童创造积极使用语言的条件。

（1）亲子共读。亲子共读是现代父母很喜欢的全家阅读方式，亲子阅读时，儿童能清楚完整地看到书上的图和字。与儿童共读的时候，不在乎儿童认不认识字，主要是通过这样的经验积累，使儿童的语言能力得到提高，提升儿童的专注力。

（2）亲子共赏。除了图书外，还可选择音乐、英语磁带、故事等和儿童一起模仿发音，或一起扮演书中的角色。

（3）亲子共做。父母可以帮助儿童一起制作图书。如把儿童对图画的解释写在图片下方，积累到一定程度后装订成册，就是儿童的第一本书。儿童学会识字、写字后，可自己动手制作图文并茂的图书。另外，在亲子阅读之后，儿童熟悉了故事情节，家长可与儿童一起设计道具、制作头饰、进行故事表演，不仅锻炼了儿童的语言能力，也增进了亲子关系。

7. 坚持"本土化"的原则

任何教育模式都是一定文化的产物，我们在借鉴蒙台梭利教育法时，应将我国的文化特点和我们对幼教的新认识融入其中，将蒙台梭利教育本土化。

以蒙台梭利语言教育的原则为指导，参考蒙台梭利语言教具，设计符合我国儿童语言学习的方案和教具。例如，在学习中国特有的象形字时，通过操作象形字演变卡、装饰象形字、象形字图文配对等活动，让儿童把字当作图形来记，既易于掌握字形与字义，又激发了儿童对文字的兴趣。所以一定要活学活用，在蒙台梭利学习材料的基础上，创造具有中国语言文化特点的新教学形式，使蒙台梭利教育理论更好地为我国儿童语言教育服务。[①]

（二）蒙台梭利语言教育的指导方法

在"儿童之家"具体实施蒙台梭利语言教育过程中，需要运用以下方法。

1. 全语言整合法

蒙台梭利语言教育活动的开展与实施，需要教师在给儿童创设语言情景的基础上，不断给儿童创设字音、字形、字义于一体，感受不同语言表达、交流、书写及阅读的内容差异及文化差异的环境。例如，在介绍和掌握"茶"字的活动中，不仅为儿童创设品茶的情景，了解"茶"字发展的历程，呈现其拼音及音调二声，而且通过邀请客人品茶，让儿童潜移默化地掌握了茶文化交流用语，在沏茶的环节掌握沏茶主要关键词，在品不同茶的过程中，学会不同的茶叶名称，学会吟诵关于茶的名诗词句，直至学写茶字，学会欣赏及阅读茶的文学作品。儿童在茶文化中全语言式地吸收关于茶的听、说、读、写等多方面立体式内容，潜移默化地习得并感受着语言的魅力。

2. 三阶段名称教学法

蒙台梭利语言教育教学中，也可采用三阶段名称教学法进行。三阶段名称教学法主要适用于名词类的名称教学，主要包括命名、辨别、发音三个阶段。第一阶段为命名，帮助儿童将视觉、触觉与符号发音相互连接，协助儿童学习语言。比如，在砂拼音板"a"中，儿童看着砂纸的图形符号形象，听着教师对其命名，右手食指沿着砂纸触摸，同时引导儿童发出符号的声音。儿童通过触觉的操作板不断丰富对拼音"a"的学习和掌握。第二阶段为辨别，教师拿取"a"和"o"两个砂纸字母版，询问儿童，哪一个是"a"？如果儿童认不出或认错了，教师在征得其同意的情况下请儿童再触摸进行第一阶段练习。第三阶段为发音，儿童需要回答教师的提问："这

① 陈丽君.蒙台梭利幼儿语言教育［M］.上海：第二军医大学出版社，2004：9－12.

是什么？" "这是 'a'。"

3. 三部分卡法

在蒙台梭利语言教育中，特别是阅读古诗词或儿歌的环节，教师需要为儿童制作三部分卡，分别为整个诗词文学作品、诗词作品每一句、诗词作品每一个字。第一部分卡是整个诗词文学作品，第二部分卡是将完整作品拆分成每一句，第三部分卡是将作品每一个字拆分出来。

三、蒙台梭利语言教育的内容

虽然蒙台梭利语言教育是舶来品，原有蒙台梭利语言教育不包含中文，但是随着蒙台梭利的本土化，越来越多的汉语汉字内容融入蒙台梭利语言教育体系。按照语言的听、说、读、写划分，蒙台梭利语言教育主要包括听觉、口语、书写和阅读四大部分。

（一）听觉敏感期练习内容

蒙台梭利听觉敏感期练习主要训练儿童的听觉敏感性和分辨力，其内容包括听指令做动作、听歌词做动作、安静游戏、寻声游戏、猜猜我是谁、看大图册听故事、听录音讲故事、指令接龙、神秘袋游戏、传悄悄话、音响的配对、辨别不同质地物品的声音、声音与图片配对、为故事配音、猜谜语、听故事、欣赏相声戏曲等。

（二）口语敏感期练习内容

蒙台梭利曾提出："儿童的语言是发展而来的，不是成人教出来的，所有儿童都要经历这样一个过程，即在某个时期只能说一些简单的音节，再过一个时期就能说音节较为复杂的词了，最后才能掌握整个句子和语法。"蒙台梭利口语敏感期练习主要目的在于发展儿童的发音能力和口语表达能力。其练习的主要内容包括练习发音、辨别语音、朗读古诗、对答游戏、词语接龙、说反义词、故事接龙、传悄悄话、"一分钟"分享、玩具展览会、主持节目、经验讲述、每日一问、谈话活动、绕口令、看图说话、讲故事、看图造句、看图编故事、续编故事、改编故事、创编儿歌、散文欣赏、戏剧表演等。

（三）书写敏感期练习内容

蒙台梭利认为，对于儿童的"写"不仅仅是用笔在纸上写的动作，实际上从涂鸦开始，儿童就已经进入肌肉记忆的书写准备了。蒙台梭利强调，要想拥有写字的能力，就必须先经历写字的预备过程。首先是做好握笔的动作预备，在日常生活中，应有意识训练儿童大拇指、食指和中指三指的灵活性及控制肌肉的能力，为以后稳定的握笔打下良好的基础；其次是画出各种不同字体的基本笔画动作，这是写字的间接预备动作。蒙台梭利书写敏感期训练目的在于为儿童真正的书写做准备。其训练内容主要包括描画几何图形嵌板、描摹砂字母板、制作砂纸字母、在沙盘中写字、在黑板上写字、打洞粘贴字母、字母线上摆字母、缝字母、制作拼音字母表、装饰汉字、描画字母凹槽板、连虚线画图案、描摹姓名、涂色游戏、田字格里摆图案、制作立体文字、记录菜单、抄写、制作海报、制作邀请卡、写信、写日记、电脑设计文字、写春联等。

（四）阅读敏感期练习内容

阅读是儿童重要的语言活动，阅读能力是儿童学习能力的基础，不仅能提高儿童口语表达能力，而且还是儿童获取外界信息、锻炼思维、发展想象的重要途径和手段。蒙台梭利认为，儿童的阅读是复合的认知过程，需要儿童在理解、思考、想象的基础上进行，所以其提出的阅读敏感期晚于书写敏感期，并且认为儿童书写训练在阅读训练之前。蒙台梭利教育阅读敏感期训练的目的主要在于通过对字词句的学习、语法的练习等掌握阅读基本方法，学会阅读理解欣赏文学作品。其主要内容包括看图做动作、图片的配对、模型与图片的配对、方向的配对、看口型猜字、汽车图标与图片的配对、学习象形字、阅读与绘画、名词盒中的实物模型与文字卡片配对、动物图卡与名词卡片配对、转盘游戏、抛文字魔方识别汉字、姓名三部分卡配对、制作生肖挂饰、制作教具标签、量词盒中实物模型与文字卡片配对、阅读量词儿歌、布艺字与实物卡片配对、阅读句卡、生活照片与句卡的配对、天气预报、阅读短文、阅读古诗词三部分卡、阅读自制图书、阅读谜语、看图片、摆字卡、看图讲故事等。

各个年龄段幼儿语言的关键经验

第二节　蒙台梭利语言教育教具操作展示

蒙台梭利语言教育经典教具数量相对较少，且原始教具仅以英文教育为主，随着蒙台梭利语言教育的中国化，衍生出适合中国汉字和拼音教学的蒙台梭利语言教育教具。按照蒙台梭利语言教育内容划分，可将其教具操作分为听觉敏感期练习、口语敏感期练习、书写敏感期练习和阅读敏感期练习等。每一部分具体工作遵循由简到繁、由易到难的原则，分别呈现较为经典的蒙台梭利中国化的语言教育工作的操作流程及工作展示页。

一、听觉敏感期练习

儿童语言的学习是从听觉训练开始的，这是语言习得的初始阶段，也是重要阶段。蒙台梭利提出的"潜在生命力"理论，认为儿童在听觉敏感期内，其对声音的敏感力最强，所以倡导教师、家长等成人要为儿童听觉敏感期训练创设完善的语言环境，提供专业的语言听觉练习。儿童听觉敏感期练习的主要目的在于强化儿童听觉的分辨能力和敏感度。

听觉敏感期练习示例

（一）听指令做动作

【教具构成】 写有"请原地跳三下"的动作指令卡或儿歌卡。

【适用年龄】 3～5岁。

【教育目的】

1. 直接目的：听懂指令，并按指令做跳等动作。

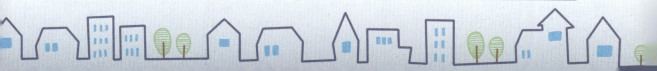

2. 间接目的：培养听觉专注力和反应能力。

【提示形式】小组提示或个人提示。

【提示过程】

1. 介绍工作名称：听指令做动作。

2. 教师示范：

（1）说明规则，"请原地跳"，做原地蹦跳动作。

（2）发出动作指令，如"拍四下手"等，请儿童练习。

（3）教师可根据儿童熟悉程度变换口令，邀请一名儿童发出指令，其他儿童做动作。

3. 请儿童练习。

4. 工作结束，收教具。

【错误控制】动作和指令不相符。

【兴趣点】边听边做动作。

【注意事项】指令卡及上面的字要足够大，保证全部儿童能看清；保证儿童做动作时有足够的空间和时间。

【变化延伸】做与指令相反的动作；听儿歌做动作，如《幸福拍手歌》等。

（二）安静游戏

【教具构成】钟表等计时器。

【适用年龄】3～6岁。

【教育目的】

1. 直接目的：培养听的专注力，感受时间的流逝。

2. 间接目的：培养耐心、倾听等良好习惯。

【提示形式】小组提示或个人提示。

【提示过程】

1. 介绍工作名称：安静游戏。

2. 教师示范：

（1）请双手叉腰，闭上双眼，做几次深呼吸，让身体状态渐渐放松。

（2）出示计时器，说明游戏规则，"一会儿，我请大家都闭上眼睛，我们每个人都不要发出声音。当你听到计时器的铃声响了以后才能把眼睛睁开。"

（3）请小朋友闭上眼睛，并给计时器设定时间。

（4）响铃以后，小朋友们睁开双眼。老师提问，"刚才你们闭上眼睛后，都听到什么声音了？"请儿童用完整的语句表达刚才听到的周围的声音。

3. 请儿童练习。

4. 工作结束，收教具。

【错误控制】不能安静地听计时器的声音。

【兴趣点】安静地听计时器的声音。

【注意事项】计时器的铃声不要太刺耳，保证儿童能听到。

【变化延伸】计时器可变换为碰铃、三角铁等。

（三）神秘袋游戏

【教具构成】神秘袋内装有木质或其他材质小物品。

【适用年龄】3～4岁。

【教育目的】

1. 直接目的：能根据对物体形状的语言描述，辨别并找出相应的物体。

2. 间接目的：丰富形容词词汇，培养学习的主动性、专注性。

【提示形式】小组提示或个人提示。

【提示过程】

1. 介绍工作名称：神秘袋游戏。

2. 教师示范：

（1）将装有物品的神秘袋拿出来，向儿童提问，"我这儿有一个漂亮的布口袋，你看它鼓鼓的，里面装了些什么呢？想不想知道？"

（2）利用三阶段名称教学法进行活动。

第一阶段，命名。从口袋取出一个圆柱体，向儿童说明"这是圆柱体"。依次取出其他物品，并进行命名。

第二阶段，辨别。请回答或做出相应动作，"请你指一指哪一个是圆柱体？""圆柱体在哪里呢？""请你把圆柱体递给我好吗？"

第三阶段，发音。指着不同的水果请儿童回答"这是什么？"

（3）引导儿童通过观察，说出每个神秘袋物品的外形、构造等。

3. 请儿童练习。请儿童根据对物体的描述，从神秘袋中摸取相应的物体。如："请你从口袋里拿出长长的、摸起来硬硬的物品。"

4. 工作结束，收教具。

【错误控制】不能在神秘袋中根据物体形状进行语言描述及辨别，不能找出相应的物体。

【兴趣点】只靠触觉感知，以及语言描述的神秘感。

【注意事项】神秘袋中物品要安全无毒，便于儿童触摸感知和描述。

【变化延伸】更换袋中的物品，如放进粉红塔等物品，让儿童辨别物品的大小、形状等。

（四）听故事

【教具构成】故事《七色花》。

【适用年龄】4～6岁。

【教育目的】

1. 直接目的：欣赏童话，尝试理解童话的中心思想。

2. 间接目的：理解奉献是一种快乐，培养想象力、创造力。

【提示形式】小组提示或个人提示。

【提示过程】

1. 介绍工作名称：听故事。

2. 教师示范：

（1）通过提问引发儿童对故事的兴趣。提问，"今天，老师带来了一件礼物，在看这件礼物之前我要问大家一个问题，你们见过什么样的花？"待儿童回答后，导出故事主题，"老师为大家带来的礼物是一朵花，一朵有魔力的花。现在请闭上眼睛"。取出"七色花"，请儿童睁开眼睛，并引导儿童回答"这朵有魔力的花和你们平时见过的花有什么不一样？""数一数它有几片花瓣？每一片花瓣都是"什么颜色的？""请给这朵花起一个名字。"引发儿童对这个故事的兴趣，"这朵花到底有什么样的魔力呢？听听这个故事就知道了！"

（2）和儿童一起欣赏故事，随故事情节的发展换取"七色花"的花瓣。

（3）引导儿童对故事进行分析和讨论，并将自己的想法说给大家听。"这回该知道这朵花有什么魔力了吧？""珍妮用这朵花做了哪些事？""她做哪件事的时候心里感到最快乐？为什么？""你想要一朵什么样的魔力花？你会用它做些什么事呢？"

3. 请儿童练习。请儿童画出自己心中的有魔力的花，并向大家简单地介绍自己的作品。教师可对儿童的作品进行讲评。

【错误控制】儿童不能及时正确地回答教师对故事的提问或不能形成对故事的正确理解。

【兴趣点】听童话故事，分析讨论，并进行手工制作。

【注意事项】选取不同的童话故事，教师需针对不同类型故事设计提问的问题及儿童活动方案。

【变化延伸】设立班级"七色花信箱"，师生共同注意观察班里的好人好事，然后写信表扬鼓励，逐渐培养儿童助人为乐的良好品质。

二、口语敏感期练习

婴幼儿从出生时的哭开始，不断尝试运用口语表达自己的想法和情感。儿童在 2～7 岁逐步形成和发展口语，通过"口头交流"，采用多元化方法发展口语，给儿童创设敢说、想说的环境，让儿童在学习说、练习说、在说中学习并掌握口头语言表达的正确方法。[①]口语敏感期训练主要目的在于培养和发展儿童的发音能力、表达能力等。结合蒙台梭利本土化的实际情况，介绍主要的蒙台梭利口语敏感期练习工作展示流程及展示页。

口语敏感期练习示例

（一）练习发声

【教具构成】"P"的砂字母板和语音盒，如图6-1所示。

【适用年龄】3～4岁。

【教育目的】

1. 直接目的：通过三阶段教学法练习正确的发音。

2. 间接目的：培养专注力。

【提示形式】小组提示或个人提示。

图6-1 "P"的砂字母板

---

① 陈丽君.蒙台梭利幼儿语言教育［M］上海：第二军医大学出版社，2004 年：41-42.

【提示过程】

1. 介绍工作名称：练习发声。

2. 教师示范：

（1）取"P"的砂字母板与"P"的语音盒并列排放在工作毯上。

（2）点指砂字母板"P"，发音；再指语音盒上"P"，发音。"它们都是'P'，是一样的。"

（3）从语音盒中一一取出实物模型，利用三阶段教学法进行语音教学。

第一阶段，命名。一一取出"皮球""拍子"等实物模型，逐个示范正确的发音。

第二阶段，辨别。请儿童回答，"请你指一指皮球在哪里？""请你把拍子拿给我好吗？""告诉我皮球在哪里？"

第三阶段，发音。点指某一模型问儿童，"这是什么？"请儿童说出物品名称。

（4）熟练掌握某一声母盒的练习后，再取其他声母盒进行语音练习。

3. 请儿童练习。

4. 工作结束，收教具和工作毯。

【错误控制】不能正确对相应声母进行辨别和实物发音。

【兴趣点】边听边看，边操作边学习，掌握发音。

【注意事项】选用的语音盒需与对应声母具有强烈的代表性。

【变化延伸】请儿童闭上眼睛，教师将某一模型藏起来，请儿童在睁开眼睛后说出哪个模型不见了。

（二）辨别语音

【教具构成】"üe"和"ie"的语音盒；"üe"和"ie"的砂字母板，如图6-2所示。

【适用年龄】3～4岁。

【教育目的】

1. 直接目的：将实物模型按发音规则归类。

2. 间接目的：培养专注力、思考力。

图6-2　"üe"和"ie"的砂字母板

【提示形式】小组提示或个人提示。

【提示过程】

1. 介绍工作名称：辨别语音。

2. 教师示范：

（1）取"üe"和"ie"的语音盒于工作毯上方并列排放，将"üe"和"ie"的砂字母板分别放在相应的语音盒前。

（2）取出2个语音盒中的实物模型混放在工作毯下方。

（3）取"üe"的语音盒中的某一模型（如"月亮"），让儿童观察并触摸，发音后将其放在砂字母板"üe"下方。取"ie"的语音盒中的某一实物模型（如"叶子"），让儿童观察并触摸，发音后将其放在砂字母板"ie"下方。

（4）将所有模型分配完毕后，翻看韵母小书，检查自己的操作是否正确。

（5）依上述方法继续进行活动（熟练掌握两个韵母盒的练习后，再换另两个韵母盒进行语

音练习），直到儿童失去兴趣为止。

3. 请儿童练习。

4. 工作结束，收教具和工作毯。

【错误控制】不能区分"üe"和"ie"。

【兴趣点】实物和发音相对应。

【注意事项】选择有代表性的语音盒实物。

【变化延伸】更换其他语音盒进行操作。

（三）朗读古诗

【教具构成】配乐古诗《咏柳》音频及播放器，《咏柳》古诗配套图片。

【适用年龄】3～4岁。

【教育目的】

1. 直接目的：了解古诗所表达的意思，能大声地、有韵律地朗读古诗。

2. 间接目的：培养专注力、思考力、记忆力。

【提示形式】小组提示或个人提示。

【提示过程】

1. 介绍工作名称：朗读古诗。

2. 教师示范：

（1）欣赏古诗——请儿童听配乐古诗《咏柳》。

（2）理解故事——依次出示图片，引导儿童观察图片，理解图片内容。

（3）讲解故事——完整地讲述图片，并对故事中难以理解之处加以讲解。例如，"咏柳"就是用好听的诗来赞美柳树。

（4）朗读古诗——有韵律地朗读古诗，请儿童跟读或随录音机朗读。

3. 请儿童练习。

4. 工作结束，收教具。

【错误控制】儿童不能有韵律地正确朗读古诗《咏柳》。

【兴趣点】边听边看边理解古诗，欣赏古诗韵律。

【注意事项】应选择适合儿童年龄段的短小且易理解的古诗。

【变化延伸】

1. 变化节奏朗读古诗。

2. 引导儿童利用"身体乐器"为故事伴奏，如拍手、踩脚、弹舌、打响指等方法。

3. 阅读古诗三部分卡《咏柳》。

（四）谈话活动

【适用年龄】4～5岁。

【教具构成】无需教具。

【教育目的】

1. 直接目的：学习用语言来表述自己的愿望。

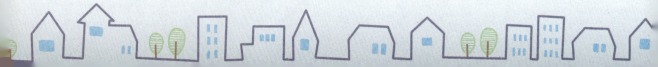

2. 间接目的：培养专注力、思考力、想象力。

【提示形式】小组提示或个人提示。

【提示过程】

1. 介绍工作名称：谈话活动。

2. 教师示范：

（1）以"我长大了想从事的职业"为主题，请儿童进行谈话活动。

（2）请儿童轮流发言表达自己的愿望。如"我长大了要像宇航员叔叔那样，坐着宇宙飞船到蓝天上去玩，看看天上的星星是什么样的，还想到外星人的家里去做客。"

（3）将儿童在活动过程中的话记录下来，引导他们用画笔表达自己的想法，把愿望画下来。最后帮助他们把愿望转化成文字记录在他们作品的下方。

3. 请儿童练习。

【错误控制】儿童不能围绕某一主题展开相互交流。

【兴趣点】儿童相互倾听，围绕一定内容自由表达自己的想法。

【注意事项】谈话活动注意选择符合儿童经验的主题，创设良好平等的谈话氛围。

【变化延伸】换各种主题进行谈话活动。

三、书写敏感期练习

蒙台梭利认为，儿童的书写是从涂鸦开始的，并且需要拥有写字前的准备阶段，为儿童后期的书写打下良好基础。书写敏感期练习的主要目的在于让儿童对书写感兴趣，且初步掌握书写技巧。蒙台梭利教育中国化后的书写敏感期练习主要操作及工作展示页包括以下内容。

书写敏感期练习示例

（一）描画几何图形嵌板

【教具构成】金属几何图形嵌板。

【适用年龄】3 岁左右。

【教育目的】

1. 直接目的：学习正确握笔动作，训练小肌肉的灵活性。

2. 间接目的：为学习写字做准备。

【提示形式】小组提示或个人提示。

【提示过程】

1. 介绍工作名称：描画几何图形嵌板。

2. 教师示范：

（1）将金属几何嵌板中的圆形嵌板及彩色笔等其他教具置于托盘中，放在桌面上方。

（2）将彩色铅笔笔尖朝左水平放在笔架上。

（3）取垫板和正方形置于桌面，将纸放在垫板上。

（4）将圆形嵌板放在纸上，左手拿起彩色铅笔的左端，右手示范正确握笔的动作：大拇指、

食指、中指张开，慢慢地拿握在铅笔适当的位置上。

（5）左手扶着嵌板的圆柄，右手握笔沿圆形嵌板的外轮廓逆时针方向描画圆（分两次画）。

（6）用不同颜色的笔在画好的圆中装饰线条图案（如波浪形、锯齿形等）。在纸的右下角写上自己的名字。

3. 请儿童练习。

4. 工作结束，收教具。

【错误控制】儿童不能根据嵌板进行图形的描摹和绘画。

【兴趣点】手扶圆柄，绘制嵌板图形。

【注意事项】给儿童提供适合的绘画纸和笔。

【变化延伸】

1. 使用嵌板与板框画其他图形。

2. 将儿童绘制的多张几何图案制作成几何图形小书。

（二）描摹砂字母板

蒙台梭利书写教具的艺术性作品：几何图形嵌板

【教具构成】砂字母板。

【适用年龄】3 岁以上。

【教育目的】

1. 直接目的：认识字母并练习正确发音，通过视觉与触觉结合方法学习字母的名称及笔顺。

2. 间接目的：为书写做准备。

【提示形式】小组提示或个人提示。

【提示过程】

1. 介绍工作名称：描摹砂字母板。

2. 教师示范：

（1）取出三个砂字母板字面朝下并置于桌面。

（2）将一块砂字母板翻转过来，左手扶板，右手食指、中指两指并拢，按正确笔顺描摹板上的字母，边摸边重复字母的发音，然后请感兴趣的儿童重复教师的动作。

（3）同样方法描摹其他字母。

（4）将三个砂字母板面朝上并置于桌面，用三阶段教学法进行教学。

第一阶段，命名。依次指着字母发音。

第二阶段，辨别。请儿童根据教师的要求指认字母。

第三阶段，发音。点指某一字母请儿童练习发音。

3. 请儿童练习。

4. 工作结束，收教具。

【错误控制】不能正确描摹砂字母板，不能正确辨别或发音。

【兴趣点】边看边触摸字母。

【注意事项】每次描摹前先用温水洗手，增强手部触觉敏感性；每次描摹字母不超过 3 个，个别可描摹 4 个。

自制砂字笔画

【变化延伸】用砂数字板进行同样的活动，自制砂纸字母。

（三）在沙盘里写字

【教具构成】沙子、托盘、工作毯或桌子。

【适用年龄】3.5 岁以上。

【教育目的】

1. 直接目的：加强对字母的认识，巩固正确描画笔顺的动作。

2. 间接目的：为书写做准备。

【提示形式】小组提示或个人提示。

【提示过程】

1. 介绍工作名称：在沙盘里写字。

2. 教师示范：

（1）将沙盘放在铺好纸的桌上，成盒的砂字母板放在沙盘的右上方。

（2）选一块儿童已认识的字母板，放在沙盘的右下侧，左手扶板，右手食指、中指两指并拢，在砂字母板上描摹笔顺并发音。

（3）用食指在沙盘中以正确笔顺临摹字母板上的字母。

3. 请儿童练习。

4. 工作结束，收教具。

【错误控制】将沙盘沙子洒到托盘外。

【兴趣点】在沙盘上写字。

【注意事项】提醒儿童在沙盘内写字。

【变化延伸】在沙盘里描写其他字母或描写汉字。

（四）装饰汉字

【教具构成】空心汉字、彩色笔、粘贴。

【适用年龄】3 ~ 4 岁。

【教育目的】

1. 直接目的：

（1）练习用涂色、画线条、绘制小图案、粘贴等不同方式装饰汉字。

（2）锻炼手部肌肉的灵活性和控制能力。

2. 间接目的：

（1）激发对文字的兴趣，培养专注力。

（2）为书写做准备。

【提示形式】小组提示或个人提示。

【提示过程】

1. 介绍工作名称：装饰汉字。

2. 教师示范：

（1）取来空心字，将笔放在笔架上置于空心字上方。

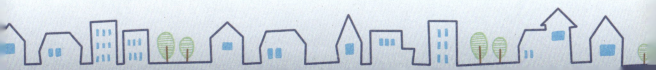

（2）教师先示范正确的握笔动作，然后介绍装饰汉字的方法，即在空心字中画上不同的线条，在空心字中涂满颜色，在空心字中画上图案并涂不同的颜色。

3. 请儿童练习。儿童自由选择装饰方式进行活动。如在打印纸上的空心字母内粘贴豆子或花瓣，最后将作品整理到作品夹里。如图6-3所示。

图6-3　装饰汉字

4. 工作结束，收教具。

【错误控制】不能在空心字内进行装饰。

【兴趣点】涂、画、粘贴等装饰空心字。

【注意事项】空心字大小要符合儿童年龄特点，装饰物较为丰富。

【变化延伸】制作不同文字小书，如英文字母、拼音字母、数字、象形字等。

（五）连虚线画图案

【教具构成】

1. 虚线画，如图6-4所示。

2. 彩色铅笔、笔架。

【适用年龄】4岁以上。

【教育目的】

1. 直接目的：将图案中的虚线部分连接起来，使图案变完整。

图6-4　虚线画

2. 间接目的：

（1）培养专注力。

（2）为书写做准备。

【提示形式】小组提示或个人提示。

【提示过程】

1. 介绍工作名称：连虚线画图案。

2. 教师示范：

（1）将铅笔放在笔架上，虚线画放于笔架下方。

（2）向儿童示范正确的握笔方法。

（3）将图上的虚线连成实线，使图画变完整。

（4）请感兴趣的儿童将图案上的虚线连成实线。

3. 请儿童练习。

4. 工作结束，收教具。

【错误控制】不能按照虚线描画。

【兴趣点】按照虚线描摹绘画。

【注意事项】为儿童提供的虚线画应由简单到复杂，适合儿童需求。

【变化延伸】给虚线画图案并填充颜色，绘制不同虚线画。

四、阅读敏感期练习

蒙台梭利认为，阅读是儿童重要的语言活动，不仅能提高儿童的口语表达能力，而且是帮助儿童获取外界信息、锻炼思维、发展想象的重要途径。阅读敏感期练习的主要目的在于通过对字词句的学习，培养儿童的阅读兴趣及习惯，增强儿童阅读技能及对文字的理解能力、想象能力等。

阅读敏感期练习示例

（一）看图做动作

【教具构成】动作图片。

【适用年龄】3 ~ 4 岁。

【教育目的】

1. 直接目的：训练视觉分辨能力，强化观察细小物品的技巧。

2. 间接目的：培养观察力、注意力，为阅读做准备。

【提示形式】小组提示或个人提示。

【提示过程】

1. 介绍工作名称：看图做动作。

2. 教师示范：

（1）引导儿童观察并讨论动作图卡上的肢体动作。

（2）将提示图卡分别发给儿童，请儿童按所持图片模仿出相应的动作。

3. 工作结束，收教具。

【错误控制】不能识别图片中的动作，或不能按图片做相应动作。

【兴趣点】根据图片做动作。

【注意事项】图片上动作信息尽量简单明确。

【变化延伸】更换不同类型图卡进行其他阅读游戏。

（二）卡片的配对

【教具构成】卡片。

【适用年龄】3 岁。

【教育目的】

1. 直接目的：训练视觉分辨能力，强化观察细小物品的技巧。

2. 间接目的：培养观察力、注意力，为阅读做准备。

【提示形式】小组提示或个人提示。

【提示过程】

1. 介绍工作名称：卡片的配对。

2. 教师示范：

（1）将一组动物卡片纵向排列在工作毯上方，另一组一样的动物卡片散放在工作毯下方。

（2）从散放的动物卡中随意拿出一张，与排列好的动物卡片一一比对，找到与之相同的卡片并放在右侧。用同样的方法给每张卡片都进行配对。

3. 请儿童练习。

4. 结束活动，收教具和工作毯。

【错误控制】两组卡片不能正确配对。

【兴趣点】根据一组卡片寻找相同卡片。

【注意事项】尽量选取适合儿童经验需求的卡片。

【变化延伸】相反关系或相关关系配对。

（三）看口型猜字

【教具构成】无需教具。

【适用年龄】3岁以上。

【教育目的】

1. 直接目的：根据成人的口型辨别发音。

2. 间接目的：培养视觉的专注力，为阅读做准备。

【提示形式】小组提示或个人提示。

【提示过程】

1. 介绍工作名称：看口型猜字。

2. 教师示范：

（1）邀请儿童面对教师围成半圈。

（2）教师说："我现在来念你们中的一位小朋友的名字，但是我不发出声音来，你们看我的嘴型来猜我叫的是谁？"

（3）慢慢做出口型让儿童猜。

【错误控制】儿童不能看口型猜字。

【兴趣点】看口型猜字。

【注意事项】选择短小变化明晰的口型，内容符合儿童生活经验，便于儿童猜。

【变化延伸】出示儿童学过的字卡、词卡，请儿童先猜出口型再找出相应的字卡。

（四）姓名三部分卡的配对

【教具构成】儿童姓名三部分卡。

【适用年龄】4～6岁。

【教育目的】

1. 直接目的：认识自己与同伴的姓名。

2. 间接目的：建立学前识字经验，为阅读做准备。

【提示形式】小组提示或个人提示。

【提示过程】

1. 介绍工作名称：姓名三部分卡的配对。

2. 教师示范：

（1）将第一部卡从上到下在工作毯或桌面左上方进行排列，边放边念出每张卡片上的名字。

（2）取第二部卡散放在工作毯右下角，选其一与第一部卡一一比对，如果相同则并列排放，不同则继续对比，直至配对成功。

（3）将第二部卡与第一部卡配对完毕后，取第三部卡与第一部卡配对，配对后摆在第二部卡下面，边摆边念出卡上的姓名。

（4）全部排列完毕后，请儿童将姓名从头到尾读一遍。

3. 结束工作，收教具。

【错误控制】不能正确识别姓名三部分卡。

【兴趣点】能识别姓名三部分卡。

【注意事项】制作的姓名三部分卡尽量耐磨耐用。

【变化延伸】制作"姓名字典"。

（五）阅读量词儿歌

【教具构成】量词儿歌卡，道具模型。

【适用年龄】5～6岁。

【教育目的】

1. 直接目的：学说量词。

2. 间接目的：培养专注力、观察力、思考力、阅读能力。

【提示形式】小组提示或个人提示。

【提示过程】

1. 介绍工作名称：阅读量词儿歌。

2. 教师示范：

（1）将教具放到工作毯上。出示量词儿歌卡，示范念儿歌。

（2）引导儿童按儿歌内容将模型进行排列。

（3）用儿歌卡检查模型排列的结果。

（4）引导儿童参照模型朗读儿歌。

3. 工作结束，收教具和工作毯。

【错误控制】不能按照量词儿歌进行朗诵、排摆教具。

【兴趣点】按照量词儿歌操作教具。

【注意事项】选用短小量词儿歌。

【变化延伸】用其他类型和内容的儿歌卡片进行活动。

 学习评价

1. 解释蒙台梭利语言教育的含义。

2. 结合实例说明蒙台梭利语言教育的意义、目的。

3. 论述蒙台梭利语言教育内容和原则及指导方法。

4. 任选蒙台梭利语言教育领域内容撰写工作展示页，并进行实操练习。

5. 自制蒙台梭利语言教育领域教具，并设计教学展示页进行课堂展示。

阅读导航

考点聚焦

第七章　蒙台梭利科学文化教育

"课程思政"指引

关键词：科学精神　思维品质

 内容提要

本章介绍了蒙台梭利科学文化教育的含义、教育原则及指导方法、教育的内容，同时以蒙台梭利教学展示页的形式呈现了科学文化教育的部分教具操作范例。

学习目标

1. 掌握蒙台梭利科学文化教育的含义、目的及意义。
2. 理解并掌握蒙台梭利科学文化教育的原则、指导方法及教育内容。
3. 学会并掌握蒙台梭利科学文化教育教具的操作。
4. 能进行蒙台梭利科学文化教育领域教具的自制或创制。

第一节　蒙台梭利科学文化教育概述

蒙台梭利认为，儿童在3岁萌芽了文化学习的兴趣之后，会出现探索事物的强烈愿望，他们的心智就如同一块肥沃的田地，准备接受大量的科学文化的种子。所以在这个阶段，为了儿童的健康和精神生命，必须对儿童进行科学文化教育，开启科学之门，使儿童通过观察、实验、思考，能自动形成一种习惯，掌握一种文化——科学文化，从而通过科学文化教育为儿童提供"有准备的环境"，持续激发儿童的学习兴趣与动机，促使他们发现问题并自发性地寻求答案，以此来丰富儿童的生活经验与能力，促进发展儿童对环境、对他人、对人类的正确态度。

一、蒙台梭利科学文化教育的含义、意义和目的

蒙台梭利认为，如果儿童成长于鼓励他们自然、循序发展的环境中，他们会"突发性"地

进入学习中，他们将变成自我激励者和自我学习者，同时有信心解决生活中出现的问题。所以，应通过展示社会生活的各个方面来逐渐引导儿童，吸引他们注意一种新的生活，用一种新生活的魅力去征服他们。

蒙台梭利科学文化教育是指教师有目的、有计划地引导儿童，通过自身的活动，对周围的物质世界及其发展变化进行感知、观察和探究，获取相应知识和能力，开阔视野，了解人文、历史的过程，并在此学习探索的过程中培养情感态度和价值观，帮助他们形成以科学文化素养为目的的教育活动。

（一）科学文化教育的意义和价值

蒙台梭利科学文化教育是蒙台梭利教育五大领域的一个重要组成部分，通过植物学、动物学、天文学、地质学、地理学、科学实验和历史学等教育内容，使儿童从不同的途径获得探索的体验，在获得乐趣的同时，也进入了了解科学奥秘的殿堂。科学文化教育在儿童成长中具有的重要意义体现在以下方面。

1. 有助于满足儿童天生的好奇心和激发探究的兴趣

科学文化教育为儿童提供了多种多样有趣的科学文化活动。在这些活动中，儿童通过观察、触摸、提问、比较、确认、创造等活动环节，好奇心得到了极大的满足，激发了探究的欲望和兴趣，使探索行为得到了不断强化。正如蒙台梭利所言及的，儿童在观察昆虫的过程中不仅满足了好奇心，且常常引起他们推理，并让他们惊叹不已。有一次，一个小男孩被蝌蚪的变形所吸引，他向同伴叙述它们的发展，记住了青蛙发育的各个阶段，俨然一个小科学家。还有，儿童爱花草，但他们不会满足于身在花丛中，静观五彩缤纷的花冠。他们特别乐于行动、认识和探索，甚至不考虑外在的美。这样的情境有很多，所以，对于儿童这些"自然的最伟大的自发的观察"，教育就是要把他们的注意力集中到个别事物上，从而可以明确表达他们对自然的爱，或唤醒他们心中潜在的或迷失的情感，给予他们活动的动因，同时给予他们感兴趣的知识。蒙台梭利所提示的如何向儿童介绍整体宇宙观，则明证了其科学文化教育对于儿童好奇心的满足以及兴趣的唤起，而这也符合生命的伟大目的。现在，自我完善应当把首位让给原始自然冲动间的合作。

2. 有助于儿童建立科学的概念和学习科学探究的技能

科学文化教育是为儿童将来适应科技的迅速发展和社会生活的需要提供积累知识、经验，并形成能力的渠道。儿童在科学文化教育当中，逐渐地建立起了科学的概念，正如一个 4 岁幼童看见了地球仪便对他们说："让我看看，这是世界？ 现在我懂得了叔叔三次环游世界是什么意思。"与此同时，他懂得地球仪只是个模型，因为他知道世界广袤无垠。蒙台梭利认为，"儿童的肉体生命必然需要大自然的力量。那么他的精神生命也必然需要心灵与天地万物的交融，从而可以直接从生动的大自然的造化能力中汲取养分。引导他们培育动植物，并从中思考自然，理解自然"。在这个过程中，还要全神贯注地追踪儿童心灵的所有表现，给儿童以自由，让他们能够表现自己的需求，保证他们为自己发展所需的一切外在手段，这是让儿童萌发力量自由、和谐地形成并发展的前提。可以说，儿童在科学文化教育中粗浅地积累了从天文到

地理，由小细胞到大宇宙，从历史到现今的文化知识、经验，为将来形成科学概念和构建知识体系打下了良好的基础。蒙台梭利科学文化教育为儿童提供取得新经验的机会，尝试做困难之事是对积极进取精神的满足，这种蓬勃向上的精神促使儿童进入世界。所以，儿童还形成了将主动学习、自觉追求的精神以及合理的知识结构，用于创造性地解决实际问题的操作和动手能力。

3. 有助于儿童个性的全面和谐发展而为将来生活做准备

科学文化教育不仅关注儿童的认知发展，也同样关注儿童的情感和社会性发展。蒙台梭利认为，"人类已创造了社会生活的欢乐，在共同生活中产生了强烈的人类之爱，但人总还是属于自然"。因此要从动物培育中来思考自然和理解自然，并从动物培育中来获取所包含的道德教育，引导心灵的发展，使儿童从实践的自我教育中体会到对生命所要承担的责任，激发出无须任何人为的阿谀、虚荣的奖赏能激起的真诚情感。这种情感是一种爱的形式，是同宇宙融为一体的一种形式，任何其他事情都不能与之相比，它能唤醒幼儿瞬息即逝（对明天漠不关心）的预见天赋。然而，当儿童们知道那些动物需要他们，那些花草若不浇水就会枯萎，他们的爱就通过新纽带每时每刻同明天的复兴相连。儿童通过精神上的满足受到教育，他们往往坐在花丛旁欣赏，然后很快起身去活动，因为正是通过活动，他们自身的人性美才得以萌发。可见，通过科学文化教育培养了儿童个性的全面和谐发展，使儿童懂得在自然的伟大整体中，每一个要素都应履行自己的职责，不履行职责将会受到惩罚。

幼儿科学探究的过程

蒙台梭利科学文化教育的价值则体现在，蒙台梭利科学文化教育是蒙台梭利教育的高级层次，是儿童通过操作、感官来认识和感受世界，通过精心设计的教具和环境，了解更多的细节内容，使那些大人们看似很深奥的知识和经验，能很自然地纳入儿童的知识结构中。通过科学文化教育激起儿童更大的好奇心，这种好奇心从来不会满足，将持续终身。于是，他们开始发问：我是什么？人类在这个神奇宇宙中的任务是什么？我们在宇宙中生活仅为自己，还是有更崇高的使命？我们为什么要奋斗和彼此争斗？什么是善和恶？这一切将在何处终结？

（二）科学文化教育的目的

蒙台梭利认为，儿童是环境和文化的一部分，儿童对文化认同越多，就越能适应那里的环境。蒙台梭利科学文化教育具有两大目的。

一是直接目的。通过植物学、动物学、天文学、地质学、地理学、科学实验、历史学等教育内容，使儿童了解关于动植物的知识，了解人类的活动及生命历程，了解动植物与人、环境的关系，了解自己居住的大环境和宇宙万物的奥秘等知识，建立初步的科学概念；使儿童对其生存的环境，对人、对事、对物具有浓厚的兴趣，能从自己生活的环境中建构自我的概念；培养儿童爱科学的情感；培养儿童掌握认识事物的方法，构建科学的思维方式；引导儿童接触周围世界，增强与环境和谐相处的能力，获得科学经验；学习民族文化，培养民族自豪感等。

二是间接目的。旨在引领儿童在观察自然、生命现象的过程中，激发儿童对大自然的热爱，并通过自发性的学习来培养儿童热爱科学、热爱生命、热爱传统文化的情感，激发儿童的好奇心和求知欲，激发儿童的细心、爱心、耐心与信心，促进儿童自身的发展与成长。

二、蒙台梭利科学文化教育的原则及指导方法

蒙台梭利科学文化教育体现了一种生活化的教育内容，每个类别在教育中都要从大的概念开始逐步细化，使儿童能够通过精致的教具和"有准备的环境"，来有效地理解科学文化方面的抽象知识。因此，在科学文化教育中应该努力为儿童创造满意的条件，且此种条件不应阻碍儿童的发展。为此，应遵循以下原则和指导方法。

（一）蒙台梭利科学文化教育的原则

1. 尊重儿童自我发展的原则

蒙台梭利曾写道："让我们提供给他们一个探索整个宇宙的视野，……所有的实物都是它的一部分，并且相互关联而形成一个整体。只有这种视野才能够帮助儿童们的心智变得更稳定，而不再是漫无目的的。因为在万物中找到了自我的宇宙中心，儿童们将会感到满足。"科学文化教育体系正是给儿童提供了一个这样自我探索的平台，他们在这里通过探究与体验，可以循序渐进地掌握概念，明白概念间交互的关系，在获得知识与技能的同时，也获得成功的喜悦，充分地尊重了儿童的自我发展。

2. 由感官引导学习的原则

蒙台梭利认为，儿童具有一颗渴望求知的心灵，他们总是要求成人不停地解释事物，但他们并不需要冗长的解释，因此感官成为儿童与环境的接触点，心灵可以凭借感官经验变得极其灵巧，在科学文化教育所包含的各个部分中，也同样需要在感官工作的基础上，能更加敏锐地感知来自外部世界的刺激，以此来开动其创造力，延伸其探索的兴趣。这是因为科学的创造性想象基于现实，而想象只能有一个感官基础。

3. 由已知到未知的原则

蒙台梭利认为："儿童们对那些童年初期（通过吸收），即已熟悉的事物怀有特别浓厚的兴趣。他们能够易如反掌地专心致志于这些事物。"蒙台梭利发现，儿童倾向于在第二个阶段完善第一个阶段所塑造的内部形成物，可以把最后命名的那些形成物作为后继形成物的向导。基于此，在科学文化教育中应创造一些促进儿童工作的有利条件，使其不是机械地学习，而是在由已知到未知的联系中进行，从而使儿童能够认识和驾驭它们，促进经验的增长，并得到长足的发展。

4. 由具体到抽象的原则

蒙台梭利认为，"儿童会受其本性的规律所驱使，到周围的世界里去积极地寻觅经验"，如果在他们"置身于真实的生活条件中……有专供他们使用的、与他们的身体相称的真实器具，在他们体内，一些出乎意料的活动似乎在复苏"。因此，在科学文化教育中要注意到这一现象，

遵循由具体到抽象的原则，并在此基础上形成教育的方法。

5．具有可操作性的原则

蒙台梭利认为，"儿童只有凭借行为活动才能进行学习。为了发展其正在绽开的自我，他必须从事某种活动"。因此，在科学文化教育活动中，应使所设计的活动具有可操作性，也就是说要使儿童通过某些含有动作的活动来吸收知识。

（二）蒙台梭利科学文化教育的指导方法

1．提示形式

在个人提示、小组提示和团体提示这三种蒙台梭利教育形式中，教师与儿童互动的基本形式在科学文化教育中都适用。

2．三阶段教学法

蒙台梭利的三阶段教学法在科学文化教育中同样适用。

3．三部分卡教学

可使用三部分卡进行教学活动。三部分卡包括图文卡（左面为所要表述内容的图示，右面为图示的文字名称）、图卡（与图文卡上的图示完全相同）、文字名称卡（与图文卡右面文字名称完全相同）。使用三部分卡要注意：第一步，引导儿童观察图文卡上的图示，并正确认读其文字名称，对事物的形态及正确名称建立印象；第二步，在儿童熟悉图卡后，将图卡依次排列并请儿童说出其名称；第三步，请儿童读文字卡并找到相应的图卡放在右面，然后取图文卡进行验证。三部分卡本身已经具有错控功能，图卡上不要标注其他帮助识别的标记。

4．科学游戏

科学文化教育可以借助科学游戏的形式进行，如感知游戏、分类游戏、配对游戏和排列游戏等。通过感知游戏来感知和辨别自然科学的物质属性的功能，通过分类游戏可以对事物所具有的相同与不同之处进行区分，通过配对游戏则可以把同类的事物进行配对，通过排列游戏可以将历史的演变、自然界中动植物的生长过程等有序排列。

三、蒙台梭利科学文化教育的内容

蒙台梭利科学文化教育内容包括植物学、动物学、天文学、地质学、地理学、科学实验、历史学等方面，它是汇集一种自然的倾向、一种生活化的教育内容。它不仅传授科学文化知识，还给予儿童基本能力、想象空间和兴趣的延展。它所追求的人生态度，是个体终身学习和发展的动力。通过精心设计的内容，使蒙台梭利科学文化教育能启发儿童的探索精神，引发他们对生活、对世界的热爱，学会用科学的头脑来思考问题和解决问题。具体内容如表7-1所示。

表7-1　蒙台梭利科学文化教育内容

分类	内容	分类	内容
植物学	1. 有生命和无生命	动物学	1. 昆虫类
	2. 植物和动物		2. 鱼类
			3. 鸟类
			4. 两栖动物
	3. 植物的组成和各部分用途		5. 爬行动物
			6. 哺乳动物
天文学	1. 太阳系	地质学	1. 地球的圈层结构
	2. 星座		
	3. 气象现象		2. 岩石的三种类型
地理学	1. 地球上的方向及指南针	科学实验	1. 水的特性
	2. 地球的地形		2. 空气的特性
	3. 世界地图		3. 光的特性
	4. 七大洲		4. 力的特性
	5. 中国		5. 磁铁的魔力
	6. 绘制地图		
历史学	1. 人的成长		
	2. 认识时间		
	3. 个人时间线		
	4. 国家的历史		
	5. 人类的历史		
	6. 地球的历史		

第二节　蒙台梭利科学文化教育教具操作展示

　　蒙台梭利科学文化教育部分教具大部分以拼图和三部分卡的形式呈现，此外还有少量的农作物生长史、动物的骨骼标本、岩石和矿石标本等教具。其主要包括植物学、动物学、天文学、地质学、地理学、科学实验、历史学七个方面的基本练习。每一部分具体工作遵循由简到繁、由易到难的原则，分别呈现部分较为经典的蒙台梭利科学文化教育工作的操作流程及工作展示页。

一、植物学

蒙台梭利认为,"最能培养对大自然感情的是栽培植物,因为植物在其自然发展中给予的远比索取的多,它不断地展示着自己的美和丰富性。"[①]在进行植物学教学活动时,既要带领儿童去自然中通过感官获得有关植物的直接经验,引导儿童充分发展其自然潜能;也要通过提供的植物学教具使儿童了解基本的植物学形态,进一步学习到植物的名称与分类。在实施教学活动时,应按照感官探索、语言词汇、功能知识和延伸活动来进行。教学顺序是具体—半具体—抽象,从整体到部分,从名称到功能。植物学教具主要是拼图、三部分卡。蒙台梭利植物学的内容主要包括有生命和无生命、植物和动物、植物的组成和各部分用途等。

植物学练习示例

(一)有生命和无生命

【教具构成】有生命和无生命的图片或物体,有生命和无生命的字卡,如图7-1所示。

【适用年龄】3岁以上(已对有生命、无生命意义了解的儿童)。

【教育目的】

1. 直接目的:

(1)了解有生命和无生命的特征。

(2)根据图卡上的物品进行分类。

2. 间接目的:掌握分类的思维方法。

【提示形式】团体提示或小组提示。

图7-1 有生命和无生命物体

【提示过程】

1. 准备。

2. 基本操作。

(1)介绍工作名称:有生命和无生命。

(2)教师示范:

①将有生命和无生命2张字卡放在工作毯上。

②请儿童说出怎样判断物体是有生命还是无生命的。

③选择1张图片展示,请儿童判断是有生命的还是无生命的,并放在对应的字卡下面。依此方法完成剩余图片的分类。

(3)请儿童练习。

(4)工作结束,收教具和工作毯。

【错误控制】

1. 教师与其他儿童。

2. 图卡背面的标记。

[①] 玛丽亚·蒙台梭利.蒙台梭利教育法[M]李浩然,译.北京:中国商业出版社,2009:122.

【兴趣点】

1. 有生命物体所具有的不同生活方式。

2. 分类的成就感。

【注意事项】活动前，要收集资料，丰富儿童对"生命"概念的理解。

【变化延伸】

1. 在生活环境中辨认。

2. 制作有生命和无生命的小书。

（二）植物和动物

【教具构成】

1. 各种动物和植物模型及图片。动物模型如图 7-2 所示。

2. 植物和动物的字卡。

【适用年龄】3 岁以上。

【教育目的】

1. 直接目的：对植物和动物的特征有初步的认识。

2. 间接目的：发展儿童对植物和动物的辨别能力。

图 7-2　动物模型

【提示形式】团体提示或小组提示。

【提示过程】

1. 准备。

2. 基本操作。

（1）介绍工作名称：植物和动物。

（2）教师示范：

①把植物和动物模型摆好，引导儿童说出名称或对物体进行描述。

②教师说，"今天，我们要按照它们是植物还是动物来分类"。

③选择一株植物的模型，请儿童来判断是植物还是动物，并说出理由。教师总结，"植物有根，它用根来吸收营养供自己生存，而不是像动物那样张开嘴来吃食物，所以它是植物。"把模型放在工作毯左边。

④选择一个动物的模型，请儿童来判断是植物还是动物，并说出理由。教师总结，"动物没有根，它能够活动，自己寻找食物，所以它是动物。"把模型也放在工作毯左边。

⑤同样的方法，请儿童将剩余的模型进行分类，植物和动物各排一列，并反复说明理由。

⑥把植物和动物的标签对应摆上。

（3）请儿童练习。

（4）工作结束，收教具和工作毯。

【错误控制】

1. 教师与其他儿童。

2. 图卡背面的标记。

【兴趣点】植物和动物获取食物的不同方式。

【注意事项】选择的模型和图片是儿童熟悉的植物或动物。

【变化延伸】生活中植物和动物的区分。

（三）植物的组成和各部分用途

【教具构成】

1. 盆栽植物一盆。

2. 根部位的名称卡，根的各部位名称三部分卡，如图 7-3 所示。

3. 一盆水，纸巾，喷水壶，放大镜。

【适用年龄】4 岁以上。

【教育目的】

1. 直接目的：认识根的各部位名称，了解植物的生命现象。

2. 间接目的：培养对大自然的兴趣。

【提示形式】个人提示或小组提示。

【提示过程】

1. 准备。

2. 基本操作。

（1）介绍工作名称：根的各部位名称。

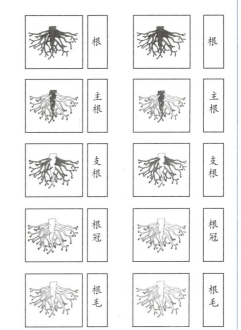

图 7-3　根的部位名称三部分卡

（2）教师示范：

①教师引导儿童观察，"今天，我们来仔细观察植物的根的细部"。轻轻拨开泥土，把植物小心翼翼地从土里取出，轻轻甩下泥土，把植物的根部放在纸巾上，如果有许多泥土，则放进水里轻轻摇动，使泥土脱落。

②调整角度，让儿童观察到根部，并说出观察到了什么。请儿童用放大镜观察并描述。

③取出根的各部位名称三部分卡，逐一进行根部名称介绍，"这是根，分为主根、支根、根毛、根尖、根冠"。用三阶段教学法进行练习。

④教师将植物小心地栽回盆里，送回原位。

（3）请儿童练习。

（4）工作结束，收教具和工作毯。

【错误控制】教师指导。

【兴趣点】植物的根。

【注意事项】这个活动建议在 5～11 月进行。

【变化延伸】观察不同植物的根。

种子定义小书

二、动物学

蒙台梭利认为，"要从动物培育中来思考自然和理解自然，并从动物培育中来获取所包含的道德教育，引导心灵的发展，使儿童从实践的自我教育中体会到对生命所要承担的责任"[1]。

---

[1] 玛丽亚·蒙台梭利.蒙台梭利教育法［M］李浩然，译.北京：中国商业出版社，2009：122.

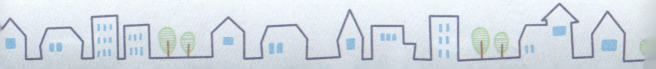

动物学的教学顺序为具体—半具体—抽象，整体—局部，名称—习性。此外，还可以研究人类生命时间线和生物的进化过程。动物学教育要从了解和认识真实的动物入手，再利用教具进行教学。动物学教具主要是拼图、三部分卡。在动物学教学中主要介绍昆虫类、鱼类、鸟类、两栖动物、爬行动物、哺乳动物等。

动物学练习示例

（一）昆虫类

【教具构成】蝴蝶拼图，如图7-4所示。

【适用年龄】3岁以上（观察过真实蝴蝶的儿童）。

【教育目的】

1. 直接目的：进一步了解蝴蝶的结构。

2. 间接目的：为学习昆虫三部分卡做准备。

【提示形式】个人提示。

【提示过程】

1. 准备。

2. 基本操作。

图7-4　蝴蝶拼图

（1）介绍工作名称：蝴蝶拼图。

（2）教师示范：

①教师展示整个蝴蝶的拼图，介绍"这是蝴蝶"。将蝴蝶拼图依次取出整齐地排列在工作毯上。每拿一部分都介绍"这是蝴蝶的……"

②按顺序将所有拼图归位。归位时可抚摸拼图的边缘和底面边缘吻合的曲线部分，看两者是否吻合。

鱼类

③教师提示"请你指出蝴蝶的头部"等，请儿童辨认蝴蝶的身体部位。

（3）请儿童练习。

（4）工作结束，收教具和工作毯。

【错误控制】教具本身。

【兴趣点】蝴蝶的组成部分。

【注意事项】按顺序取出和归位。

【变化延伸】

1. 准备用虚线画出的蝴蝶，让儿童用彩笔画出蝴蝶的各个部位。

2. 制作蝴蝶身体部位的小书。

（二）鸟类

【教具构成】鸽子的骨骼标本，如图7-5所示。

【适用年龄】5岁以上。

【教育目的】

1. 直接目的：了解鸽子骨骼的名称。

图7-5　鸽子的骨骼标本

2. 间接目的：培养儿童对于动物学的兴趣。

【提示形式】个人提示。

【提示过程】

1. 准备。

2. 基本操作。

（1）介绍工作名称：鸽子的骨骼。

（2）教师示范：

①取出骨骼标本，请儿童猜一猜这是什么动物的骨骼。教师确认是鸽子的骨骼。

②教师指骨骼的头部，请儿童想一想，头部的骨骼叫作什么骨？得出结论，是"头骨"。继续依顺序介绍其他部位的骨骼名称。

③教师以三阶段教学法巩固儿童对骨骼名称的认识。

（3）请儿童练习。

（4）工作结束，收教具和工作毯。

【错误控制】教师。

【兴趣点】鸽子的骨骼。

【注意事项】教具要轻拿轻放。

【变化延伸】

1. 认识其他动物的骨骼，如兔子、蝙蝠的骨骼等。

2. 认识人类的骨骼。

（三）两栖动物

【教具构成】青蛙生长拼图，如图7-6所示。

【适用年龄】4岁以上（观察过蝌蚪和青蛙的儿童）。

【教育目的】

1. 直接目的：了解青蛙的生长过程。

2. 间接目的：培养科学探索的精神。

【提示形式】个人提示或小组提示。

【提示过程】

1. 准备。

2. 基本操作。

（1）介绍工作名称：青蛙的生长史。

（2）教师示范：

①教师询问儿童青蛙是怎样长大的，引出青蛙的生长过程。展示青蛙从卵到小蝌蚪，到蜕去尾巴，再到变成青蛙的分解拼图。描述青蛙的生长过程。

②请儿童根据青蛙的生长过程给图片排序。

③请儿童根据图片描述青蛙的生长过程。

（3）请儿童练习。

（4）工作结束，收教具和工作毯。

图7-6 青蛙生长拼图

爬行动物

哺乳动物

【错误控制】教具本身。

【兴趣点】青蛙的生长过程。

【注意事项】讲述青蛙生长过程要条理清晰。

【变化延伸】

1. 制作青蛙生长小书。

2. 了解其他两栖动物的生长史。

各个年龄段幼儿生命科学的关键经验

三、天文学

蒙台梭利认为，如果把宇宙观通过正确的途径传授给儿童，它不仅可以激发其兴趣，更能引起儿童探索广袤宇宙奥秘的欲望。学习天文学这门古老的学科，仍以"所有的一切是如何开始的"为开端来了解相应的内容，在教学中呈现给儿童的世界是完整、有序、联系、和谐、发展变化的，从而使儿童形成全面的、发展的世界观。本部分主要介绍太阳系、星座、气象现象等内容。

天文学练习示例

（一）太阳系

【教具构成】太阳系的三部分卡。

【适用年龄】4～6岁（已进行认识太阳系活动并对太阳系感兴趣的儿童）。

【教育目的】

1. 直接目的：认识太阳系中的行星、彗星，进行三部分卡配对。

2. 间接目的：培养儿童对太空的好奇心与探究兴趣。

【提示形式】小组提示。

【提示过程】

1. 准备。

2. 基本操作。

（1）介绍工作名称：太阳系的三部分卡配对。

（2）教师示范：

①取太阳系三部分卡放到工作毯上，将图卡从上到下排列好。

②取图文卡与已摆好的图卡从第一张起逐一进行比对，找到图案一样的就摆在一起，直至全部配对完毕。

③取字卡与图文卡从第一张起逐一进行比对，找到文字一样的就摆在一起，直至全部配对完毕。

④卡片按组跳收，箍上皮筋，放回三部分卡盒子。

（3）请儿童练习。

（4）工作结束，收教具和工作毯。

【错误控制】教具本身。

【兴趣点】配对的过程。

【注意事项】卡片按组跳收，3组不能混淆。

【变化延伸】可设计儿童感兴趣的游戏活动。

（二）星座

【教具构成】

1. 星座操作卡，如图7-7所示。

2. 与星座操作卡同样大小的彩色纸张若干。

3. 星星即时贴，彩色铅笔，小直尺。

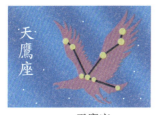
天鹰座

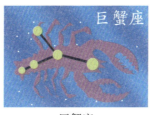
巨蟹座

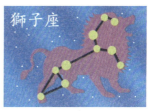
狮子座

图7-7 星座操作卡

【适用年龄】4岁以上（已有进行星座形状摆放操作练习经验的儿童）。

【教育目的】

1. 直接目的：学习制作星座图。

2. 间接目的：培养空间感知能力以及手眼协调能力。

【提示形式】小组提示或个人提示。

【提示过程】

1. 准备。

2. 基本操作。

（1）介绍工作名称：制作星座图。

（2）教师示范：

①将教具材料放在桌子上，然后铺开星座操作卡，请儿童挑选其中喜爱的一张，如"金牛座"。

②把作业纸放在操作卡下对齐，左手压牢操作卡，右手拿彩笔，在操作卡上的星点圆孔处画点。所有的星点画完后，拿掉操作卡，用小直尺按照操作卡的提示，在星点之间连线。在每个星点贴上星星即时贴，并写上星座的名字。

③请儿童欣赏画好的星座图。

（3）请儿童练习。

（4）工作结束，收教具。

【错误控制】星座三部分卡。

【兴趣点】完成后的喜悦。

【注意事项】按照星座操作卡摆放星座及制作纸张作业。

【变化延伸】可把制作的星座图集中起来，装订成星座小书。

（三）气象现象

【教具构成】

1. 介绍气象现象雪的图片封套。

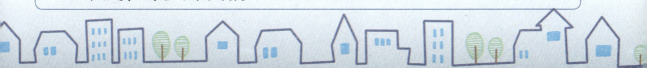

2. 介绍雪的视频。

【适用年龄】4 岁以上（对天气现象有兴趣的儿童）。

【教育目的】

1. 直接目的：学习气象知识，认识天气现象：雪。

2. 间接目的：培养儿童对天气现象的好奇和探究兴趣，发展感知力和观察力。

【提示形式】小组提示或团体提示。

【提示过程】

1. 准备。

2. 基本操作。

（1）介绍工作名称：气象现象。

（2）教师示范：

①提问"今天下雪了，想知道雪是怎么形成的吗？"

②出示介绍雪形成的图片，讲解雪的形成。

③介绍雪景和下雪后的活动。

④介绍雪的益处与害处。

（3）请儿童练习。

（4）工作结束，收教具。

【错误控制】教具本身。

【兴趣点】喜欢雪后的活动。

【注意事项】此活动适宜在下雪天进行。

【变化延伸】

1. 收集、欣赏雪景图片。

2. 制作雪娃娃的小书。

四、地质学

地质学是关于地球的物质组成、内部结构、外部特征、各层之间的相互作用和演变历史的知识体系。可引导儿童观察不同地区的地貌、不同类型的岩石，以及它们在现实生活中的用途等。在进行此部分教学时要与其他学科领域相结合，如地理学、物理学、海洋学、气候学等。地质学部分几乎没有现成的教具。这里主要介绍地球的圈层结构、岩石的三种类型的内容。

地质学练习示例

（一）地球的圈层结构

【教具构成】水陆地球仪、地层地球仪、彩色橡皮泥、刻刀 1 把。

【适用年龄】3 岁以上。

【教育目的】

1. 直接目的：了解地球内部是分层次的。

2. 间接目的：培养动手能力及探索的精神。

【提示形式】小组提示及团体提示。

【提示过程】

1. 准备。

2. 基本操作。

（1）介绍工作名称：地球的圈层结构。

（2）教师示范：

①展示水陆地球仪，引导回忆学过的地球仪知识。

②展示圈层地球仪，把它切开后，看到的圈层从外向里分别是地壳、地幔、外核、内核。

③介绍地壳的运动会导致环境和气候的变化，如恐龙的灭绝，它们的骨骼在地层里经过长时间变化会形成化石。

④用彩色的橡皮泥做地球圈层，黄色的搓成球做内核，橘黄色的包住内核做外核，红色的再包在外面做地幔，棕色的橡皮泥包在最外层做地壳，然后用刀切下一块就可以看到地球的圈层了。

（3）引导儿童用橡皮泥做地球圈层并展示制作成果。

（4）工作结束，收教具。

【错误控制】圈层地球仪的颜色。

【兴趣点】制作地球圈层的过程。

【注意事项】注意各层的颜色。

【变化延伸】可根据儿童的情况加深知识的介绍。

（二）岩石的三种类型

【教具构成】

1. 火成岩、沉积岩、变质岩各1块。

2. 火成岩、沉积岩、变质岩的字卡。

3. 红色垫布。

【适用年龄】3岁以上（学习过地球的圈层结构的儿童）。

【教育目的】

1. 直接目的：了解岩石的种类。

2. 间接目的：激发研究岩石的兴趣。

【提示形式】个人提示或小组提示。

【提示过程】

1. 准备。

2. 基本操作。

（1）介绍工作名称：岩石的类型和名称。

（2）教师示范：

①将红色垫布铺放于工作毯上，火成岩、沉积岩、变质岩从左至右摆放在红色垫布上。

②教师介绍"地球上岩石主要分三类，即火成岩、沉积岩、变质岩。火成岩在成岩之前如果岩浆喷出地面，就会形成火山；变质岩分布区多金属矿产，如金、银、铁等；沉积岩分布区

有煤和石油"。请儿童观察。

　　③将字卡与岩石配对，进行三阶段教学。

　　（3）请儿童练习。

　　（4）工作结束，收教具和工作毯。

【错误控制】字卡反面和岩石下面有控错点。

【兴趣点】岩石的不同形态。

【注意事项】注意介绍用语的准确性。

【变化延伸】到野外采集岩石。

五、地理学

　　地理学与地质学是不同的学科，主要涉及地球的组成、世界上的国家等内容，可分为自然地理、人文地理。教具主要是地图拼图和陆地及水域的构成图。本部分主要介绍地球上的方向及指南针、地球的地形、世界地图、七大洲、中国、绘制地图等内容。

地理学练习示例

（一）地球上的方向及指南针

【教具构成】2组东、西、南、北字卡，1组字卡提前贴在教室东、西、南、北方向的墙上。

【适用年龄】4岁以上。

【教育目的】

1. 直接目的：了解东西南北的名称和位置。

2. 间接目的：建立空间方位感。

【提示形式】小组提示或团体提示。

【提示过程】

1. 准备。

2. 基本操作。

（1）介绍工作名称：地球上的方向。

（2）教师示范：

①以字卡定位，请儿童面向北方站立，右手方向是东方，左手方向是西方，背后则是南方。

②用三阶段教学法进行字卡的东、西、南、北的名称练习。

（3）请儿童练习。

（4）工作结束，收教具。

【错误控制】墙上的字卡。

【兴趣点】寻找方位。

【注意事项】儿童在有了方向和方位感后可进入地理学的学习。

【变化延伸】

1. 利用自己的身体介绍上下、左右、前后的方位。

2. 利用阳光来确定东西南北的方向。

（二）地球的地形

【教具构成】

1. 砂纸地形图，如图7-8所示。

2. 陆地名称和水域名称标签。

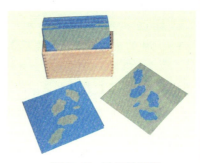

图7-8 砂纸地形图

【适用年龄】4岁以上。

【教育目的】

1. 直接目的：发展对地球海陆分布的平面认识。

2. 间接目的：为认识地球仪上的海陆分布做准备。

【提示形式】小组提示或团体提示。

【提示过程】

1. 准备。

2. 基本操作。

（1）介绍工作名称：砂纸地形图。

（2）教师示范：

①展示砂纸地形图，说出地形图上的陆地名称和水域名称。

②把陆地名称和水域名称进行对应，将标签与砂纸地形图上的陆地和水域进行配对。

③利用三阶段教学法进行名称练习。

（3）请儿童练习。

（4）工作结束，收教具和工作毯。

【错误控制】教师。

【兴趣点】配对过程。

【注意事项】反复练习。

【变化延伸】制作地形图。

（三）世界地图

【教具构成】

1. 世界地图拼图。

2. 七大洲彩色地球仪。

3. 七大洲的地图卡片和名称卡片。

4. 世界地图气球。

【适用年龄】4岁以上（学习过立体地形地球仪的儿童）。

【教育目的】

1. 直接目的：认识地图上七大洲的名称和位置。

2. 间接目的：发展空间方位感。

【提示形式】小组提示或团体提示。

【提示过程】

1. 准备。

2. 基本操作。

（1）介绍工作名称：世界地图拼图。

（2）教师示范：

①出示七大洲彩色地球仪，"这代表地球，我们看看地球的平面图"。出示世界地图拼图，"这是地球的平面图，分成两部分，左边代表地球的西半球，右边代表地球的东半球"。

②"地球的平面图是怎么来的呢？"将世界地图气球剪开，通过科学的方法，展开后成平面地图，请儿童观察并与地球的平面图进行比较。

③逐个取出各大洲的地图拼图，将每个大洲和七大洲彩色地球仪上进行比对，观察它们是否是同样的。

④用三阶段教学法进行世界地图拼图上七大洲的名称练习。

⑤将七大洲拼图按顺序排列与各洲名称的字卡对应。将七大洲的图卡与七大洲拼图对应。

⑥将七大洲拼图嵌入原位。

（3）请儿童练习。

（4）工作结束，收教具。

七大洲

【错误控制】教师和教具本身。

【兴趣点】地球平面图的由来。

【注意事项】每次适宜介绍三个洲的名称。

【变化延伸】

中国

1. 进行各洲相邻关系的认识。

2. 画世界地图。

3. 制作地球平面图的小书。

（四）绘制地图

【教具构成】

1. 白纸 1 张。

2. 彩色铅笔，直尺。

【适用年龄】4 岁以上。

【教育目的】

1. 直接目的：认识教室里物品的平面位置，感知平面抽象的地形。

2. 间接目的：发展空间方位感。

【提示形式】小组提示或团体提示。

【提示过程】

1. 准备。

2. 基本操作。

（1）介绍工作名称：绘制教室的平面图。

（2）教师示范：

①观察教室的整体情况，明确方位，测量大小，记住物品的摆放。

②回忆教室的情况，描述细节。

③画教室的平面图，与真实环境对比后调整补充，涂色装饰，标记方位。

（3）请儿童练习。

（4）工作结束，收教具。

【错误控制】儿童方位的认识。

【兴趣点】与真实环境的吻合程度。

【注意事项】注意明确方位。

【变化延伸】

1. 绘制幼儿园或家庭的平面图。

2. 儿童作品展览。

各个年龄段幼儿
地球与空间科学
的关键经验

六、科学实验

　　科学实验是儿童探索活动的基础，通过科学实验可以培养儿童的科学兴趣，了解生活中的科学现象，构建科学的思维方式，从而能用科学的方法发现问题和解决问题，在儿童期种下的科学探索的种子，使其成年后会将探索作为基本的生活态度和思维方式。因此，实施蒙台梭利科学实验活动要选择恰当的内容、做好充分的准备并采用适当的实验方法，使儿童能亲身参与到实验当中，感受科学实验的魅力。科学实验部分没有可操作的基础教具。蒙台梭利科学实验主要包括水的特性、空气的特性、光的特性、力的特性、磁铁的魔力等。

科学实验练习示例

（一）水的特性

【教具构成】

1. 透明玻璃容器，装好 $\frac{2}{3}$ 的水。

2. 1个大容器里混放着各种物品，分为下沉、悬浮、漂浮三种；3个空的小容器。

3. 3张沉浮图字卡片，记录纸和笔。

4. 海绵块，小毛巾，捞物品的漏勺。

【适用年龄】4岁以上。

【教育目的】

1. 直接目的：认识水的浮力。

2. 间接目的：培养观察和逻辑思考能力。

【提示形式】小组提示或团体提示。

【提示过程】

1. 准备。

2. 基本操作。

（1）介绍工作名称：水的浮力。

（2）教师示范：

①将准备好的物品逐一放入透明玻璃容器内，观察有些物品浮在水面，有些物品悬浮在水

中，有些物品渐渐沉入水中。

②排好3个小容器，对应放上下沉、悬浮、漂浮的图字卡片，并将物品分类打捞，放进对应的容器中。

③教师总结，"这些物体有的漂浮在水面，有的悬浮在水中，有的沉到水底，可见，水有浮力，可以托起一些物体，但有的物体就不能浮起来。"

④运用三阶段教学法进行"下沉的""悬浮的""漂浮的"名称练习。

⑤进行实验结果的记录。

（3）请儿童练习。

（4）工作结束，收教具。

【错误控制】材料本身。

【兴趣点】儿童观察物品在水中的不同沉浮现象。

【注意事项】在用水工作区域进行此项工作。

【变化延伸】生活中找材料进行实验。

（二）空气的特性

【教具构成】

1. 2个气球。

2. 打气筒、细绳、剪刀。

【适用年龄】4岁以上（已有操作天平秤经验的儿童）。

【教育目的】

1. 直接目的：认识空气的重量。

2. 间接目的：增强对科学的兴趣。

【提示形式】小组提示或团体提示。

【提示过程】

1. 准备。

2. 基本操作。

（1）介绍工作名称：空气的重量。

（2）教师示范：

①把2个气球和细绳放到天平秤上，校正天平秤使之平衡。

②"空气有没有重量呢？"把一个气球用打气筒充上气，用细绳系紧。把充满气的气球放上天平秤，发现充气的气球一端的天平沉下去了。

③儿童讨论是谁使这个气球的重量增加了呢？答案是气球里的空气。

④教师总结，"这证明空气是有重量的。"

（3）请儿童练习。

（4）工作结束，收教具。

【错误控制】气球的变化。

【兴趣点】实验中看到的现象。

【注意事项】

1. 预防气球爆开。

2. 要把系气球的细绳和空气球一起放到天平秤上。

【变化延伸】用密封的塑料袋做同样的实验。

（三）光的特性

【教具构成】

1. 2片镜片。

2. 1张硬纸板。

3. 1根蜡烛。

【适用年龄】3岁以上。

【教育目的】

1. 直接目的：感受光的特性。

2. 间接目的：增强对科学的兴趣。

【提示形式】个人提示。

【提示过程】

1. 准备。

2. 基本操作。

（1）介绍工作名称：光的多角度折射。

（2）教师示范：

①将纸板对折，将2片镜片贴在纸板的内侧。

②将对折带有镜片的纸板立在儿童面前，点亮蜡烛，数一数在镜子中可以看到多少个蜡烛？

③教师总结，"光具有多角度折射性"。

（3）请儿童练习。

（4）工作结束，收教具。

【错误控制】教师指导。

【兴趣点】实验中看到的现象。

【注意事项】注意安全使用镜子、蜡烛。

【变化延伸】制作"水"镜子，到户外观察水面的反射。

（四）力的特性

【教具构成】

1. 2个完全一样的瓶子，里面分别装有同等重量的沙子和水。

2. 1块长方形木板，几本厚书。

3. 文字卡片：摩擦力。

【适用年龄】4岁以上。

【教育目的】

1. 直接目的：认识摩擦力。

2. 间接目的：增强对科学的兴趣。

【提示形式】小组提示或团体提示。

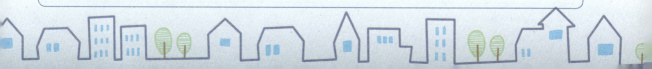

【提示过程】

1. 准备。

2. 基本操作。

（1）介绍工作名称：摩擦力。

（2）教师示范：

①用长方形木板和几本厚书搭一个斜坡。

②把2个瓶子放在木板上，从同一高度开始向下滚动，观察哪一个先到达终点。为什么？

③教师总结："因为沙子对瓶子内壁的摩擦力比水对瓶子内壁的摩擦力要大得多，而且沙子之间还会有摩擦，所以装有沙子的瓶子滚动下滑慢。这就说明摩擦会产生阻力。"

（3）请儿童练习。

（4）工作结束，收教具。

【错误控制】教师。

【兴趣点】实验中看到的现象。

【注意事项】实验应在地面进行，设置瓶子滚动的终点。

【变化延伸】换瓶子内的物质再进行实验。

（五）磁铁的魔力

【教具构成】磁铁，小筐中装有塑料块、铁块和木制品若干。

【适用年龄】4岁以上。

【教育目的】

1. 直接目的：认识磁铁的特点，辨别可以被磁铁吸附的物品。

2. 间接目的：培养探索精神。

【提示形式】小组提示。

【提示过程】

1. 准备。

2. 基本操作。

（1）介绍工作名称：认识磁铁。

（2）教师示范：

①出示磁铁并介绍名称。将磁铁靠近铁制品，观察铁制品的变化。再将磁铁靠近另外的物品，观察其他物品的反应。

②请儿童将物品按照磁铁可以吸附和不能吸附分类。

③总结被吸附物体的特征。

（3）请儿童练习。

（4）工作结束，收教具。

【错误控制】是否被吸附。

【兴趣点】物体被磁铁吸附。

【注意事项】教师语言的科学性。

【变化延伸】用磁铁尝试吸生活中的各类物品。

各个年龄段幼儿物质科学的关键经验

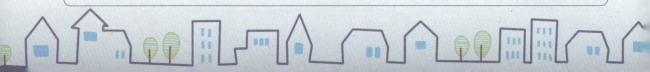

七、历史学

历史是时间流淌的过程，通过对历史的学习，使儿童渐渐地理解所有事物都是不断发展的，时间是连续的，生命是延续的，使儿童感受到人与历史的关系，感受时间的意义，从而去珍惜时间。历史学部分的教具有计时器、时钟、日历表等，但大部分教具需要自制。本部分主要介绍人的成长、认识时间、个人时间线、国家的历史、人类的历史、地球的历史等内容。

历史学练习示例

（一）人的成长

【教具构成】

1. 人的成长图卡，如图 7-9 所示。

图7-9 人的成长图卡

2. 儿童自己的成长照片。

【适用年龄】4 岁以上。

【教育目的】

1. 直接目的：知道人的成长历程。

2. 间接目的。

（1）培养儿童关爱父母的意识。

（2）建立时间发生的前后次序及连贯性的概念。

【提示形式】小组提示或团体提示。

【提示过程】

1. 准备。

2. 基本操作。

（1）介绍工作名称：人的成长历程。

（2）教师示范：

①与儿童一起观看图片，通过讲解使儿童了解人的成长过程。

②将散放的图卡按照人的成长过程进行排列。

③运用三阶段教学法进行婴儿、幼儿、少年、青年、中年、老年的名称练习。

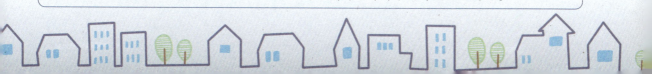

④请儿童观看自己的成长照片，了解自己从出生到目前的成长和变化。

⑤引导儿童讨论，体会父母的辛苦，提示要帮助爸爸妈妈做事情。

（3）请儿童练习。

（4）工作结束，收教具和工作毯。

【错误控制】教师。

【兴趣点】自己的成长历程。

【注意事项】注意引导儿童使用完整语言表达想法。

【变化延伸】

1. 制作人的成长的小书。

2. 回到家中和父母交流。

（二）认识时间

【教具构成】

1. 昨天、今天、明天时间表，如图7-10所示。

2. 儿童活动的字卡和图片，"过去""现在""将来""已经做过的""正在做的""还没有做的"等字卡。

【适用年龄】4岁以上。

【教育目的】

1. 直接目的：认识连续时间的表示形式。

2. 间接目的：理解时间的发展进程，感知过去活动留下的记录。

【提示形式】小组提示或团体提示。

图7-10　昨天、今天、明天时间表

【提示过程】

1. 准备。

2. 基本操作。

（1）介绍工作名称：了解昨天、今天、明天的含义。

（2）教师示范：

①教师"今天是几月几日？"把相应的字卡放到时间表的"今天"的栏目下。用同样的方法，摆好"昨天"和"明天"的相应字卡。用日历进行对照检查。

②教师"今天我们做了哪些活动？"把相应活动的字卡和图片放在时间表的"今天"的栏目下。用同样的方法，摆好"昨天"和"明天"的相应活动字卡和图片。

③教师指着昨天的活动栏，"这些活动是我们已做过的活动"，把"已经做过的"字卡放在下面。用同样的方法，摆好今天"正在做的"和明天"还没有做的"字卡。

④教师指着时间表总结，"今天"就是现在，是我们正在进行的时间；"昨天"是刚刚过去的一天，是已经过去的时间；"明天"是还没有到来的时间，是即将到来的一天。所以，昨天代表过去，今天代表现在，明天代表将来。

⑤运用三阶段教学法练习"昨天""今天""明天"等名称。

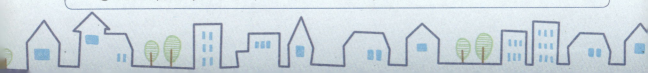

（3）请儿童练习。

（4）工作结束，收教具和工作毯。

【错误控制】日历。

【兴趣点】昨天、今天、明天时间表。

【注意事项】可利用餐前等时间反复练习巩固。

【变化延伸】制作本班的时间册。

（三）个人时间线

【教具构成】

1. 儿童照片（衬纸的颜色和时间线的颜色一致，塑封）。

2. 时间线（6年，每年一个颜色，每格一个月）。

【适用年龄】4岁以上（已有过去、现在时间概念的儿童）。

【教育目的】

1. 直接目的：感受个人成长的历史。

2. 间接目的：理解时间的发展进程，感知过去活动留下的记录。

【提示形式】小组提示或团体提示。

【提示过程】

1. 准备。

2. 基本操作。

（1）介绍工作名称：我的成长历程。

（2）教师示范：

①出示时间线并进行介绍。

②将准备好的照片散放，从中找出一张，按标明的时间贴在对应的时间线上，依次贴完剩余的照片。

③观察人的变化，并讲述某张照片的故事，请儿童分享感受。

（3）请儿童练习。

（4）工作结束，收教具和工作毯。

【错误控制】照片衬纸和时间线颜色的对应。

【兴趣点】成长的故事。

【注意事项】照片要事先标上日期。

【变化延伸】

1. 作品的时间线。

2. 班级的时间线。

国家的历史

（四）人类的历史

【教具构成】

1. 人类服装演变历程中具有代表性的图片（衬纸的颜色和文字卡片的颜色一致，塑封；有简要文字说明）。

2. 图片对应的名称文字卡片。

【适用年龄】4 岁以上（已有过去、现在时间概念的儿童）。

【教育目的】

1. 直接目的：了解人类文化的历史，感受发展的历程。

2. 间接目的：理解时间的发展进程，感知过去活动留下的记录。

【提示形式】小组提示或团体提示。

【提示过程】

1. 准备。

2. 基本操作。

（1）介绍工作名称：人类服装的演变。

（2）教师示范：

①出示人类服装演变历程的图片。

②观察图片，并介绍每张图片上的变化。

③按照时间顺序排序，给图片配上对应的名称文字卡片。

④欣赏图片，讨论并分享感受。

（3）请儿童练习。

（4）工作结束，收教具和工作毯。

【错误控制】图片衬纸和文字卡片颜色的对应。

【兴趣点】服装的巨大变化。

【注意事项】图片的选择要具有代表性。

【变化延伸】

1. 制作人类服装变迁的小书。

2. 创作我最喜爱的服装的小书。

地球的历史

⭐ 学习评价

1. 解释蒙台梭利科学文化教育的含义。

2. 结合实例说明蒙台梭利科学文化教育的意义和目的。

3. 列举蒙台梭利科学文化教育的内容。

4. 试述蒙台梭利科学文化教育的实施原则与指导方法。

5. 任选蒙台梭利科学文化教育领域内容撰写工作展示页，并进行实操练习。

6. 根据科学文化教育内容的划分，每部分自制一个教具并设计教学展示页，进行课堂展示。

阅读导航

考点聚焦

第三篇

蒙台梭利教育的中国化

第八章　蒙台梭利教育在中国与中国蒙台梭利教育

"课程思政"指引
关键词：家国情怀　社会责任

 内容提要

　　本章介绍了蒙台梭利教育在中国引进与传播的四个阶段，以及蒙台梭利教育对中国学前教育的影响。同时，以蒙台梭利教学展示页的形式呈现了自制教具的操作范例，且对创制的教具进行了相关分析，希冀蒙台梭利教育在中国化的过程中能不断完善和创新，更好地为中国学前教育的改革和发展服务。

 学习目标

1. 了解蒙台梭利教育在中国引进与传播的阶段。
2. 理解蒙台梭利教育的引进和传播对中国学前教育的影响。
3. 能写出蒙台梭利各领域自制或创制教具的展示页。

第一节　蒙台梭利教育在中国的引进与传播

　　自蒙台梭利的"儿童之家"教育改革实验成功以后，蒙台梭利及其教学法闻名遐迩，中国也在希求通过教育变革，在"西学东渐"的大潮中，与欧美国家同时期引入了与当时中国新文化运动背景相适应的蒙台梭利教育思想与方法。该思想与方法伴随着中国的政治、经济、教育的变化，经历了几个具有不同特点的传播与发展阶段，给中国的学前教育带来了可资借鉴的模式和方法。经过历史的洗涤，虽然蒙台梭利教育思想和方法依然光彩熠熠，但在本土化的过程中还需不断完善和创新，使其能更好地为中国学前教育的改革和发展服务，成为中国的蒙台梭利教育。

一、蒙台梭利教育在中国的引进与传播阶段

蒙台梭利教育在中国引进与传播至今已有 100 多年的历程，其发展历程可以分为以下四个阶段。

1. 蒙台梭利教育思想的逐步引入及实践领域的初步探索阶段

自 1913 年志厚率先介绍蒙台梭利教育起，开启了蒙台梭利教育在中国的传播之门。之后三十多年间，中国蒙台梭利教育虽与世界各国引进蒙台梭利教育思想的时间相差无几，但发展较为缓慢且引进传播的途径较单一，内容多是对蒙台梭利生平、教育思想、教学法的翻译介绍。这些介绍也主要集中于近现代新教育舆论执牛耳的刊物《教育杂志》和《中华教育界》，研究者也局限于极少数的专家、学者，并没有出现深入的理论探讨和广泛的实践研究。但在志厚的论文中曾指出，对于蒙台梭利教育方法不能简单移植于中国；在陈鹤琴的《幼稚教育之新趋势》中，对蒙台梭利教学法提出了质疑，认为蒙氏教法"非常呆板，极少变化"。据 1913 年至 1928 年的统计，《教育杂志》上有关蒙台梭利学说的文章，包括寥寥数语提及蒙台梭利的共计 21 篇，其中有 13 篇是对蒙台梭利本人以及教育思想和方法的研究；《中华教育界》所刊登的文章是《教育杂志》的 1/3 左右；这些文章集中于 1915 年前后。到 1928 年前后，因我国幼稚教育中国化探索的快速发展以及蒙台梭利教育思想与方法和当时中国社会的不适宜性及其自身固有的不足，所以蒙台梭利教育思想与方法的研究由热情渐趋冷淡，直至走向低落。

传播蒙台梭利教育思想的主要教育刊物及著作

在实践上，这一阶段是蒙台梭利教育的初步探索阶段，因受当时政治、经济的影响，蒙台梭利教育法在中国早期实践发展中并不充分。

始于 1914 年在江苏省成立的"蒙台梭利教育法研究会"对于蒙台梭利教育思想和方法的介绍，为蒙台梭利学前教育思想在中国的引进起到了重要的促进作用。在《记新教具之研究》中记载，江苏省教育机构专门召开研讨会，将美、日、中三个国家制作的蒙氏教具列一处进行比较，比较后做出了两个方面的决定：一是改造蒙氏教具使之适合我国国情，二是降低制作工料成本。商务印书馆还仿制发行了蒙台梭利的教具，据资料记载，当时购买这种教具的幼稚园很多。

1923 年，国立北平女子师范大学附属蒙养园引进了蒙氏教学方法，使得蒙台梭利教育思想从理论走入了中国学前教育的实践中，虽然蒙养园开办得有声有色，但因师资匮乏、缺少设备，教具投入费用太高，3 年后便停办了。对于其实施的具体情况如何，操场和教室的建设装饰、教具的购置使用、教师与学生的互动交流，以及儿童教育理论的丰富完善却没有可供参考的记录资料。此外，南高师附属幼稚园、集美幼稚园、南京鼓楼幼稚园、北京香山慈幼院、北平幼稚师范学校附属幼稚园、陆秀开办的成都实验幼儿园等都受到蒙台梭利教育思想的影响或灵活地运用了蒙台梭利教学法的理念。

1926 年，儿童教育家张宗麟在论述当时幼稚师范问题时，列出的江苏省第一女子师范学校附设幼稚师范课程表中，显示第二学年下学期教育科目一栏中有"福禄贝尔及蒙台梭利传记及学说"科目，这科目有 2 个学分，这说明当时蒙台梭利教育法在我国的幼稚师范课程中，还是占有一席之地的。

20 世纪 30 年代初，蒙台梭利曾致函中国教育部部长蒋梦麟，邀请中国派员赴罗马参加教师培训，并征集中国采用该教育的报告及书籍。1931 年教育部在回复中说："查该项教育方法，我国学校于十年以前早已实验；当时因力求适合其教学原则起见，并制就蒙台梭利教具应用。唯据实验者言，该项方法需用教具过多，每个儿童须给以价值华币五十元左右之教具，似觉不甚经济，难以通行于全中国。近日，中国各地方所设幼稚园及小学低年级，大率用设计教学法，利用生活环境、日常所见所闻之事物为教学材料，不甚注重选用较有机械性之特制教具，故对于该项教学方法，仅师其意，实无具体之试验报告可转达。"这基本上反映了当时蒙台梭利教育在中国未能广泛传播的实际情况，该函在各省教育行政刊物上转载刊登，为蒙氏教学法的后续研究和推行暂时画上了句号。据现有资料显示，我国在 1949 年以前直接以蒙台梭利教育法命名的幼儿园无史料记载。

2. 蒙台梭利教育思想被批判及实践领域的无人问津阶段

1949 年，我国把学习苏联教育经验作为建设新教育的指南，对 1949 年以前引进的西方国家的学前教育思想持全盘否定的态度，并进行了彻底的批判，蒙台梭利教育理论和方法尤其受到严厉的质疑和批判，认为其"理论源于唯心主义世界观及资产阶级的儿童中心主义；教育方法强调借助教具对儿童进行感官训练，被定性为机械的教育方法；教学方法是建构在对弱智儿童进行教育的实践总结，这样的方法不能应用于正常儿童"。如此尖锐的批判导致了蒙台梭利教学法如烫手的山芋，无人去研究和讨论，在实践中更是无人问津。尽管 20 世纪 50 年代末 60 年代初"学苏"逐渐淡化，但苏联的教育理论和经验对我国学前教育的影响是持久且深刻的。此后的十年动乱更是给我国学前教育的发展造成了严重的损失。可以说，在这一段时间内，蒙台梭利学前教育思想在一片批判声中逐渐被人们淡忘。

这个时期，只有我国台湾地区有学者撰写有关蒙台梭利教育的文章，如 1954 年陈腾祥写的《简介蒙台梭利教育法》、1964 年田培林和贾馥茗写的《蒙台梭利的儿童教育》、1971 年刘昆辉写的《蒙台梭利教育思想的重新评价》等文章。硕士学位论文也有以蒙台梭利教育理论和方法为题的，如 1974 年陈诞的《蒙台梭利儿童教育思想》等。

3. 蒙台梭利教育思想的再次引进及实践领域探索的日渐深入阶段

1978 年以后，蒙台梭利学前教育思想重新引起了人们的关注和重视。在这个阶段中，对蒙台梭利学前教育思想所持态度不一：有的极力推崇，有的则仍持排斥和批判的态度；理论研究有所增加，但缺乏深度；引进途径和传播渠道有所扩展。

蒙台梭利学前教育思想开始走入教材中，如罗炳文编著的《外国教育史》、谢觉一等编著的《简明外国教育史》、滕大春主编的《外国近代教育史》等。这一阶段介绍蒙台梭利教育最为重要的书籍是 1985 年由北京师范大学出版社出版、卢乐山编著的《蒙台梭利的幼儿教育》。台湾地区在此阶段出版了中国第一份有关蒙台梭利教育理论和方法的刊物——《蒙台梭利》双月刊。

这个阶段台湾地区的研究与实践较之大陆还是走在前列的。1985 年，单伟儒发起成立了台湾蒙台梭利启蒙研究基金会，并开办了蒙台梭利师资研习中心，有 4 所"儿童之家"实验蒙台梭利教育方法。1989 年成立了教具服务中心，提供日常生活、感觉、数学及科学文化教具，还推出了一套 28 集的 3 ~ 6 岁儿童蒙台梭利教学录像带。

4. 蒙台梭利教育思想的研究深化及实践领域探索的全面展开阶段

20世纪90年代以后，对蒙台梭利学前教育思想的介绍和研究逐渐丰富起来。这一阶段的理论研究趋于深入，开始构建中国化的蒙台梭利教育理论框架并走入实践领域，对蒙台梭利本土化实验研究的进展及取得的效果进行分析；引进、传播的媒介多样化，学术团体、广播、电视、音像制品、网络成为人们学习的重要平台，蒙台梭利幼儿园成为实践蒙台梭利教育本土化的重要渠道；蒙台梭利教育思想的研究论文、译著和研究蒙台梭利教育法的相关著作层出不穷。进入21世纪，蒙台梭利学前教育思想的研究达到了空前的水平。

关于蒙台梭利教育的译著、专著和中国化方面研究的主要著作

在学位论文方面，数量渐趋增多，为人们了解蒙台梭利学前教育思想，了解蒙台梭利教育实践在中国的开展提供了丰富的资料。据粗略统计，截至2020年10月，检索到的研究生学位论文共62篇。

研究蒙台梭利教育的学位论文

在教材方面，也有了专门的面向高校学前教育专业的蒙台梭利教学用书，主要有2011年6月由复旦大学出版社出版，吴晓丹主编的《蒙台梭利教育思想与方法》；2014年1月由中央广播电视大学出版社出版，孔翠薇、郝维仁主编的《蒙台梭利教育理论与教育实践》；2014年8月由北京师范大学出版集团出版，李桂云主编的《蒙台梭利婴幼儿教育思想与实践》；2015年3月由高等教育出版社出版，刘迎杰主编的《蒙台梭利教学法》；2018年3月由九州出版社出版，李芳霞主编的《蒙台梭利教育理论与实践》。

在实践上，这一阶段是蒙台梭利教育探索的全面展开阶段。1994年，北京师范大学与台湾蒙台梭利启蒙研究基金会合作引进蒙台梭利教育的研究项目，北京师范大学实验幼儿园及北京市北海幼儿园成为该项目的实验基地。暑假即由台湾派来的讲师在北京师范大学对幼儿教师进行培训后，秋季"蒙台梭利教育中国化实验研究"的课题便正式启动。同时，北京师范大学威斯达公司对蒙台梭利教具进行研发生产，并于1996年完成。这标志着蒙台梭利教育在我国的第二次发展拉开序幕。

1998年，国内最早的开展蒙台梭利师资培训的基地"北京师范大学实验幼儿园教育研究中心"成立，隶属于北京师范大学，面向全国培训蒙台梭利教师及相关专业人员。这标志着一个权威性的、高层次的蒙台梭利教师培训计划在我国全面启动。北京师范大学和美国蒙台梭利协会（AMS）的合作，也标志着我国蒙台梭利师资培训正式与国际接轨。

1999年5月，北京蒙台梭利教育研究中心负责的教育部重点课题"科学教育——开发儿童少年潜能"的子课题"中国蒙台梭利"开题，由著名的学前教育专家梁志燊教授主持。自2000年以来，该课题组在全国范围内的10个省选择了22个实验幼儿园进行实验研究。梁志燊在2002年主编出版了《家庭中的蒙台梭利教育》丛书，2004年出版了《蒙台梭利教育在我国幼儿园中的应用》一书，总结了其从实验到推广的过程以及摸索出的经验与感悟，介绍了蒙台梭利教育在我国幼儿园中的应用。

教育部除了批准北京师范大学成立专门研究蒙台梭利教育的课题组之外，在南京大学和宁夏等地也设有研究蒙台梭利教育的研究组织。2005年，中国蒙台梭利协会（CMS）在青岛成立，

该协会自 2006 年举办第一届中国蒙台梭利教育国际研讨会始，到 2020 年已成功举办了 14 届，为中国蒙台梭利的研究提供了国际性的视角，协会还形成了标准化的蒙台梭利教师培训体系，培训了大批的蒙台梭利教师。这些都为中国蒙台梭利教育的发展起到了极大的推动作用。

二、蒙台梭利教育的引进和传播对中国学前教育的影响[①]

蒙台梭利教育在经历了沉浮曲折之后，又重新获得了广泛的追捧，探究蒙台梭利教育在中国理论上的引进和传播以及实践上的深入和发展，可以看出其对中国学前教育的影响，使人们更清楚地了解，采用蒙台梭利教育方法可以为当下进行的学前教育改革提供参考和借鉴，进而推动我国学前教育的改革进程。

1. 改变了人们的学前教育观念

蒙台梭利学前教育思想是在批判旧教育、改革传统教育的呼声中引进的。它改变了以成人为本位、以传授知识为主的教育模式，改变了否定儿童的能力、用成人的尺度去评价儿童的观念。蒙台梭利认为，"儿童的生命不是一种抽象的概念，而是一个一个儿童的生命"，"儿童存在着与生俱来的'内在的生命力'，……这种生命力是一种积极的、活动的、发展着的存在，它具有无穷无尽的力量"。因此，"教育的任务是激发和促进儿童的'内在潜力'的发现，并按其自身规律获得自然和自由的发展"。

关于儿童，她认为："儿童不是成人和教师进行灌注的容器，不是任意可以塑造的蜡或泥，也不是可以任意刻画的木块；不是父母和教师培植的花木或饲养的动物，而是一个具有生命力的、能动的、发展着的活生生的人。"这种儿童观主张通过自觉的工作，使儿童获得崇高的意识，在这种意识的发展中获得坚持履行其任务的冲动，并在兢兢业业地完成它的进程中表现出理性快乐的冲动，从而在工作中实现生理器官的发育和日益强壮以及精神的健全，获得全面的发展。

蒙台梭利的教育观对教师的作用作了全新的阐释，对教师提出了要求，将教师从课堂上的主导地位变成了内心的辅导者，让儿童通过自由选择且愉快的工作来达到教学目的，而教师则应感到自己是受兴趣的强烈驱使而"看到"儿童的精神现象，并体验到一种宁静的快乐和不可遏止的观察欲望，以一名观察者、指导者、准备者的身份，与儿童共融在环境中。

总之，蒙台梭利教育观、儿童观、教师观都诠释着教育体系的精华，使教育能够真正地激发生命，让生命自由发展。蒙台梭利的教育思想从各方面给我国的学前教育带来了启示和借鉴，改变着人们的观念。

2. 提供了学前教育改革可资借鉴的模式

蒙台梭利学前教育思想的引进和传播，第一，改进了传统教育中采用的自上而下的传授法。蒙台梭利主张把科学地观察与研究儿童作为教师首要的必备条件，主张在"消极"观察的基础上，还应该"积极"地引导儿童生命的发展，即通过给儿童提供环境和工作材料，使儿童通过

---

① 此部分的一些内容引自 2014 年 1 月由中央广播电视大学出版社出版，孔翠薇、郝维仁主编的《蒙台梭利教育理论与教育实践》一书。

自我教育得到发展。这种教学法的引入，使人们开始重视环境的创设，并开始给儿童一定的自由，让儿童在自由、自主的活动中得到正常化的发展。第二，丰富了学前教育内容，包括日常生活练习、感觉教育、数学教育、语言教育和科学文化教育。特别是感觉教育中感官教具的应用所得到的广泛认可，成为至今最完备、应用最广的感觉训练教具。她的读写算和实际生活训练也为学前儿童的文化教育提供了有效的范例。第三，丰富了教学组织形式。在教学组织形式上实行混龄编班，在我国目前儿童兄弟姐妹少，社会性发展受到制约的情况下，混龄编班对于促进儿童的社会性发展更能发挥出独特的作用。

蒙台梭利的教学方法、有准备的环境、丰富的教育内容以及混龄的教学形式，给我们提供了借鉴之处。我国的学前教育在其理论的影响下不断改革、探索，以观察儿童和建构扶持儿童发展的新观念为基础的方法，使学前教育充分地激发儿童的各种潜能，帮助儿童心智的发展，协助儿童健康地成长。

3. 提供了学前教育研究的科学指导原则

蒙台梭利在学前教育研究中坚持不懈、耐心观察的精神，为学前教育研究树立了榜样。蒙台梭利从观察儿童如何使用教具开始，发现儿童的需要，根据儿童的需要调整环境的准备，最终实现促进儿童发展的目标。蒙台梭利将这一过程称为"实验科学方法"。蒙台梭利提倡在学前教育中贯穿研究精神，这种研究精神不只表现为外部技术的娴熟，其实质在于内部精神的差别。蒙台梭利认为理想的教师应该是观察员，"必须以科学家的精神，运用科学的方法去观察和研究儿童，揭示儿童内心的世界，发现童年的秘密，……必须在自然条件下，在儿童的自由活动中去观察研究'自由儿童'及其表现"，"把实验作为发现生命真谛和揭示生命奥秘的手段……在探索的道路上对大自然的神奇奥妙充满着热爱和忘我的精神"。

蒙台梭利认为只培养教师具有娴熟的知识、技能和科学精神是不够的，还要培养教师对于研究人的兴趣——教师精神，要为教师准备可供其进行科学观察和科学实验的学校，让他们在"唤醒智力生命中研究人"。蒙台梭利的"理论学习和实地观察相结合"的研究观点，至今仍是我们进行学前教育科学研究应坚持的原则之一。

4. 推动了我国学前教育改革的进程

目前，蒙台梭利学前教育机构已遍布全国除西藏自治区外的省、自治区和直辖市。很多幼儿园引入了蒙台梭利教育思想，与本园的实际相结合，走出一条具有自己特色的蒙台梭利教育之路。同时，蒙台梭利学前教育开始走入家庭，影响着家长的教育观念、教学方法和教养态度。一些家长开始通过各种渠道了解蒙台梭利学前教育思想，并在这一思想的影响下逐渐改变了原有的教育观念，尊重儿童、科学地观察儿童和教育儿童，将这一科学的教育法用于实际的教育中。

蒙台梭利教育思想推动了学前教育的改革，在2001年教育部颁布的《幼儿园教育指导纲要（试行）》和2012年颁布的《3—6岁儿童学习与发展指南》中，都可以找到与蒙台梭利教育高度相融之处。

总之，蒙台梭利的教育思想和实践几乎涵盖了幼儿教育的各个领域，其理论和实践在许多方面具有独到之处，能够在一定程度上解决当前我国儿童教育中存在的问题。

但是，在学习蒙台梭利教育的过程中，有些问题必须引起足够的重视，因为只有面对并努

力克服这些问题，才能使其更好地服务于当下的学前教育发展。

第一，时间性问题。蒙台梭利教育理论诞生于 19 世纪末 20 世纪初，距今已经有百年历史，古为今用的最大问题不只是时间的穿越，还有理论的条件、使用条件问题，忽略这些问题的研究，就会出现僵化、教条的现象，可能出现凡能运用蒙台梭利教具的教师就是掌握了"先进"教学法的好教师，凡进行了蒙台梭利环境创设和配备了蒙台梭利教具的机构就是"先进"的儿童教育机构的现象。

第二，地域性问题。毕竟蒙台梭利教育贴有意大利的专属标签，虽然蒙台梭利本人致力于其理论的国际化，蒙台梭利教育理论的追随者矢志于将该理论国家化、民族化，但是本土化问题一直客观存在，即如何实现中国的蒙台梭利教育。

第三，局限性问题。随着对蒙台梭利教育思想研究的不断深入，人们对蒙台梭利教育自身存在的弊端也有了更深的认识，人们越发意识到，蒙台梭利教育在我国本土化过程中出现了诸如教具使用机械化、教师培训形式化和办学形式异化等问题。如果不能很好地解决这些问题，就会助长那些冠以"蒙台梭利"之名、不行"蒙台梭利"之实的儿童教育机构遍布各地。

第四，适应性问题。适应性问题主要是指中国式蒙台梭利教育在推行中的地区包容问题，准入门槛问题，蒙台梭利教具的经费投入问题，蒙台梭利教师的培养问题等。如果不能很好地解决上述问题，蒙台梭利教育就会曲高和寡，阻碍其在中国的发展。

第五，工具性问题。由于家长对儿童的特殊期望，引起了教育方式的工具化诉求，这使得蒙台梭利教育所具有的优势成了家长的一种选择，导致一些家长不再关心教育内容本身的意义，而只是把重点放在其使用价值上，工具理性代替了启蒙理性，启蒙成了人们对蒙台梭利教育是科学知识这一机械模式的盲目推崇，启蒙倒退成了"蒙台梭利"神话。

上述问题的解决，观念是根本，措施是基础，手段是关键。在蒙台梭利教育的引进传播和实践的过程中，不能只是简单地做一个蒙台梭利教育思想的"传教士"，也不能为了达到目的而随意改变其特征，而应真正循着蒙台梭利所指的方向，基于儿童，跟随儿童，回到儿童。

第二节　蒙台梭利教具的创制

蒙台梭利教具又称"工作材料"，是蒙台梭利教学法的核心元素，是儿童活动的主要使用对象。它是对蒙台梭利教室中的用具的总称，其中包括蒙台梭利的原创教具和依据蒙台梭利教育原理，教师自我设计并制作的教具。这些创制的教具主要用于延伸的工作，教师借助创制的教具将蒙台梭利教育的精神和内涵运用于其中，使儿童在学习过程中获得各方面能力的发展。

一、蒙台梭利教具创制的含义和意义

（一）蒙台梭利教具创制的含义

蒙台梭利教具创制，即蒙台梭利教师在明晰蒙台梭利教育思想精髓的基础上，在进行日常

蒙台梭利教育活动中不断地汲取蒙台梭利经典教具精华，运用精良的制作方法并结合现有材料类型，依据儿童的兴趣和反应状况反复改进，从而创造性地制作出具有地域特色和时代特色的蒙台梭利教具，以更适宜于中国儿童的发展。它具有教具的基本属性：教育性和直观性。它的特点是：取材方便，制作简单，成本低廉，贴近教学，易于推广。

（二）蒙台梭利教具创制的意义

蒙台梭利教具是实现蒙台梭利教育理念的重要媒介，是提供给儿童做"成长工作"时使用的"材料"，是儿童进行自我教育、自我探索的工具，蕴含着促进儿童能力发展的教育意义。但在蒙台梭利教育中国化的过程中，一些进行蒙台梭利教学的幼儿园还是沿用其最初的原创教具，不但价格较高，而且操作呈现刻板僵化、缺乏延伸，不易吸引儿童关注，本土化程度低的态势，这影响了蒙台梭利教育的深度推广。因此，进行蒙台梭利教具创制具有一定的意义，主要体现为：使得儿童的工作具有生活性和趣味性；便于蒙台梭利教师和其他教师通过学习蒙台梭利教育理论，在把握其思想精髓的基础上，活学活用，促进专业技能的提高；便于将蒙台梭利教育更加经济实用地引入家庭教育中，提升家庭教育品质，为儿童提供一个积极的家庭教育环境；使得蒙台梭利教育更加生活化、平民化，为学前教育工作者提供实践性的参考，实现学前教学活动的有效性。

二、蒙台梭利教具创制的原则

在"儿童之家"教育实践的过程中，蒙台梭利经常鼓励教师进行蒙台梭利教具的自制活动，她认为只要教具能遵循蒙台梭利教育理念，达到教育目的，教具的形式可以灵活多样。在蒙台梭利教育中国化的过程中，教具的创制更是重要的内容之一，因此，必须遵循如下的创制原则。

（一）属意儿童兴趣

0～6岁的儿童具有很强的吸收心智，他们在蒙台梭利教室里就是被教具的某种特质所吸引，所以在教具的创制过程中，要在材料真实并具有美感、与儿童身体匹配的情况下，使其有能够吸引儿童的兴趣点，促使儿童反复地使用教具来工作。

（二）具有明确目的

每个领域的教具都有其明确的目的，因此，创制教具时也应该在充分考虑到系统性、难度适当、操作步骤简约的情况下，确定好目标，给予儿童单一的刺激，但这种刺激要有合理地刺激等级，从而实现相应的教育目标。一般要考虑到满足发展儿童的专注力、动作协调性、独立性和秩序感等方面。

（三）强调独立操作

蒙台梭利教育注重儿童的自我发展，更多采用的是个人提示的教学形式，所以教具的设计要以个人独立操作为主，引导儿童在不断的探究中获得学习经验。

（四）关注错误控制

儿童在学习过程中通过教具的错误控制，来促使自己仔细观察和分析。因此，错误控制的设计可以在儿童现有学习经验的基础上，培养其推理能力、批判能力以及不断发展的区别能力。

（五）重视"工作"安全

由于儿童身体各方面机能正处于发育的过程中，对外界危害的抵抗力较弱，所以教具制作时要注重安全的问题，如木质教具的油漆是否环保、玻璃制品是否易碎、教具的重量是否合适等。

（六）体现方便实用

创制教具中，要努力做到教具的使用材料成本较低，可充分利用生活中的自然物和卫生环保的来自生活的废旧物品，让儿童感受到一个真实的周边环境。同时，教具的组成部分要容易替换，便于教师随时补充缺失的材料。

综上所述，在蒙台梭利教具创制过程中，除了要注意以上原则之外，更要注意蒙台梭利教育思想的发展要适应我国的本土化趋势。因此，把握"因地制宜、因材施教"的基本原则，设计本土化的教具，从而创制出具有中国特色的蒙台梭利教具。

脸谱三部分卡

蒙台梭利日常生活领域创制教具

（一）缠绕的练习

【教具构成】

1. 鱼刺的模板，如图 8-1 所示。

2. 漂亮的彩绳 1 根。

【适用年龄】 2.5 岁以上。

【教育目的】

1. 直接目的：学会有顺序的缠绕。

2. 间接目的：训练精细动作，培养想象力。

【提示形式】 个人提示。

【提示过程】

1. 介绍工作名称：缠绕的练习。

2. 教师示范：

（1）摆好鱼刺及彩绳。

（2）教师示范缠绕的顺序及系的动作，完成工作如图 8-2 所示。

（3）儿童设计缠绕的顺序并进行练习。

3. 工作结束，收教具。

图 8-1　鱼刺的模板

图 8-2　鱼刺的缠绕模板

【错误控制】教具本身。

【兴趣点】鱼刺模板。

【注意事项】在儿童学会系蝴蝶结后进行。

【变化延伸】提供多种可缠绕的模板。

（二）五色花系纽扣的练习

【教具构成】不织布的五色花纽扣，如图8-3所示。

【适用年龄】2.5岁以上。

【教育目的】

1. 直接目的：正确扣上和解开纽扣。

2. 间接目的：培养专注力和独立性。

【提示形式】个人提示。

图8-3　五色花纽扣

【提示过程】

1. 介绍工作名称：五色花系纽扣的练习。

2. 教师示范：

（1）摆好五色花纽扣。

（2）解开和系纽扣的动作。系好扣子如图8-4所示。

①解开纽扣。由左边纽扣解起，左手拇指、食指拉纽扣孔边的花瓣，右手捏住纽扣，将花瓣轻轻抬起，把纽扣向左轻轻压下，从纽扣孔中脱出。左手捏住脱出的纽扣，右手捏住花瓣底端，将它拉出。依此方法解开其他纽扣。按顺时针方向依次解开。

图8-4　系好的五色花纽扣

②系上纽扣。由左边纽扣系起，左手捏纽扣，右手捏住花瓣使纽扣孔对准纽扣。左手把纽扣穿出扣孔，右手接住穿出的纽扣，左手扭住花瓣边缘，把纽扣从孔里拉出来。依此方法系上其他纽扣。按顺时针方向依次系上。

（3）儿童进行练习。

3. 结束工作，收教具。

【错误控制】花瓣的颜色与纽扣的颜色是一致的。

【兴趣点】纽扣从扣孔中拉进拉出。

【注意事项】在儿童学会纽扣的工作后进行。

【变化延伸】提供多种可练习系纽扣的模板。

（三）粘扣的练习

【教具构成】不织布的瓢虫粘扣，如图8-5所示。

【适用年龄】2.5岁以上。

【教育目的】

1. 直接目的：准确地将粘扣的两边对准黏合。

2. 间接目的：培养专注力和独立性。

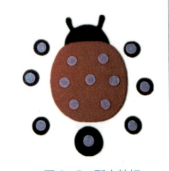

图8-5　瓢虫粘扣

【提示形式】个人提示。

【提示过程】

1. 介绍工作名称：粘扣的练习。

2. 教师示范：

（1）摆好瓢虫粘扣。

（2）教师示范解和粘粘扣的动作。粘好粘扣如图8-6所示。

①解粘扣。左手按住"瓢虫"的身体，右手撕下瓢虫身上的圆点。依次从左到右。

②粘粘扣。右手拿起小圆片，左手食指点粘扣两端，粘上粘扣。依次粘好。

（3）儿童练习。

3. 结束工作，收教具。

【错误控制】瓢虫身上圆点的位置。

【兴趣点】瓢虫的图案。

【注意事项】在儿童学会衣饰框的相关工作后进行。

【变化延伸】提供多种可练习粘粘扣的模板。

图8-6 粘好的瓢虫粘扣

蒙台梭利感觉教育领域创制教具

（一）长颈鹿斑点的嵌入练习

【教具构成】长颈鹿嵌板，装在盒子里的斑点圆片，如图8-7所示。

【适用年龄】2.5～3.5岁。

【教育目的】

1. 直接目的：准确地按照大小嵌入斑点。

2. 间接目的：培养手眼协调能力。

【提示形式】个人提示。

【提示过程】

1. 介绍工作名称：长颈鹿斑点的嵌入练习。

2. 教师示范：

（1）摆好嵌板和装有斑点圆片的小盒。

图8-7 长颈鹿嵌版

（2）用左手拇指和食指捏住一橘色圆片，用右手的食指沿边缘感知圆片的大小，再去寻找、感知长颈鹿身上对应圆形斑点的大小，嵌入，若一样大小则正确，若不一样大小则换另一个再次感知嵌入，直到找到适合的为止。依此类推，完成所有斑点圆片的嵌入。

（3）儿童练习。

3. 结束工作，收教具。

【错误控制】嵌入后完全吻合。

【兴趣点】可爱的卡通图片。

【注意事项】嵌入完成后要引导儿童欣赏。

【变化延伸】进行斑点大小的序列练习。

（二）认识牡丹的不同颜色的练习

【教具构成】红、紫、白、黄色的牡丹花，如图8-8所示。

图8-8　不同颜色的牡丹花

【适用年龄】2.5～3.5岁。

【教育目的】

1. 直接目的：认识牡丹花的不同颜色，培养分辨颜色的能力。

2. 间接目的：培养美感。

【提示形式】个人提示。

【提示过程】

1. 介绍工作名称：认识牡丹的不同颜色的练习。

2. 教师示范：

（1）取出红、紫、白、黄色的牡丹花。

（2）教师分别展示后进行三阶段教学。

第一阶段，命名。"这是红色的牡丹花"，"这是紫色的牡丹花"，……

第二阶段，辨别。请把红色的牡丹花放到我的手里。依次进行四种颜色的练习。

第三阶段，发音。"这是什么颜色的牡丹花？"围绕四种颜色分别进行发音。

（3）儿童练习。

3. 工作结束，收教具。

【错误控制】视觉控制。

【兴趣点】不同颜色的牡丹花。

【注意事项】牡丹花的颜色要准确。

【变化延伸】记忆练习。

（三）橘子的感官练习

【教具构成】大小不等的橘子若干，装橘子的布袋。

【适用年龄】3岁以上。

【教育目的】

1. 直接目的：感知橘子的特征。

2. 间接目的：促进儿童的感官更加灵敏，发展语言表达能力。

【提示形式】小组提示或团体提示。

【提示过程】

1. 介绍工作名称：橘子的感官练习。

2. 教师示范：

（1）取出布袋，引导儿童用触觉感知橘子，描述触摸的感觉。

（2）拿出后，观察橘子，描述橘子的外观、颜色等。

（3）感知橘子的气味，语言描述。

（4）品尝橘子的味道，语言描述。

（5）教师总结橘子的外形特点、颜色、味道等。

3. 工作结束，收教具。

【错误控制】教师和其他儿童。

【兴趣点】多感官探究的过程。

【注意事项】橘子要新鲜并将表皮擦拭干净。

【变化延伸】

1. 橘子内部特征的了解。

2. 纸张练习。

蒙台梭利数学教育领域创制教具

（一）0～9数字与数量的对应练习

【教具构成】写有0～9数字的扇形图形卡，45个黑瓜子卡点，如图8-9所示。

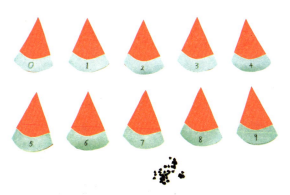

图8-9　0～9数字的扇形图形卡

【适用年龄】4岁以上。

【教育目的】

1. 直接目的：学习0～9数字与数量的对应练习。

2. 间接目的：深化数字概念。

【提示形式】个人提示。

【提示过程】

1. 介绍工作名称：0～9数字与数量的对应练习。

2. 教师示范：

（1）将扇形图形卡按照0～9排好。

（2）教师示范0～9数字与数量的对应。按顺序指读出0～9，然后将对应数字数出的黑瓜子卡点摆在扇形图形卡上。如图8-10所示。

（3）儿童练习。

3. 工作结束，收教具。

图8-10　0～9数字与数量的对应

【错误控制】45个黑瓜子卡点正好全部用完。

【兴趣点】教具本身。

【注意事项】45个黑瓜子卡点的归位及保管。

【变化延伸】认识相邻数。

（二）图形的认识与配对

【教具构成】毛毛虫图形卡，如图8-11所示。

【适用年龄】3岁以上。

【教育目的】

1. 直接目的：了解几何图形的名称并可以进行配对。

2. 间接目的：为学习抽象的几何概念做准备。

【提示形式】个人提示。

【提示过程】

1. 介绍工作名称：图形的认识与配对。

2. 教师示范：

（1）将毛毛虫图形卡散放。

（2）教师示范图形卡的配对连接。指毛毛虫头

图8-11　毛毛虫图形卡

上的长方形，说"长方形"，然后在散放的图形卡中找和它一样的长方形，找到后连接在毛毛虫头的后面。继之再指连接图形卡上后面的一个图形并说出名称，依照上述规律连接下去。直至图形卡连接完成，如图8-12所示。

图8-12　毛毛虫的图形卡连接

（3）儿童练习。

3. 工作结束，收教具。

【错误控制】视觉控制。

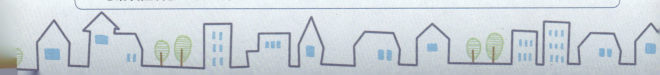

【兴趣点】毛毛虫的图形卡。

【注意事项】连接完成后带领儿童欣赏，并可根据完成情况，引导儿童继续进行有规律的延续设计。

【变化延伸】记忆练习。

（三）奇数与偶数

【教具构成】1～10的数字卡片与图卡，奇数和偶数的字卡，红、黄色圆片，如图8-13所示。

【适用年龄】4岁。

【教育目的】

1. 直接目的：巩固奇数与偶数的概念。

2. 间接目的：为跳数做准备。

【提示形式】个人提示。

图8-13 奇数与偶数

【提示过程】

1. 介绍工作名称：奇数与偶数。

2. 教师示范：

（1）将奇数与偶数的字卡取出，请儿童分别找出奇数的数字卡片、偶数的数字卡片，并按顺序排列好。

（2）将图卡分别和数字卡对应。

（3）分别将红色和黄色的圆片对应放在图卡上，直至圆片放完。

（4）再认识一遍哪些是奇数，哪些是偶数。

（5）儿童练习。

3. 工作结束，收教具。

【错误控制】圆片的数量没有多余或不足。

【兴趣点】排列的乐趣。

【注意事项】应具有纺锤棒箱、砂数字板与数棒等实物对应的操作经验。

【变化延伸】纸张的涂色练习。

蒙台梭利语言教育领域创制教具

（一）认识砂字母板

【教具构成】砂字母卡片A～Z，如图8-14所示。

【适用年龄】3岁以上。

【教育目的】

1. 直接目的：认识字母并练习正确发音。

2. 间接目的：为书写做准备。

【提示形式】小组提示或个人提示。

Aa Bb Cc Db Ee
Ff Gg Hh Ii Jj
Kk Ll Mm Nn Oo
Pp Qq Rr Ss Tt
Uu Vv Ww Xx Yy Zz

图8-14 砂字母卡片A～Z

【提示过程】

1. 介绍工作名称：认识字母 Aa、Bb、Cc。

2. 教师示范：

（1）教师逐个拿取字母 Aa、Bb、Cc。

（2）分别感知三个字母并正确发音，用三阶段教学法教学。

（3）儿童练习。

3. 工作结束，收教具。

【错误控制】不能正确辨别或发音。

【兴趣点】边读边触摸字母。

【注意事项】每次认识字母不超过 3 个，个别可 4 个。

【变化延伸】给空心字母涂颜色。

（二）句子练习

【教具构成】

1. 句卡模板，如图 8-15 所示。

2. 动物图卡和对应的食物图卡。

【适用年龄】3～4 岁。

【教育目的】

1. 直接目的：知道动物的各自食物是什么。

2. 间接目的：学习讲完整句。

【提示形式】小组提示或个人提示。

【提示过程】

1. 介绍工作名称：句子练习。

2. 教师示范：

（1）教师拿出句卡模板，逐个拿出动物图卡和食物图卡。

（2）选取一个动物图卡，请儿童说出它爱吃什么，并找出对应的食物图卡。教师引导儿童说出"猴子爱吃桃子"的句子。依次进行其他的句子练习，如图 8-16 所示。

（3）儿童练习。

3. 工作结束，收教具。

【错误控制】图卡的对应。

【兴趣点】图片的信息。

【注意事项】选择儿童能够了解的动物。

【变化延伸】运用不同类别的图卡进行练习。

（三）看图做动作

【教具构成】动作图片，如图 8-17 所示。

【适用年龄】3～4 岁。

图 8-15　句卡模板

图 8-16　句子练习

【教育目的】

1. 直接目的：训练视觉分辨能力。

2. 间接目的：培养观察力、注意力，为阅读做准备。

【提示形式】小组提示或个人提示。

【提示过程】

1. 介绍工作名称：看图做动作。

2. 教师示范：

（1）引导儿童观察并讨论图片上的动作。

（2）请儿童按照图片上的动作进行模仿，做出相同的动作。

（3）儿童练习。

3. 工作结束，收教具。

【错误控制】不能识别或不能做出图片上的动作。

【兴趣点】图片的信息。

【注意事项】选择该年龄段儿童适宜的动作。

【变化延伸】运用不同类别的图卡进行练习。

图 8-17 动作图片

蒙台梭利科学文化教育领域创制教具

（一）三大球的发展史

【教具构成】

1. 三大球在不同国家的演变图片、赛事图片等。

2. 三大球卡，如图 8-18 所示。

 足球 篮球 排球

图 8-18 三大球卡

【适用年龄】4 岁以上。

【教育目的】

1. 直接目的：认识三大球并了解三大球的发展史。

2. 间接目的：了解不同国家的体育文化。

【提示形式】小组提示或团体提示。

【提示过程】

1. 介绍工作名称：三大球的发展史。

2. 教师示范：

（1）使用三部分卡通过三阶段教学法认识三大球。

（2）教师按照时间顺序出示足球在中国的演变图片及相关赛事图片。观察图片，并介绍每张图片的变化和赛事。欣赏图片，讨论并分享感受。依次进行篮球、排球的学习。

（3）儿童练习。

3. 工作结束，收教具。

【错误控制】演变图片和赛事图片标注序号。

【兴趣点】三大球的发展史，激发喜爱运动之情。

【注意事项】引导儿童使用完整语言分享感受，可进行三大球的户外运动。

【变化延伸】制作儿童喜爱的球类小书。

（二）职业的配对图片练习

【教具构成】职业与对应公务车的配对图片，如图 8-19 所示。

图 8-19　职业与对应公务车的配对图片

【适用年龄】4 岁以上。

【教育目的】

1. 直接目的：认识不同的职业及所对应的公务车。

2. 间接目的：了解不同职业分工，尊重他人劳动。

【提示形式】小组提示或团体提示。

【提示过程】

1. 介绍工作名称：职业的配对图片练习。

2. 教师示范：

（1）教师将职业人物图片排成一列，将公务车图片散放。

（2）引导儿童找出与职业人物对应的车辆。

（3）欣赏图片，讨论并分享感受，引导儿童了解不同的职业分工对社会的贡献和作用，培养其尊重不同职业劳动的情感。

（4）儿童练习。

3. 工作结束，收教具。

【错误控制】教师和其他儿童。

【兴趣点】不同职业的故事。

【注意事项】引导儿童使用完整语言分享感受，可实地参观。

【变化延伸】了解家人的职业。

（三）小麦的生长周期

【教具构成】小麦生长周期的图片，如图 8-20 所示。

【适用年龄】4 岁以上。

种子	出苗	开花	乳熟	成熟	收割

图 8-20　小麦生长周期图片

【教育目的】

1. 直接目的：了解小麦的生长过程。

2. 间接目的：培养儿童对农学的兴趣，并尊重农民劳动。

【提示形式】小组提示或团体提示。

【提示过程】

1. 介绍工作名称：小麦的生长周期。

2. 教师示范：

（1）教师将小麦的生长周期图片取出散放。

（2）引导儿童排列出小麦生长周期的顺序。用三阶段教学法教学。

（3）欣赏图片，讨论并分享感受，引导儿童对农学产生兴趣，培养其尊重农民劳动的情感。

（4）儿童练习。

3. 完成工作，收教具。

【错误控制】教师和其他儿童。

【兴趣点】小麦的生长过程。

【注意事项】引导儿童使用完整语言分享感受，并引导其尝试关注其他农作物的生长过程。

【变化延伸】了解小麦与自己饮食生活的关系。

⭐ **学习评价**

1. 阅读蒙台梭利教育的主要研究著作和相关论文，综述蒙台梭利教育的研究情况。

2. 结合《幼儿园教育指导纲要（试行）》和《3—6 岁儿童学习与发展指南》，试分析蒙台梭利教育对中国学前教育的影响。

3. 结合《幼儿园教育指导纲要（试行）》和《3—6 岁儿童学习与发展指南》，试分析蒙台梭利教育与之的契合度和适应性。

4. 结合实际，分析蒙台梭利教育在中国化过程中存在的问题。

5. 根据教具创制的实际情况，分析蒙台梭利教具创制中存在的问题并提出具体解决策略。

阅读导航

参考文献

［1］ 卢乐山. 蒙台梭利的幼儿教育［M］. 北京：北京师范大学出版社，1985.

［2］ 岩田阳子. 蒙台梭利教育理论与实践：第三卷　感觉教育［M］. 新民幼教图书公司编辑委员会，编译. 台北：新民幼教图书股份有限公司，1988.

［3］ 相良敦子. 蒙台梭利教育理论与实践：第一卷　蒙台梭利教育的理论概说［M］. 新民幼教图书公司编辑委员会，编译. 台北：新民幼教图书股份有限公司，1989.

［4］ 玛丽亚·蒙台梭利. 蒙台梭利幼儿教育科学方法［M］. 任代文，译. 北京：人民教育出版社，2001.

［5］ 刘文. 蒙台梭利幼儿教育思想与实践［M］. 大连：大连出版社，2002.

［6］ 玛丽亚·蒙台梭利. 童年的秘密［M］. 马荣根，译. 北京：人民教育出版社，2004.

［7］ 李道佳. 蒙台梭利儿童日常生活练习［M］. 上海：第二军医大学出版社，2004.

［8］ 陈丽君. 蒙台梭利幼儿语言教育［M］. 上海：第二军医大学出版社，2004.

［9］ 杨德璋. 蒙台梭利教学展示页［M］. 成都：四川大学出版社，2005.

［10］ 段云波. 蒙台梭利家庭教育法［M］. 济南：山东教育出版社，2006.

［11］ 张红兵，秦勇，刘志超，等. 蒙台梭利教育理论概述［M］. 北京：北京理工大学出版社，2007.

［12］ 张红兵，秦勇，刘志超，等. 数学教育理论与实践［M］. 北京：北京理工大学出版社，2007.

［13］ 玛丽亚·蒙台梭利. 有吸收力的心灵［M］. 高潮，薛杰，译. 北京：中国发展出版社，2007.

［14］ 林丽，曲小溪，王玉廷，等. 蒙台梭利标准教具与制作［M］. 济南：山东教育出版社，2007.

［15］ 玛丽亚·蒙台梭利. 童年的秘密［M］. 金晶，孔伟，译. 北京：中国发展出版社，2007.

［16］ 丁金枝. 蒙台梭利教育·语言领域［M］. 长春：北方妇女儿童出版社，2008.

［17］ 玛丽亚·蒙台梭利. 蒙台梭利教育法［M］. 丽红，译. 北京：京华出版社，2008.

［18］ 杨汉麟. 外国幼儿教育名著选读［M］. 武汉：华中师范大学出版社，2008.

［19］ 单中惠，钟文芳，李爱萍，等. 蒙台梭利幼儿教育著作精选［M］. 上海：华东师范大学出版社，2008.

［20］ 段云波. 蒙台梭利科学文化教育［M］. 济南：山东教育出版社，2008.

［21］ 段云波，卢书全. 蒙台梭利语言教育［M］. 长春：北方妇女儿童出版社，2009.

［22］ 玛丽亚·蒙台梭利. 蒙台梭利教育法［M］. 李浩然，译. 北京：中国商业出版社，2009.

［23］ 刘华. 蒙台梭利［M］. 北京：科学出版社，2009.

［24］ 段云波，兰小茹，王正丽. 蒙台梭利儿童心理学［M］. 北京：世纪儿童出版社，2010.

［25］ 李利. 蒙台梭利的教育精华解读［M］. 北京：华夏出版社，2011.

［26］ 段云波. 蒙台梭利日常生活教育［M］. 吉林：北方妇女儿童出版社，2011.

［27］ 吴晓丹. 蒙台梭利教育思想与方法［M］. 上海：复旦大学出版社，2011.

［28］ 罗怡. 跟蒙台梭利学做儿童教师［M］. 长沙：湖北教育出版社，2013.

［29］ 玛丽亚·蒙台梭利. 蒙台梭利的教育［M］. 宿文渊，编译. 北京：中国华侨出版社，2013.

［30］ 刘文，段云波. 科学的蒙台梭利教育［M］. 北京：科学技术文献出版社，2013.

［31］ 孔翠薇，郝维仁. 蒙台梭利教育理论与教育实践［M］. 北京：中央广播电视大学出版社，2014.

［32］ 玛丽亚·蒙台梭利. 蒙台梭利文集：第一卷　发现儿童［M］. 田时纲，译. 北京：人民出版社，2014.

［33］ 玛丽亚·蒙台梭利. 蒙台梭利文集：第二卷　小学内自我教育［M］. 田时纲，译. 北京：人民出版社，2014.

［34］ 玛丽亚·蒙台梭利. 蒙台梭利文集：第三卷　家庭中的儿童、童年的秘密［M］. 田时纲，译. 北京：人民出版社，2014.

［35］ 玛丽亚·蒙台梭利. 蒙台梭利文集：第四卷　为新世界而教育、如何教育潜在成人［M］. 田时纲，译. 北京：人民出版社，2014.

［36］ 刘文. 跟蒙台梭利学做快乐的幼儿教师［M］. 北京：中国轻工业出版社，2015.

［37］ 刘迎杰. 蒙台梭利教学法［M］. 北京：高等教育出版社，2015.

［38］ 叶平枝，等. 幼儿园健康领域教育精要：关键经验与活动指导［M］. 北京：教育科学出版社，2016.

［39］ 余珍有. 幼儿园语言领域教育精要：关键经验与活动指导［M］. 北京：教育科学出版社，2016.

［40］ 张俊. 幼儿园数学领域教育精要：关键经验与活动指导［M］. 北京：教育科学出版社，2016.

［41］ 王秀萍. 幼儿园音乐领域教育精要：关键经验与活动指导［M］. 北京：教育科学出版社，2016.

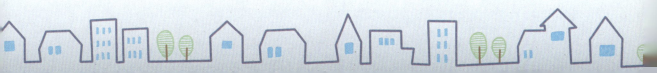

后 记

　　2020 年底，各项教学任务日益繁重，留给本书编写工作的时间也越来越紧迫，但因受惠于 2020 年北华大学教研重点课题《金课导向下的慕课建设及应用研究——以〈蒙台梭利教育理论与实践〉慕课建设为例》（XJZD 2020034）研究需要的积累与思考，使得书稿的编写能如期完成。

　　本次编写，在保证体系完备的基础上，以"互联网+"的形式呈现一些内容，同时融入了"课程思政"元素，旨在将内容提纲挈领后借由知识拓展予以施教者与学习者更大的自由空间，同时达成广义思政含义下的基于课程内容的"教育性教学"回归——每一章的"思政目标"是一种引导抑或说是导引，更好地解决从"教什么、学什么"到"为什么教、为什么学"直至"教好、学好"的教育追求。

　　习近平总书记曾在北京大学师生座谈会上强调："古人说：'师者，人之模范也。'在学生眼里，老师是'吐辞为经、举足为法'，一言一行都给学生以极大影响。教师思想政治状况具有很强的示范性。要坚持教育者先受教育，让教师更好担当起学生健康成长指导者和引路人的责任。"本书的编写就是矢志于此的努力，教师应有志、有德、有学、有爱！

编　者